吉林大学"985 工程"中国国有经济改革与发展研究哲学社会科学创新基地建设项目

教育部人文社会科学重点研究基地重大项目"东北老工业基地国有企业自主创新能力研究"（08JJD790130）

汇集高校哲学社会科学优秀原创学术成果

搭建高校哲学社会科学学术著作出版平台

探索高校哲学社会科学专著出版的新模式

扩大高校哲学社会科学科研成果的影响力

东北老工业基地国有企业自主创新能力研究

Study on the Independent Innovation
Capability of State-owned Enterprises of
Northeast Old Industrial Base

李俊江
史本叶／著
范　硕

光明日报出版社

图书在版编目（CIP）数据

东北老工业基地国有企业自主创新能力研究 ／ 李俊江，

史本叶，范硕著 . -- 北京：光明日报出版社，2013. 6（2024. 6 重印）

（高校社科文库）

ISBN 978 - 7 - 5112 - 4383 - 6

Ⅰ . ①东… Ⅱ . ①李… ②史… ③范… Ⅲ . ①老工业基地—

国有企业—企业创新—研究—东北地区 Ⅳ . ①F427. 3

中国版本图书馆 CIP 数据核字（2013）第 070522 号

东北老工业基地国有企业自主创新能力研究
DONGBEI LAOGONGYEJIDI GUOYOU QIYE ZIZHU CHUANGXIN NENGLI YANJIU

著 　 者：李俊江 　史本叶 　范 　硕

责任编辑：高 　迟 　李壬杰 　　　　　责任校对：苏争鸣

封面设计：小宝工作室 　　　　　　　　责任印制：曹 　净

出版发行：光明日报出版社

地 　　　址：北京市西城区永安路 106 号，100050

电 　　　话：010-63169890（咨询），010-63131930（邮购）

传 　　　真：010-63131930

网 　　　址：http：// book. gmw. cn

E － mail：gmrbcbs@ gmw. cn

法律顾问：北京市兰台律师事务所龚柳方律师

印 　　　刷：三河市华东印刷有限公司

装 　　　订：三河市华东印刷有限公司

本书如有破损、缺页、装订错误，请与本社联系调换，电话：010-63131930

开 　　　本：165mm×230mm

字 　　　数：220 千字 　　　　　　　　印 　　　张：15.75

版 　　　次：2013 年 6 月第 1 版 　　　　印 　　　次：2024 年 6 月第 2 次印刷

书 　　　号：ISBN 978 - 7 - 5112 - 4383 - 6 - 01

定 　　　价：69.00 元

前　言

　　提高自主创新能力、建设创新型国家是我国一项基本发展战略。2003 年，党的十六届三中全会提出，加快国家创新体系建设，促进全社会科技资源高效配置和综合集成，提高科技创新能力，确立企业技术创新和科技投入的主体地位。2005 年 10 月，《中共中央关于制定国民经济和社会发展第十一个五年规划的建议》指出，要把增强自主创新能力作为科学技术发展的战略基点和调整产业结构、转变增长方式的中心环节；建立以企业为主体、市场为导向、产学研相结合的技术创新体系，形成自主创新的基本体制架构。2006 年 1 月，胡锦涛在全国科学技术大会上提出，坚持走中国特色自主创新道路，为建设创新型国家而努力奋斗。2007 年 10 月，党的十七大报告首次把提高自主创新能力，建设创新型国家视为国家发展战略的核心和提高综合国力的关键。2012 年 11 月，党的十八大报告明确提出实施创新驱动发展战略，把科技创新摆在国家发展全局的核心位置。因此，提高自主创新能力和实施创新驱动战略是保持经济长期平稳较快发展的重要支撑，是调整经济结构、转变经济增长方式的重要支撑，是建设资源节约型、环境友好型社会的重要支撑，也是提高我国经济的国际竞争力和抗风险能力的重要支撑。

　　东北老工业基地曾是新中国工业的摇篮，为建成独立、完整的工业体系和国民经济体系，为国家的改革开放和现代化建设作出了历史性的重大贡献。随着改革开放的不断深入，老工业基地的体制性、结构性矛盾日益显现，发展面临着许多困难和问题。自中共中央、国务院 2003 年实施振兴东北地区等老工业基地战略以来，东北地区经济快速发展，综合实力显著提高，东北老工业基地振兴取得了重大进展。但是，东北地区与发达地区的发展水平仍有较大差距，一些影响长远发展和振兴进程的深层次问题还没有根本解决，其中的关键就是企业总体竞争力不强、自主创新水平较偏低。东北老工业基地存在国有经济和传统产业比重较大、产业链条短、精深加工度低、核心竞争力不突出等问题。东北三省成套装备研发、制造能力居国内领先水平，但装备制造业技术转化能力和技术创新活力不足，生产集约化程度低，产品配套能力、系统集成能力和成套能力不强。与此同时，东北老工业基地也涌现出一重集团、哈电集团、一汽集团、长客股份、沈阳机床、大连机车等一批自主创新典型企业。2009年9月，《国务院关于进一步实施东北地区等老工业基地振兴战略的若干意见》明确提出：振兴东北老工业基地要"加快企业技术进步，全面提升自主创新能力"。因此，提高企业自主创新能力，尤其是提高国有企业的自主创新能力是东北老工业基地振兴过程中的一个重要问题。

进一步振兴东北老工业基地必须坚持走中国特色自主创新道路，把增强自主创新能力贯彻到现代化建设的各个方面。中共中央早在2000年《关于制定国民经济和社会发展第十个五年计划的建议》中就指出，采取措施积极推进老工业基地改造，充分发挥其基础雄厚、人才聚集的优势，努力提高产业水平。同时提到，积极采用高新技术和先进适用技术，加快传统产业技术改造；把改造传统产业同发展高新技术产业紧密结合起来，推动整个工业化升级和持续发展，这无疑为老工业基地改造和发展指明了前进的方向。在深化经济体制改革、推进国有经济布局调整、积极扶持中小企业和发展多种所有制经济的同时，东北老工业基地必须发挥国有大中型企业的既有优势和引导作用，提高其自主创新能力。

研究如何提高东北老工业基地国有企业自主创新能力具有重要意义。从实践层面上看，该研究有利于认清东北老工业基地国有企业自主创新发展现状，有利于总结自主创新典型企业的成功经验，也可以发现自主创新不力企业的失败教训，在此基础上进行深入分析并提出系统的对策措施建议。国有经济是我国国民经济的主导，东北地区国有企业创新能力研究不仅对东北老工业基地振兴具有积极意义，而且还对提高国有企业控制力和带动力具有重要意义。从理论层面上看，东北老工业基地国有企业创新能力研究是对企业创新理论和国有企业改革理论的丰富和补充。东北老工业基地的国有企业从规模上来看大多是大中型企业，在股权结构上主要表现为国家参股或控股，在分布行业上来看，主要分布在控制国民经济命脉的关键领域、基础性和支柱产业领域，尤其是重化工业、设备制造业等具有较高的资本和技术密集度，这样，研究国有企业的自主创新尤其是技术创新，加强自主创新和企业制度之间关系的研究，探寻两者之间规律性联系具有重要意义。

自主创新是国有企业改革中的重要问题，也是东北老工业基地振兴中的重要内容。同时，国有企业自主创新具有许多不同于一般企业创新的特殊性，而东北老工业基地的企业创新与国内其他地区相比也具有一定特殊性，因此，东北老工业基地国有企业自主创新的现状、动因、制约因素、模式等许多问题值得深入研究。本书作为教育部人文社会科学重点研究基地重大项目的最终成果，主要研究东北老工业基地国有企业自主创新能力现状、成功模式、动力机制与组成因素，通过分析影响变量、评价指标、创新体制、创新绩效等问题，发现东北老工业基地国有企业创新能力提升的制约因素、提升动力、创新优势和创新模式等问题。基于总体研究框架，本书主要分为八部分：（1）企业创新能力的形成与测度研究。这部分主要将从一般意义上提炼企业创新相关理论与研究范式。主要包括对企业创新能力影响因素、形成机制、测量与评价进行研究，提炼企业创新研究的相关理论与研究范式。（2）东北老工业基地国有企业自主创新能力现状分析。主要包括对东北老工业基地国有企业创新能力测度、比较研究、创新绩效研究，通过构建适用于东北国有企业创新发展现状评价的指标体系，从国有企业竞争力、创新能力测度、比较研究、创新与绩效的关系等方面，全面、深入、客观地评价东北老工业基地国有企业自主创新能力现状，发现其中存在的问题和不足。（3）东北老工业基地国有企业自主创新能力提升的制约因素研究。这部分进一步分析国有企业自主创新的阻碍因素，从创新主体、创新动力、创新环境、政策支持和机制设计等方面归纳了制约因素。（4）东北老工业基地国有企业自主创新动力机制研究。将从内部动力和外部动力两个方面，分别对东北老工业基地国有企业来自企业家精神感召力、创新利益驱动力、政府政策引导力、市场需求拉动力、市场竞争压力、技术推动力等创新动力进行研究。（5）东北老工业基地国有企业创新要素优化研究。这部分主要从政策要素、人才要素、技术要素、资金要素、管理要素、公共服务要素等方面，研究如何提高东北老工业基地国有企业的创新能力。（6）东北老工业基地国有企业创新模式及其典型案例研究，从成功经验和失败教训两个角度，考察东北老工业基地对各种模式的取舍问题，参考各种影响变量提出国有企业创新模式选择方案。（7）东北老工业基地国有企业技术引进再创新研究。这部分将在研究东北老工业基地国有企业技术引进现状的基础上，分析其技术引进再创新的成就和问题，并提出提高东北老工业基地国有企业技术引进、消化吸收再创新能力的对策措施。（8）东北老工业基地国有企业创新网络及创新体系研究。从体系和系统层面研究东北老工业基地国有企业自主创新，着重解决东北老工业基地创新网络和创新体系建设问题。

提高自主创新能力是深化国有企业改革的核心问题之一，在目前深化国有企业改革进展缓慢的情况下，同时进行自主创新必定面临更大挑战。因此，东北老工业基地国有企业的改革和创新问题结合起来研究，是针对国有企业改革中的特殊性来研究创新能力问题，也是从创新能力的角度来研究国有企业改革。本书立足于解决东北老工业基地国有企业自主创新中的症结和瓶颈问题，以提升东北老工业基地国有企业创新能力为核心目标，围绕着这一主题进行分析和研究。从企业创新理论的适应性改造入手，基于国有企业创新的重要性、动态性、复杂性和多样性的基本判断，采纳发现问题和解决问题的研究设计，总结东北老工业基地国有企业创新的一般规律，力图提炼国有企业创新过程中的内在作用机理，为东北老工业基地国有企业创新模式和创新体系的构建提供知识基础和现实依据。同时，全面、深入地揭示东北老工业基地国有企业创新能力问题的全貌，并且给出具有针对性、操作性和实践价值的解决方案。

CONTENTS 目 录

第一章

企业自主创新能力的形成与测度

第一节　企业自主创新能力概述

一、自主创新的概念与内涵

自主创新是我国结合特定的历史背景所提出的新概念。早在 2005 年,《中共中央关于制定国民经济和社会发展第十一个五年规划的建议》中就提出:"把增强自主创新能力作为科学技术发展的战略基点和调整产业结构、转变增长方式的中心环节。"国务院也在颁布的《国家中长期科学和技术发展规划纲要（2006～2020 年)》中对自主创新进行了界定:自主创新,就是从增强国家创新能力出发,加强原始创新、集成创新和引进消化吸收再创新①。自主创新已然成为我国社会和经济发展的一个重要战略,但是,究竟何为自主创新和自主创新能力也还是存在着诸多不同的看法②。

目前,国内的具有代表性的创新理论研究者对自主创新作了多种不同的定义。国内最早使用"自主创新"概念的是浙江大学的陈劲（1994）,他对从技术引进到自主创新的学习模式进行了研究,认为研究开发中的学习是自主创新过程中的主导学习模式,只有通过研究与开发才能掌握技术的本质③。接着东北大学谢燮正（1995）也认为自主创新是相对于技术引进的"他技术创新",这里的"他"就是外国的技术,自主创新是"以科技成果转化为基础的技术创新模式"。第一个对自主创新进行明确论述的是中国科学院研究生院的杨德

---

①　赵彭生,马恩兵.关于提高自主创新能力的研究报告 [J].高科技与产业化,2005 (7).

②　路风.寻求中国力量的源泉:走向自主创新 [M].桂林:广西师范大学出版社,2006.

③　陈劲.从技术引进到自主创新的学习模式 [J].科研管理,1994 (2).

林、陈宝春（1997），他们认为企业自主创新是指依靠自身力量独自研究开发、进行技术创新的活动。自主创新具有三个显著的特点：一是在核心技术上的自主突破；二是关键技术的领先开发；三是新市场的率先开拓。傅家骥早在1998年就指出①，自主创新是企业通过自身的努力或联合攻关探索技术的突破，并在此基础上推动创新的后续环节，完成技术的商品化，获得商业利润，以达到预期目标的一种创新活动。

比较全面地论述自主创新涵义的研究出现在最近几年，并且我国学者对自主创新的理论研究是从吸收西方的研究成果开始的。许广玉（2005）认为自主创新是企业通过自身的努力和联合攻关，探索技术的突破，以达到预期目标的一种创新活动。周寄中等（2005）指出②：所谓自主创新，是指通过提高科技原始性创新能力、集成创新能力和引进消化吸收能力，因而拥有一批自主知识产权，进而提高国家竞争力的一种创新活动。其要点有三：一是使制度、机制和资源配置更有利于原始性创新，使之涌现出更多的科学发现和技术发明；二是加强集成创新，使相关科技成果有机融合，形成具有市场竞争力的产品和产业；三是在引进消化吸收国外先进技术的基础上进行二次创新。刘凤朝等（2005）指出③，从一般意义上说，自主创新是创新主体依靠自身（或主要依靠自身）的力量实现科技突破，进而支撑和引领经济社会发展，保障国家安全的活动。自主创新是一个综合性的概念，对应于不同的实现主体，自主创新又有不同的内涵，比如有国家自主创新能力和企业自主创新能力之分。国家（或区域）层面的自主创新活动主要表现为对产业发展的关键（共性）技术的内源式供给，对部分前沿高技术的以我为主的研究开发，对基础科学和应用基础科学领域基本发展方向的引领或影响，对知名企业和国际品牌的成功培育；企业层面的自主创新是以掌握对产业发展有重大影响的自主知识产权（或专有技术）和参与国际标准制定为标志，以集成创新和引进基础上的再创新为主要实现形式，以提升企业的核心竞争力，形成自主品牌为目的的创新活动。企业的自主创新主要表现为对行业发展有重大影响的核心技术的开发和掌控，其拥有对产品和服务的自主定价权以及市场价值分配过程中的话语权和主导权。温瑞珺（2005）提出④，自主创新分为两类，第一类是渐进的自主创新，

① 傅家骥. 技术创新学 ［M］. 北京：清华大学出版社，1998.
② 周寄中. 关于自主创新与知识产权之间的联动 ［J］. 管理评论，2005（11）.
③ 刘凤朝. 基于集对分析法的区域自主创新能力评价研究 ［J］. 中国软科学，2005（11）.
④ 温瑞珺. 企业自主创新能力评价研究 ［J］. 集团经济研究，2005（9）.

就是通过原有技术的融合或引入来建立新的技术平台；第二类是根本的自主创新，就是通过自己的研究，发明全新的技术，由此开发出全新的或新一代的产品。两者的共同点就是拥有自主知识产权的独特的核心技术以及在此基础上实现新产品的价值。

国外关于自主创新的研究最早可追溯到内生经济增长理论，Arrow（1962）将技术进步最早纳入经济增长模型内在因素进行分析，并将技术进步的一部分作用内生化①。Uzawa（1965）则为解释内生技术变化提供了一个可能的尝试②。Grossman，G. M. 等（1994）建立了一个基于自主创新的长期经济增长模型③。

但是自主创新是我国最新提出的一个组合名词，国外没有等同的概念，相似的概念有内生创新（Endogenous Innovation）（Krugman，1999；Rainer A.，Franco N. 2005）。内生创新是相对于模仿创新、外部引进和裂化（Spiniff）的技术创新模式，是系统内自发的行为④（Rainer Andergassen，Franco N. 2005）。德国 Mannheim 大学 Uwe 教授（1995）在分析经济增长时把内生创新和模仿创新并列提出，其内生创新的涵义是原始创新。显然，国外学术界研究的内生创新与我们现在提出的自主创新概念有重合的地方，但不能等同。另一个相近的概念是集成创新（Integrated Innovation）（R. Rothwell and M. Dodgson，1992），Rothwell 在分析欧洲科学技术政策变化过程时⑤，提出整合"科学创新政策"和"产业创新政策"为一体的集成创新政策，这个观点实际上是区域创新系统和国家创新系统的概念延伸。因此从这个角度分析，自主创新能力的概念与国家创新系统有很大的关联性，也就是说自主创新能力的提升必须依赖国家创新体系建设。否则，企业只能依赖技术引进。

国外涉及的实质性的自主创新研究源自发展中国家或者新兴工业化国家对

① Arrow，K. J.. The Economic Implications of Learning by Doing［J］. Reviews of Economic Studies，1962，29.

② Uzawa，Hirofumi. Optimum Technical Change in an Aggregative Model of Economic Growth［J］. International Economic Review，1965，6.

③ Grossman，G. M. and Helpman，E.，Endogenous Innovation in the Theory of Growth［J］. Journal of Economic Perspectives. Winter 1994.

④ Rainer Anderdassen，Franco Nardini，Endogenous Innovation Waves and Economic Growth［J］. Structural Change and Economic Dynamics，2005，3.

⑤ Rothwell，Successful Industrial Innovation：Critical Factors for the 1900s［J］. R&D Management，1992，22.

技术创新道路的选择。以韩国学者 J. Lee（1988）为代表的新兴工业化国家的专家们已经指出：U – A（Utterback，1975）模式只是基于发达国家的实际所提出的，并不能揭示发展中国家技术创新的动态规律，因而对后起国家的企业实践难以起到有效的指导作用，甚至会产生误导作用。韩国的金麟洙（Linsu Kim，1997）在分析韩国企业的技术学习与创新机制时[①]，引入了四个分析框架：全球技术框架、组织机构框架、企业层面上的主动学习与技术转移。从这四个框架出发，他提出了韩国企业技术追赶与自主创新的几个关键要素：吸收能力、技术需求、技术供给和技术学习的动力。相应的自主创新模式也被概括为三种（Lee&Lim，2000）：跟随追赶、跳跃式追赶和创造新的技术轨道。

本文研究的理论基础为企业自主创新理论，需要说明的是自主创新与技术创新既有联系又有区别：在创新目的、创新条件、创新规模、创新内容上，企业自主创新是企业技术创新的目标和高级发展阶段，自主创新侧重于从长期可持续性创新出发，统筹谋划企业的长期、中期、短期的技术创新活动，因此自主创新是技术创新概念的一种扩展和一种独特的研究视角，所以本文在很大程度上是在研究企业技术创新理论观点的演化。

二、企业自主创新能力

对自主创新能力的研究始于对技术创新能力的研究。Larry（1981）从结构的角度给企业技术创新能力下了定义，认为企业技术创新能力是组织能力、适应能力、创新能力和技术与信息的获取能力的综合。Burgelman 和 Madique（1988）认为企业技术创新能力是组织支持企业技术创新战略的一系列综合特征：包括对可利用资源的分配、对行业发展的理解能力、对技术发展的理解能力、结构和文化条件以及战略管理能力。这一认识将企业技术创新能力和企业技术创新战略联系了起来，强调企业技术创新能力对企业技术创新战略的支撑作用和企业技术战略对企业技术创新能力的指导作用。Barton（1992）指出：企业技术创新能力的核心是掌握专业知识的人、技术系统、管理系统的能力以及企业的价值观。他的观点突出了企业技术创新能力所渗透的要素。Seven Mulle 认为：企业技术创新能力是产品开发能力、改进生产技术的能力、储备能力和组织能力的综合。Adler and Shenbar（1990）定义了四种技术创新能

---

① 金麟洙. 从模仿到创新：韩国技术学习的能力 ［M］. 北京：新华出版社，1998.

力，包括①：通过发展新产品满足市场需求的能力；通过运用相应的流程技术来生产产品的能力；通过发展和引入新的产品和新的生产过程来满足未来需求的能力；应对由对手和未知的环境所带来的没有遇见的技术活动的能力。以上研究都是从企业技术创新能力结构的角度来探讨的，这些观点也是很有代表性的。

企业技术创新能力是以企业技术能力为基础的。国外对技术创新能力的研究方法都以结构分析为主。Prahalad Hamel（1990）从基于产品、技术平台的企业核心能力积累的角度对企业技术创新能力进行了探讨。Dosi（1992）等从企业技术竞争力的角度研究了企业技术核心能力。Meyer 和 Utterback（1993）认为企业技术核心能力是企业研究开发能力、生产制造能力和营销能力的系统整合。其他代表性的研究有：Patel Pavitt（1994），Gallon（1995），Prencipe（1997）等。Casseres（2000）用案例揭示了企业技术能力增长的途径，指出了企业间的技术合作对企业技术能力增长的作用。Guan（2003）等指出②，技术创新能力是一种特殊的资产或资源，其中包括技术、产品、工艺、知识、经验与组织，他们进而将创新能力分为七个维度。Burgelman（2004）等学者将技术创新能力定义为促进和支持企业技术创新战略的一系列综合特征③。另外，Desai、Dore、Steward、Sanjayallal、谷森正规、世界银行等对企业技术创新能力的定义都明确地把企业技术创新能力看成是企业技术能力的组成部分。

我国学者对自主创新能力的研究也是从对技术创新能力的研究开始的。魏江（1998）等认为④，技术创新能力包括研究开发能力、制造能力、市场营销能力、资金投入能力和组织能力五个方面。许庆瑞（2000）指出⑤：技术创新能力不是一种单功能的能力（区别于研究与发展能力），而是需要多功能的配合，最主要的是研究与发展能力、营销能力、工程转化能力（包括设计、工艺、工装、试制、生产等能力）。温瑞珺（2005）认为⑥，企业自主创新能力

① Adler, P. S., Shenbar, A., Adapting Your Technological Base: The Organizational Challenge [J]. Sloan Management Review, 1990, 25.

② Guan, J.. Innovative Capability and Export Performance of Chinese Firms [J]. Technovation, 2003, 9.

③ Burgelman, R.. Strategic Management of Technology and Innovation [M]. McGraw – Hill, New York, 2004.

④ 魏江. 企业技术创新能力的界定及其核心能力的关联 [J]. 科研管理, 1998 (6).

⑤ 许庆瑞. 研究、发展与技术创新管理 [M]. 北京: 高等教育出版社, 2000.

⑥ 温瑞珺. 企业自主创新能力评价研究 [J]. 集团经济研究, 2005 (9).

就是企业在市场竞争中，通过有效运用企业内外的各种创新资源，通过建立新的技术平台或改变核心技术，并取得自主知识产权，使企业能不断增强其核心竞争力，从而获得持续竞争优势，在技术创新过程中所表现出来的各种能力的有机综合。具体分为：研发能力、生产制造能力、价值实现能力、自治管理能力四个方面。

刘凤朝等（2005）认为①，自主创新是一个从研究开发，经设计制造，再到市场实现的价值创造过程。要使自主创新过程得到顺利实现，创新主体必须在研究开发、产业化应用和市场运作三个关键环节具备独特的竞争优势，即自主创新能力。他还指出，自主创新能力应有国家自主创新能力和企业自主创新能力的区别。国家（区域）自主创新能力是指依靠自身（或主要依靠自身）的力量实现科技突破，进而支撑经济发展，保障国家安全，并能对全球科技发展产生重大影响的本领和能量。企业自主创新能力是指企业通过对内外资源的有效整合与运用，实现产业关键技术的重大突破，培育自有品牌，从而掌握或影响价值分配过程的基本素质。自主创新能力是多种能力复合作用的结果，它既包括创新主体对资源的掌握和运用能力，也包括使创新主体资源能力得以实现的载体能力和环境能力；既包括科技成果的创造能力，也包括市场品牌的培育能力。

综上，笔者认为企业自主创新能力主要体现在两个方面：一方面，企业技术创新能力是自主创新能力的重要组成部分，自主创新能力重点表现在对现有技术的改造或新的创造，以提高企业自身核心竞争力；另一方面，企业自主创新能力必定是相对于其他主体为中心进行的创新而言的，是一种以自己为中心的创新而形成的能力。这种创新活动一定是以自己为主体的，可以不受其他主体所制约或摆布，能够取得一些自主知识产权，并能够依此获得较大价值增长的。这种创新活动，即自主创新，其特征主要体现在如下三个方面（傅家骥，1998）：

首先，技术突破的内生性。自主创新所需的核心技术来源于内部的技术突破，是企业依靠自身力量，通过独立的研究开发活动而获得的，这是自主创新的本质特点，也是自主创新战略与其他创新战略的本质区别，自主创新的许多优势及缺陷也都是由此决定的。自主创新并不意味着要独立研究开发其中的所有技术，只要企业或研究机构独立开发了其中的关键性核心技术，打通了创新

① 刘凤朝. 基于集对分析法的区域自主创新能力评价研究［J］. 中国软科学, 2005（11）.

中最困难的技术环节，独自掌握了核心技术原理即可，辅助性技术研究与开发既可自己进行，也可委托其他企业和组织进行，或通过技术购买解决。

其次，技术与市场方面的率先性。率先性虽然不是自主创新的本质特点，但却是自主创新努力追求的目标。在同一市场中，非率先性的自主创新是没有意义的，自主创新企业必须将技术上的率先性作为努力追求的目标才可望获得成功。技术上的率先性必然要求和带动市场开发方面的率先性。技术开发的成果只有尽快商品化，才能为企业带来丰厚的利润，因此，自主创新企业还应将市场领先作为努力追求的目标，以防止跟随者抢占市场和技术开发的成果。

再次，知识和能力支持的内在性。知识和能力支持是创新成功的内在基础和必要条件，在研究、开发、设计、生产制造、销售等创新的每一个环节，都需要相应的知识和能力的支持。自主创新不仅技术突破是内生的，且创新的后续过程也主要是依靠自身的力量推进的。在自主创新过程中，除了一些辅助性工作或配件通过委托加工或转包生产让其他企业承包外，技术创新的主体工作及主要过程都是通过企业自身知识与能力支持实现的。①

第二节　企业自主创新能力影响因素与形成机制

一、企业自主创新能力研究综述

企业自主创新能力形成机制是指企业创新时其内外部各种影响因素之间的相互联系、相互作用的内容与方式，主要功能是使企业保持旺盛的创新活动，保证企业在不断创新中获得更大的利益。企业要在较长时间内持续不断实现自主创新，最重要的是要有相应的创新动力。因此，根据创新的特性，通过探讨企业创新动力机制，建立企业自主创新模型，对提高企业创新能力和持久的核心竞争力具有重要作用。

（一）国外对企业创新能力的研究

国外学者通过对企业创新动力机制的研究，揭示了企业创新能力的来源。通过对企业创新动力机制的研究，将有助于我们进一步理清企业自主创新活动的影响因素，以及这些影响因素之间的互动关系，进而促使企业自主创新能力形成机制模型的构建。

---

① 白绪贵. 我国汽车制造企业自主创新能力形成机理的研究［D］. 吉林大学，2010.

　　熊彼特在 1912 年发表的《经济发展理论》和 1942 年发表的《资本主义、社会主义和民主》两部著作中深入分析了技术创新的驱动力，提出了创新理论基本思想。他认为，创新的原动力来自于企业家精神和企业对超额利润的追求。弗里曼归纳出熊彼特创新模式 I（如图 1-1 所示），[1] 这个模式具有多个连续阶段，它强调科技研发、企业家的初始创业活动对于推动企业创新的重要作用。熊彼特（1942）认为，大企业在资本主义的经济发展过程与创新过程中起着关键的作用。一个现代企业，其首先要做的事情就是建立一个研究部门，并指出每个成员都应该知道他的面包和黄油都取决于他们所发明的成功的改进方法[2]。菲利普斯（1971）将其概括为熊彼特的大企业创新模式，即熊彼特创新模式 II，如图 1-2 所示[3]。这个模式中反映了技术创新来自企业内部的创新部门，技术创新的成功使企业获取了超额利润而不断壮大，并形成暂时的垄断。熊彼特创新模式 I 和熊彼特创新模式 II 的共同之处就是它们都强调技术创新是受企业内部和外部技术因素的推动，它是技术进步推动经济的长期增长的结果。

　　在熊彼特创新理论的基础上，以 N. 罗森伯格、J. 施穆克勒和弗里曼为代表的技术创新专家进行了大量的研究，着重探讨了技术进步和经济结合的方式途径、机制以及影响因素等系列问题，并提出了五种技术创新动力模式，即技术推动模式（即为熊彼特创新模式 I 和模式 II）、需求拉动模式、"推—拉"综合作用模式、技术规范—技术轨道范式模式和"社会需要—资源"关系模式。

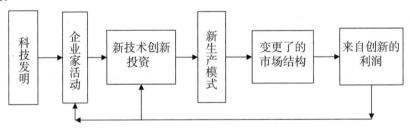

图 1-1　熊彼特创新模式 I

①　C. Freeman. The Economics of Industrial Innovation ［M］. Mass: The MIT press, 1982, 212.

②　熊彼特. 经济发展理论 ［M］. 北京：商务印书馆，1990.

③　（美）罗伊·罗思威尔，沃尔特·泽格威尔德. 技术与再工业化 ［M］. 朗曼出版公司，1985：62~63.

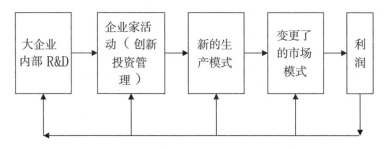

图 1-2　熊彼特创新模式 Ⅱ

1. 市场需求拉动模式

1966 年美国经济学家 J. 施穆克勒打破了技术推动理论的核心地位。他在《发明与经济增长》一书中研究和分析了 1884～1950 年间美国铁路、石油冶炼、造纸业、农业机械与部分消费品工业部门的专利和投资情况，他得出了市场成长与市场潜力是发明活动速度与方向的主要决定因素的结论。施穆克勒认为市场需求推动技术创新，他强调经济因素对发明和技术创新的影响（如图 1-3 所示）[①]。另外，美国学者厄特巴克在他的研究中也得出重要创新是由于需求拉动的结论（如图 1-4 所示）[②]。

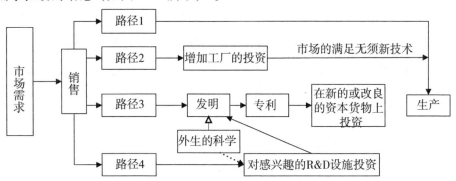

注：决定性影响——→　弱影响……▶

图 1-3　Schoomkler 需求拉动发明模式

───────────

　　① Roy Rothwell, walter Zegveld. Reindustrialization and Technology ［M］. Longman Group Limited, 1985, 62.

　　② （美）罗伊·罗思威尔，沃尔特·泽格威尔德. 技术与再工业化［M］. 朗曼出版公司，1985：62～63.

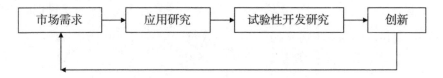

图1-4 技术创新的市场拉动模式

2. 技术发明和市场需求共同作用模式

由于技术创新的市场需求模式与熊彼特的技术推动模式正好相反，因此，施穆克勒的研究结果便引起了激烈的争论，导致人们对技术创新的动力机制进行了更加深入的研究。如美国斯坦福大学的罗森伯格从经济特性与技术特性方面进行了更深入研究，发表了论文《黑匣子之谜：技术与经济学》，并指出："作为基本的、演进着的知识基础的基础科学技术同市场需求的结构一道，在创新中以一种互动方式起着核心作用。忽略任何一方面都将导致错误的结论和政策。"[①] 他将需求拉动与技术推动论有机的结合，他认为，发明活动由技术与需求共同决定，需求决定了创新的报酬，而技术则决定成功的可能性及成本。他与克莱茵、弗里曼和莫里厄等人合作，共同提出了技术创新的技术与市场共同作用模式，如图1-5所示。该模式强调技术发明与市场需求的共同作用，利用和改造现有技术研发出全新的产品，以激活市场的潜在需求，从而成为企业追求的竞争优势。这个模式在技术创新中占有非常重要的地位。

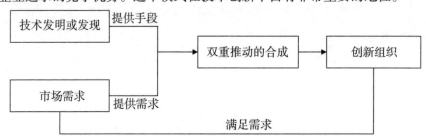

图1-5 技术创新综合作用模式

3. 技术轨道推动模式

多西（G. Dosi）[②] 在20世纪80年代初，提出了技术范式的概念。他认为

---

① 纳尔逊，温特. 经济变迁的演化理论 [M]. 商务印书馆, 1997, 285~286.

② 多西. 技术范例与技术轨道 [M]. 现代国外经济学文选（第一辑），商务印书馆, 1986, 189~194.

技术范式是解决技术问题的一种模式或模型，它决定研究的问题、领域、程序和任务，具有非常强烈的排他性。根据技术范式，他把技术轨道定义为由范式决定的常规的解决问题的活动。企业在进行技术创新时，由于企业处在特定的技术范式、技术轨道、技术系统和人力资本中，这使企业只能发现并尝试解决特定的技术问题，致使企业的技术创新都局限于企业内部技术传统的更新与扩展，通过企业技术知识的积累和增长，使其保持市场的竞争优势。

4. "社会需求—资源"关系作用模式

日本学者斋藤优①在 1984 年提出了"社会需求—资源"关系作用模式。他认为，技术创新的动因在于社会需求和资源之间的矛盾或瓶颈，即当社会提出某种技术要求或某种产品需求，而现有的社会资源满足不了需求时也就产生了需求和资源之间不相适应的瓶颈现象，资源与需求的矛盾和差距是其技术创新的客观动因。由于资源与需求的矛盾与差距促进和推动了技术创新，因此，斋藤优指出："技术创新主体要从需求与资源关系中发现技术创新需求，制定创新的计划，通过分析筹集所需的技术、市场和创新资源"，社会需求—资源关系模式强调了资源对创新具有推动作用，而忽视了资源制约的作用。事实上资源对创新的作用是既可以促进创新亦可以制约创新的开展。

（二）国内对企业创新能力的研究

国内学者对企业创新能力的形成的研究是从 20 世纪 80 年代后期开始的，其主要是在企业技术创新能力的形成障碍、企业创新能力形成的影响因素、创新动力形成机制模型、企业技术创新的不确定性及风险，以及持续创新动力形成机理等方面进行研究。

1. 企业技术创新能力的形成障碍

汪大州、关士续②主要对国有企业技术创新的障碍问题进行了研究，他们认为产权不清与存在严重的科技瓶颈等是制约国有企业技术创新的障碍。梁静③从国有企业、民营企业与知识产权保护等角度分析了我国企业技术创新能力不足的主要原因。她认为由于国有企业产权不清晰，导致创新者与创新成果产权关系的不清晰，从而使企业经营者缺乏技术创新的动力。民营企业在劳动密集型产业上优势明显，但普通民营企业既缺乏技术又缺乏政策支持。由于知

---

① 斋藤优. 技术创新分析［M］. 经济学译丛，1989.

② 汪大州，关士续. 国有企业步入技术创新和制度创新互动过程的障碍与对策［J］. 哈尔滨工业大学学报（社会科学版），2001，（3）.

③ 梁静. 我国企业技术创新动力不足问题的分析与对策［J］. 大众科技，2007，（12）.

识产权保护不力，使技术创新企业没法获得创新的所有收益。

2. 企业创新动力形成的影响因素

国内学者普遍认为，影响企业创新动力的因素主要有内、外部两类因素。对于影响企业创新能力形成的外部因素，大部分学者的观点集中在科学技术发展、市场竞争的压力和政府政策的影响上（柴丽俊，张璞，2005①，陈晓阳，2002）。肖广岭、柳卸林②通过对北京中关村科技园区的一些公司进行采访与调查，则指出企业产权不清、技术与管理等智力因素入股及参与分配问题、税收优惠与公平税负问题、企业创新文化环境等问题是影响企业持续创新的动力因素。在影响企业创新动力形成的内部因素方面，学者们的观点不尽相同。柴丽俊、张璞认为：企业技术创新的根本动力是对技术创新的收益预期，企业技术创新能力、内部环境等也会对企业创新动力的形成造成一定影响。陈晓阳③提出了企业主体创新意识和企业主体创新能力两种不同的内部动力因素，并强调企业的创新意识是技术创新的内在驱动力。

3. 企业创新动力形成机制模型

许萧迪、王子龙④按照社会行为科学的机理，构建了技术创新动力机制的系统模型，他们认为企业的创新动机和创新需求是产生企业技术创新行为的内在驱动力，企业创新外部环境刺激来自于市场竞争和政府行为。企业的目标结构、利益结构、技术创新本质特征与企业技术创新能力的耦合程度决定了企业技术创新的内在要求与创新动机的状态。魏江⑤指出，企业技术创新行为的产生是由企业内生动力和外在动力共同作用的结果导致的，并分析了我国企业现阶段创新的内外部推动力的构成与作用机制，相应地提出了企业技术创新动力机制模型。

4. 企业技术创新的不确定性与风险

技术创新是相当复杂的社会过程。任何新技术创新的技术前景与市场前景均有不确定性（王春法，1996）⑥。并且，企业技术创新过程中的各种关系、技术创新中各种要素的取得、市场竞争与产品实现等对企业来说都具有很多不

① 柴丽俊，张璞. 企业技术创新动力的影响因素及其整合模型［J］. 中国流通经济，2005，(1).
② 肖广岭，柳卸林. 我国技术创新的环境问题及其对策［J］. 中国软科学，2001，(1).
③ 陈晓阳. 中小企业技术创新的动力因素研究［J］. 中国计量学院学报，2002，(4).
④ 许萧迪，王子龙. 技术创新的动力机制研究［J］. 科技与管理，2003，(5).
⑤ 魏江. 完善企业技术创新动力机制的对策研究［J］. 科学研究管理，1998，(12).
⑥ 王春法. 关于技术创新动力机制的几点看法［J］. 世界经济，1996，(11).

确定性（覃浩高，崔剑，2002①）。因此，技术创新具有很大的风险。

5. 企业持续创新动力形成机理

针对先前提出的关于企业技术创新动力机制存在不能保证企业能够持续不断推出技术创新项目的缺陷，向刚（2004）结合技术创新的系统特性、人本特性和可持续性，提出了企业持续创新动力模式②。在这个模式中，他强调了企业持续创新的根本动力来自企业家和员工对企业利润持续增长和企业持续发展目标的认同。而这一目标的确定和认同，则来源于企业家持续创新意识和创新精神、企业家和企业员工不断创新的利益驱动、企业持续创新文化和企业团队精神的动力要素。段云龙，杨立生③构建了基于制度结构的企业持续创新动力模式④，反映出企业持续创新动力来自于企业的内部动力要素和外部动力要素。企业内部动力要素就是企业的制度结构，它包括非正式制度结构（包括企业家持续创新精神、企业家持续创新意识和企业持续创新文化）和正式制度结构（包括企业产权制度、企业家接任机制以及研究部门的制度化和内部化），外部动力要素强调科技发展以及国家和区域创新系统对持续创新的推动作用。

综上所述，国内外关于企业创新能力影响因素和形成机制的研究多集中在企业创新动力机制研究。通过对动力机制的讨论以及对国内企业创新能力和动力不足原因的探索，我们可以初步得出，企业自主创新能力的形成受内外部因素共同作用，这两部分因素的作用并非独立，且紧密联系。在对二者更加细致的分析后，我们可以得出更加详尽和符合国情的企业自主创新能力形成机制模型。

二、企业自主创新能力形成机制模型与影响因素

现有的企业创新能力形成理论和创新动力理论已经概括了很多影响企业自主创新能力形成的内外部因素。然而自主创新是一个复杂的系统过程，其影响因素及影响因素间相互作用的关系纷繁复杂。本文在综合归纳现有创新动力和

① 覃浩高，崔剑.企业技术创新风险的类型、成因及对策［J］.商业研究，2002，（3）.

② 向刚等.企业持续创新：机制与发展模型研究引论［J］.昆明理工大学学报（自然科学版），2003，（3）.向刚，汪应洛.企业持续创新动力机制研究［J］.科研管理，2004，（6）.

③ 段云龙，杨立生.企业持续创新动力模式及制度要素分析［J］.云南民族大学学报（哲学社会科学版），2007，（2）.

④ 段云龙，杨立生.企业持续创新动力模式及制度要素分析［J］.云南民族大学学报（哲学社会科学版），2007，（2）.

形成机制的外在影响因素的基础上，充分考虑到企业创新制度结构与企业创新利益结构在提高企业自主创新动力中的重要作用，并注意到企业自主创新的目标结构对自主创新需求具有重要影响，以企业家和企业家精神为逻辑起点，分析企业家执行创新决策和组织实施创新活动的各种影响因素，沿着这条路径分析企业技术创新的动力、阻力因素及作用机理，并构建企业自主创新能力形成机制模型（如图1-6所示）。

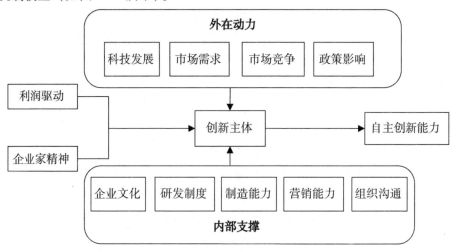

图1-6 企业自主创新能力形成机制模型

（一）企业自主创新能力形成的根本驱动力

1. 企业家精神

创新是与企业家精神紧密联系在一起的。首先，企业家是创新战略的制定者，是创新活动的组织者和实施者。企业家的勇于创新和敢于冒风险、承担风险的精神以及对创新活动的组织能力是提升企业创新能力的重要因素①。其次，企业家作为技术创新的主体，做出的决策对企业技术创新起着至关重要的作用。资源的合理配置，技术人员的引进等有利于公司创新发展的策略，企业家不仅要做出类似于"合理资源配置"、"引进优秀技术人员"等有利于公司创新发展的经营策略，还要对策略的执行进行监督引导。企业家精神为企业的创新在技术上提供支持，保证了企业在产品更新，市场导向上高瞻远瞩，是企

---

① 张洪涛. 基于证据理论的汽车制造业企业自主创新能力评价研究 [D]. 合肥工业大学硕士论文，2007，5.

业保持活力的重要支撑。最后，企业要想保持持久的竞争力和创新特性，需要全体参与，因此构建有助于创新意识的人员发挥全部潜能的环境是非常重要的。企业家是否重视这种创新环境的形成对创新精神的培养也不可或缺。企业家可以在管理上有效利用控制、监管、计划的职能，注重把创新精神融入其中，创造一个有利于企业提升创新能力的环境，引导企业成功创新。因此，企业家在企业自主创新之中的制度、技术、管理等各项创新中，均起着他人无法替代的作用，是企业创新能力形成的重要推动力量。

2. 利润驱动

企业持续发展目标对持续技术创新需求影响重大，当企业持续发展目标和创新的本质特性相耦合时，企业创新的需求最为强烈。追求超额利润和获得核心竞争力是企业技术创新的根本内在动力。企业的战略目标选择是短期利润还是长期利润，将直接影响技术创新活动。在短期利润最大化目标下，维持现有生产工艺、产品格局，挖掘现有技术、管理和其他生产要素潜力降低成本，采取有效营销方式开拓现有市场潜力成为企业可能的选择，而通过技术创新获得垄断利润和竞争优势并不在企业的选择之列。在中长期利润最大化目标下，企业会积极改进生产工艺最大限度降低产品成本，开发新技术、新产品，以此为基础在市场竞争中确立自己的成本优势、产品优势、规模优势，塑造企业核心竞争力。企业经营中存在多种途径和选择，企业创新决策除了考虑到技术创新本身的预期利润水平外，还需要在多种途径之间进行对比。技术创新作为一种高投入、高风险、高收益的投资活动，并不是为了获取一般利润，而是为了获取超额利润，必须具有较高的预期利润水平才能产生实际的技术创新动力。因此，利润是企业技术创新的根本动力，预期利润是企业创新决策的基本依据。

（二）企业自主创新能力形成的外在动力

企业自主创新动机是企业创新内在要求在外部环境刺激之下激发的。这种企业外部环境激励因素主要来自科技的发展、市场需求的拉动与市场竞争推动以及政府政策的作用。

1. 科学技术的发展

科学技术是生产力，是生产方式中最活跃、最革命的因素。它通过技术扩散与转移可以形成企业自主创新能力。知识经济时代，企业生产经营进入网络化、信息化和国际化，信息传播交流速度加快。这使得技术扩散更加迅速，一个企业的技术创新在某一区域的短期存在是有可能的，但长期存在已难以有效维持。其他企业可以利用技术创新成果的外部经济效应，进行相应的模仿或进一步创新，致使企业因技术创新带来的收益期缩短，收益量减少，比较优势丧失。这在客观上要求企业不断进行创新，不断获取比较优势。同时，由于新技术的创新将不断涌现，技术因无形磨损而使其生命周期变得愈来愈短，企业难以像现在这样，可以在较长时期内享受某一技术创新的成果，而必须制订相应的技术创新计划，使技术创新具有连续性。技术扩散与技术转移都能够促进创新成果在企业间的传递和运用，各个企业在此基础上结合企业自身的实际情况，进行不断学习和改进，从而促进企业自主创新能力的形成。

2. 市场需求

市场需求是企业自主创新活动的动力源泉和外在拉动力。市场需求随着社会与经济的发展而不断变化，当变化达到一定程度时，将直接影响到企业销售收入水平，同时也提供了引导企业进行创新活动的新的市场环境，从而拉动企业的自主创新。新产品市场需求影响着企业为追求利润所作的研发努力。首先，在市场信息有效传递的前提下，新产品需求的增加会直接引起新产品生产的增加或者新产品价格的提高。前者可能促使企业加大研发投入，因为新产品的生产不同于标准化的产品，需要企业投入更大比例的科技成果或者知识产品。而后者则会对企业的研发投入产生更大的利润激励。其次，根据技术创新的期望理论，企业进行技术创新的行为选择受创新成功可能带来的收益以及成功概率的很大影响。新产品需求的增加提高了创新成功可能带来的收益，同时也反映了市场对企业以往研发活动的认可，即降低了研发成功与否的不确定性，所以企业会有更大的动机提高研发投入。市场需求为自主创新提供了方向性指引，引导了企业的自主创新，从而形成自主创新能力。

3. 市场竞争

市场竞争是企业自主创新的外部压力，它促使企业为战胜竞争对手、赢得市场优势地位进行更有效的创新活动，迫使企业开发适销对路、价廉物美的产品。通常，创新产品的市场盈利空间越大，企业的创新动力就越强，就越愿意加大创新投入；市场竞争越激烈，企业的危机感、紧迫感就越强烈，创新压力就越大[①]。当一种新的技术出现时，所有与此有关的企业都会面临新的机会，同时也面临着新的挑战。率先自主创新者的成功，会打破原来的市场竞争格局和企业间的利益分配格局，使相关的企业先前的自主创新贬值或完全失去价

---

① 张洪涛. 基于证据理论的汽车制造业企业自主创新能力评价研究 [D]. 合肥工业大学硕士论文, 2007, 5.

值，处于不利的竞争地位或面临生存危机。激烈的竞争迫使落后的企业必须追随率先进行自主创新的企业进行技术创新，以求在市场上占据一席之地。即使没有创新压力的企业，也会"居安思危"，对竞争者保持警惕，以潜在的竞争对手为对象开展自主创新活动，以此来保持竞争的主动地位。此外市场竞争还能改变人们的观念，增长研发者的才干，变压力为动力，以适应市场竞争的需要。另外，企业竞争对手的数量与水平以及企业与这些竞争对手之间的关系直接关系到企业自主创新的外部创新环境的好坏，也是企业自主创新能力的重要影响因素之一。

4. 政策影响

政府政策对企业自主创新具有非常重要的作用，它是企业持续创新的外在诱导力，对创新型企业的激励作用最为直接、明显、有效。政府政策对企业自主创新的激励主要体现在产业政策、财政与税收政策、企业创新政策等方面。

财政政策对企业自主创新起到直接引导的作用。政府直接通过拨款支持企业提高创新能力，是世界各国普遍采用的方法，这可以解决市场失效，以及市场的不确定性和技术的不确定性问题。同时，通过制定和完善相关法规，有利于保护和规范企业的创新行为。

创新的产权制度对企业增强创新的动力具有重要作用。持续创新收益在很大程度上取决于创新者与创新成果之间的产权关系。清晰的产权制度可以促使创新者为获取创新收益而产生持续技术创新的动力，从而不断推出创新项目。加强自主创新法制建设，健全知识产权保护体系是推进创新活动的根本保障和企业自主创新投资者防范投资风险的重要手段。

提高企业自主创新能力还需不断完善自主创新奖励制度，建立适应新时期自主创新工作特点的科技人员业绩考评制度，拓宽奖励渠道。近几年国家科技大会对有突出贡献的专家学者进行重金奖励就是一个有效促使自主创新能力形成的奖励制度。今后我们还应继续探索更加完备和激励效果更加显著的奖励制度，来保障和刺激企业自主创新能力的不断提高。

（三）企业自主创新能力形成的内部支撑

企业自主创新能力除被外部动力的影响所诱发，更是由于内部支撑的有力支持才得以实现。这种支撑有别于利润驱动和企业家精神，主要表现为企业文化、研发制度、企业制造和营销能力，以及组织沟通上。它们是企业自主创新能力形成的有利保障。

1. 企业文化

企业文化作为企业在长期的经营实践中形成的全体员工共同的价值体系，对企业生产经营活动具有极强的影响作用。企业自主创新需要有鼓励冒险、宽容失败的企业文化作为支持。企业在创新及其经营管理活动中所创造的具有自我鲜明特色的创新精神财富与创新物质财富的总和，是在一定社会经济文化大环境下形成的亚文化，具有社会性、继承性、创新性和融合性等特征，它是企业一切创新的动力和源泉，也是一切创新得以顺利进行的保障[①]。另外，企业创新文化最核心的要素就是共享的核心价值观念，它使企业的全体员工保持共同的信念和团结协作的氛围，进行持续创新。

2. 研发制度

企业内部的研发机制，作为企业技术创新活动的一股强有力的推动力，对企业创新能力、企业文化具有一定的作用。首先，企业内部的研发激励机制有利于创新能力的提高。一方面，研发激励可以充分调动企业内部员工的创新积极性，从而不断产生高水平的创新成果；另一方面，创新人才晋升机制对持续创新动力具有深远的影响，如果缺乏创新人才晋升机制，就不能充分调动企业家和研发人员创新的积极性，更不能进行持续创新。同时，鼓励创新的研发机制，还有利于吸引企业外部的优秀人才到本企业，从而会增强和提高企业的创新能力；其次，企业内部的激励机制有利于企业创新文化的形成。鼓励创新的企业内部激励机制对创新成功者的物质与精神奖励，会使企业员工逐渐认识到创新对自身发展和企业发展的意义，久而久之，创新观念会潜移默化地渗透到企业文化中，形成有利于创新的企业文化。

3. 制造能力

制造能力是指企业把研究与开发成果转化为满足市场需求、符合设计要求、能够得以成批生产产品的能力。生产制造能力保证了企业根据创新要求将生产投入要素转变为市场所需要的产品，而且企业的市场反应速度、设备水平、成本结构、质量管理以及库存策略都影响着企业的生产制造能力。加入WTO后，大多数中国企业的运营正在或将要面临全球日益加剧的竞争局势。提高企业的创新能力将有利于提高企业的经营绩效进而增强企业的竞争力。在全球化的进程中，作为企业创新能力的核心构成部分的制造能力，对企业的生存和未来发展都扮演着至关重要的角色。创新的最终目的在于推广、在于应

---

① 温瑞浦. 浙江省企业自主创新能力评价研究 [J], 2005.

用，只有将科技成果成功转化为符合市场需求的创新产品，才符合企业真正意义上的创新。制造能力是企业自主创新能力的建设基础和基本保障。

4. 营销能力

任何企业有且只有两个职能——营销和创新（德鲁克，1954）。创新表面上是创造新产品，但根据产品层次理论，它实质上是一种开发稀缺的核心利益的过程，这可称为"产品化"的过程。但产品化不是创新的全部内容。要成功实现创新，企业需要一个系统性的过程把产品引入市场。这个将产品推向市场的过程，就是 Utterback（1975）提出的创新商业化过程。在这一过程中，营销主要通过为技术活动提供市场和顾客信息对创新过程产生支持。具体来说，企业自主创新的实现需要两个营销创新的实现：一是市场领域创新，即预测发现未完全满足的需求和创造新的需求，实现从适应市场到创造市场的转变。二是营销创新，即采取积极的态度利用各种方式、方法鼓励顾客购买本企业的产品，具体包括营销观念及方式的创新、价格创新、营销策略创新和销售渠道创新①。企业是否具备这些能力，直接决定企业自主创新能否最终实现，因此，营销能力是影响企业自主创新能力的重要因素之一。

5. 组织沟通

从创新的过程来看，技术创新是一项系统工程，并不仅仅是研发部门的工作，还需要企业其他有关部门的协调与配合，如生产部门、营销部门、售后服务部门等等。研究表明，企业在内部网络内成员间建立具有凝聚力的共同体（包括共同目标、认知与共同的行为规范等），则成员间除了可降低沟通障碍外，也会更愿意分享交流彼此的经验与知识（Dyer&Nobeoka，2000）②，组织沟通与企业技术创新绩效存在着正相关关系，企业组织沟通越顺畅，其技术创新绩效就越大。如在企业规模增大到一定程度后，传统的金字塔式的直线职能制就容易导致机构臃肿、效率低下、响应市场速度变慢等"大企业病"，严重影响企业的创新绩效和市场竞争力。在知识经济时代，外部动态复杂的环境要求组织打破刚性条框的限制，趋向柔性（柔性战略和柔性结构）。企业只有根据创新的要求，实现组织结构扁平化、网络化，才能使组织结构根据创新的要求做出相应适时调整，从而不断完善组织功能、优化内部结构，实现企业内部

---

① 许庆瑞. 全面创新管理—理论与实践［M］. 科学出版社，2006.

② Dyer JH, NobeokaK. Creating and Managing a High – performance Knowledge – sharing Network: the Toyota Case［J］. Strategic Management Journal, 2000（21）.

甚至企业与其他各种社会组织之间的关系创新。

第三节　企业自主创新能力的测度与评价

一、企业自主创新能力测度方法与模型

迄今为止，创新的评价大多针对技术创新而言，这是因为技术创新在各种创新活动中占有重要的地位。技术创新一直是国内外学者探讨的热点问题，由于技术创新最终实现的范围很广，创新活动方式不尽相同，所以不可能找出适合所有领域、具备通用性的实际测度指标，只能根据不同的创新类型采用不同的测度方式。尽管它们对技术创新评价的具体表达方式不尽相同，但所揭示的内容实质上大致类似。

（一）企业创新的测度模型

为了研究企业创新的规律，一些学者和研究者提出了相关模型，并希望借此分析企业外在环境如何影响公司内的创新。归纳起来主要有如下五种模型：

1. 链环－回路模型

1986 年，克莱因（Kline）与罗森伯格（Rosenberg）[1] 提出了技术创新的链环－回路模型（图 1－7）。在该模型中，有五条技术创新路径：（1）核心创新路径，即从发明设计阶段开始，通过详细设计和检验，到再设计生产，再到分配和销售。（2）创新路径，即一系列从市场到核心路径的其他阶段的反馈联系，特别重要的是从市场到被称做潜在市场的方块之间的主要反馈连结，市场是一个重要的创新源。（3）创新路径将分解为研究和知识的科学，与核心路径的所有重要步骤连结在一起。（4）人们首先做出全面尝试、充分运用现在知识解决问题，只有当他们不能获得答案时，才会从事旨在产生新知识的研究。（5）从创新，或者更准确地说是从创新产品到科学的反馈。该模型认为，创新的主要路径始于市场，止于市场。该模型以市场机遇和企业知识能力的互动关系来解释创新概念，认为决定创新是否成功的关键在于：企业能否让创新过程的各阶段有效联结起来。

---

① Kline S J, Rosenberg N. An Overview of Innovation. In: Landdau R, Rosenberg N. The Positive Sum Strategy. Harnessing Technology for Economic Growth. Washington DC: National Academy Press, 1986.

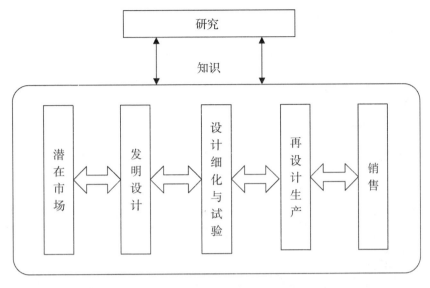

图1-7 技术创新链环-回路模型

2. 基于创新过程的创新审计框架

Chiesa 等（1996）① 将基于创新过程的创新审计框架分为核心过程和辅助过程（如图1-8所示）。核心过程包括概念产生、产品开发、工艺创新和技术获取；辅助过程包括资源配置、领导和系统工具。系统的输出是竞争力。该模型认为核心过程的四个环节是创新不可缺少的，且是相互联系、紧密相关的。

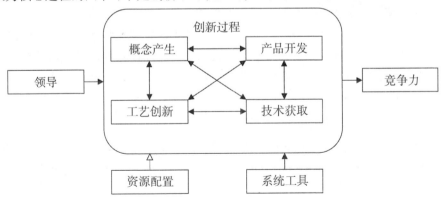

图1-8 基于创新过程的创新审计框架

---

① Chiesa V, Coughlan P, Voss C A. Development of a Technical Innovation Audit ［J］. Journal of Product Innovation Management, 1996, 13.

3. 技术创新的 A－U 模型

威廉·埃伯纳西（N. Abernathy）和詹姆斯·厄特巴克（James M. Utterback）在 20 世纪 70 年代中期发表了多篇文章，提出了工业创新的动态模型（如图 1－9）①。该模型假设产品和工艺的根本创新率遵循与时间相关的一般模型，并且产品和工艺创新存在此起彼伏的关系。模型将产品创新、工艺创新及产业组织的演化划分为三个阶段，即流动阶段、转移阶段和专业化阶段，并与产品生命周期联系起来，提出了以产品创新为中心的产业创新分布规律。

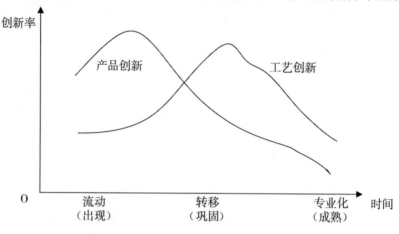

图 1－9　传统的 A－U 模型

这一模型以发达国家的技术创新为背景，且只考虑了创新过程，未涉及市场创新，故后来一些学者将该模型作了扩展，姚志坚等（1999）将 A－U 模型总结为四个结合：技术创新和市场创新的结合；创新模式与产品生命周期的结合；产品生命周期与需求生命周期的结合；赶超型国家技术创新的特征与 A－U 模型的结合。

4. 技术创新过程的集成环球模型

该模型是一个滚动、环球的模型，突出技术创新的时效性、循环性和过程性（如图 1－10）②，按箭头的方向依次是新设想到项目确认再经过研究、设计开发等阶段到新设想，这其中有的过程可中断，产生跳跃。这一过程中的每一个环节相互之间都产生着立体交叉式的影响和反馈，整个过程形成了一个错

①　姚志坚，吴翰，程军．技术创新 A－U 模型研究进展及展望［J］．科研管理，1999（4）．

②　马扬，王淮学．技术创新过程的集成环球模型［J］．安庆师院社会科学学报，1998（8）．

综复杂的网式反馈系统。在这一模式中，创新的起点消失了，形成了持续创新。

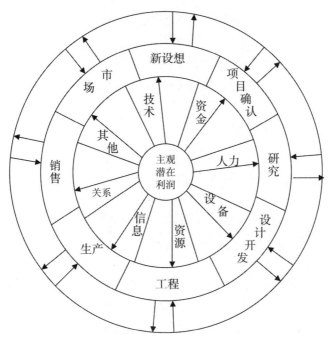

图 1-10　技术创新过程的集成环球模型

5. 中小企业技术创新机制的"轮式模型"

中小企业技术创新机制作为一个总系统，由主体机制、动力机制等子系构成，可概括为"轮式模型"（wheel model）（如图 1-11 所示）①。

---

① 冯德连. 中小企业技术创新的价值判断与模型分析 [J]. 中国软科学, 2000 (12).

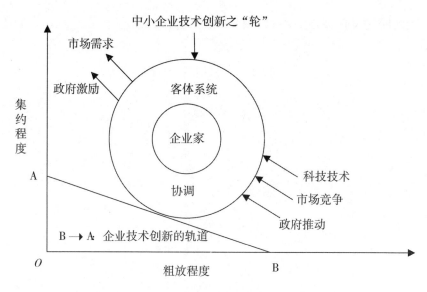

图 1 - 11　中小企业技术创新机制的"轮式模型"

模型中，横坐标表示企业经营的粗放程度，纵坐标表示集约程度。B 点为粗放经营，A 点为集约经营，由 B→A 表示企业技术创新的轨道，也是企业经营方式转换轨道，它是一个连续变化的过程。技术创新之"轮"沿着这一轨道渐进地向上运动，促进了企业经营方式的转变。"轮式模型"清楚地显示出以企业家为"轴心"的主体机制，以及两种拉力（市场需求、政府激励）与三种推力（科学技术、市场竞争、政府推动）的动力机制。

（二）企业创新的评价指标体系

1. 侧重于企业创新能力的评价指标体系

对创新能力的评价可以分成两类。第一类是使用投入产出指标从绩效方面对创新能力进行评价，尽管这类指标绩效表示性较好，但解释性较差（如表 1 - 1 所示），① 第二类是除了要看创新的投入和产出，还要看创新的过程，这样可以深入了解企业创新能力的根源。

---

① 可见 OECD，1992；Chris deBresson，1991；Souitaris，2001；Romijn 和 Manuel，2002；Guan 等，2006；赵林峰等，2007 发表的相关文章。

表 1-1 基于投入、产出的指标体系

文献	评价指标
OECD（1992）	小幅创新产品数、大幅创新产品数、工艺创新数量、小幅创新产品销售比例、大幅创新产品销售比例、专利数
Chris deBresson（1991）	创新资本投入/职工人数、创新资本投入/销售收入、非专门创新资本投入/职工人数、专门创新资本投入/职工人数、专门创新资本投入/销售人数、出口销售收入/销售收入、企业创新倾向
Souitaris（2001）	创新数、创新销售比例、专利数、研发支出占销售比例
Romijn 和 Manuel（2002）	专利数（定量）、产品创新指数（定性）
Guan 等（2006）	学习、研发、制造、营销、资源、组织、市场份额、销售增长、出口率、利润增长、生产率、新产品率
赵林峰等（2007）	经费投入强度、人员投入强度、创新（激励）机制、专利及专有技术拥有数、营销费用比率、新产品销售份额、产品市场占有率

2. 侧重于企业创新过程的评价指标体系

将创新过程纳入评价体系，是强调创新的管理过程和组织机制，认为创新的成功与相关的管理过程是密不可分的，这些过程主要包括投入、实施、产出等环节，其指标体系如表 1-2 所示①。最有影响的当属欧盟的创新评价体系，它以新知识和新技术创造过程为主线，即"人力资源基础——新知识的产生——新知识的转移与应用——创新的投入、产出与市场"的评价维度（European Trend Chart on Innovation，2002）。

表 1-2 基于过程的指标体系

文献	评价指标
Robert（1988）	创造新知识、形成新思想、开发思想、形成加工模型、转换和实施
Chiesa 等（1996）	核心过程：概念形成、产品开发、工艺开发和技术开发与管理；启动过程：人力财力资源、设施设备管理、高层领导

---

① 可见 Robert，1998；Chiesa，1996；吴贵生，2000；胡恩华，2001；Yam 等，2004；刘希宋和邓立治，2006；安景文等，2006；王立新等，2006；刘耀等，2008；Wang 等，2008 发表的相关文章。

续表

文献	评价指标
吴贵生（2000）	投入、研发、管理、制造、营销
胡恩华（2001）	投入、组织管理、生产/制造、营销、实现
Yam 等（2004）	学习、研发、资源分配、制造、营销、组织、战略规划
刘希宋和邓立治（2006）	技术、管理、制造、协调、营销、产出
安景文等（2006）王立新等（2006）	投入、管理、研发、生产、营销、产出
刘耀等（2008）	投入、实施、实现、管理制度
Wang 等（2008）	研发、创新设计、市场营销、制造、资本

3. 侧重于企业创新绩效的评价指标体系

企业创新的主要目的就是为了获取更好的绩效。对创新绩效的理解不能只关注投入产出的效率和结果，它是指企业通过创新活动而产生的直接和间接的经济效益，以及企业自身的竞争能力和创新能力的提高。创新绩效的评价指标体系如表 1-3 所示①。

表 1-3　基于创新绩效的指标体系

文献	评价指标
刘友金和刘洪宇（2000）	直接经济效益增长、市场销售能力提高、产品制造能力提高、研究开发能力提高、管理创新能力提高
陈劲和陈钰芬（2007）	创新产出绩效（经济效益、直接技术效益、技术积累效益、社会效益）、创新过程绩效

从以上分析可以看出，国内外学者对自主创新能力及其指标体系，分别从不同的角度进行了研究，各有特色但又不尽全面，尚未形成成熟的理论，理论上有待于进一步完善。借鉴现有对企业自主创新能力的测量与评价研究成果，结合本项目对企业自主创新能力理论的认识，我们提出了更加完备和具有可操作性的评价指标体系。

---

① 可见刘友金和刘洪宇，2000；陈劲和陈钰芬，2007 发表的相关文章。

二、企业自主创新能力评价指标体系

（一）评价指标体系的设计原则

企业自主创新能力的制约因素是多层次的动态系统，涉及自主创新能力的因素众多、结构复杂，只有从多个角度和层面来设计指标体系，才能准确反映企业的自主创新能力。因此，为保证评价结果的客观、准确，企业自主创新能力评价指标体系的设计应遵循以下原则：

1. 科学性原则。指标体系的评价结果是否科学很大程度上依赖其指标、标准、程序等方面是否科学。因此，设计企业自主创新能力评估指标体系时要考虑到企业自主创新要素及指标结构整体的合理性，从不同侧面设计若干反映企业自主创新活动状况的指标，并且指标要有较好的可靠性、独立性、代表性、统计性。

2. 可比性原则。一套指标体系需要对不同类型企业的自主创新能力进行综合评估，因此，该指标体系的设计必须充分考虑到各企业间统计指标的差异，在具体指标选择上，必须是各企业共有的指标涵义，统计口径和范围尽可能保持一致，以保证指标的可比性。

3. 成长性原则。对企业自主创新能力的测定不仅要分析过去与当前自主创新行为的业绩，还要研究企业潜在的、未来的自主创新能力①。

4. 定性与定量相结合的原则。由于影响企业自主创新能力的因素很多，而有些因素指标无法进行定量的评估，所以对于企业自主创新能力的评价除了进行定量评价外，还可进行定性评价，以定量评价为主。

（二）企业自主创新能力评价指标体系的构建

本报告根据前文对企业自主创新能力的影响因素及形成机制的分析和建立评价指标体系的基本原则，参考有关著述，运用因素集结构方法，针对连续生产经营企业的特征，以企业自主创新能力评价为目标，构建评价指标集（见表1-4）。其中 C 为定量性指标，U 为定性化指标。

本项目建立的指标集，具有如下特点：

1. 创新产出能力主要是对企业自主创新绩效的评价，也是企业自主创新能力的最终体现。

2. 本指标集是基于连续生产型企业自主创新的过程，结合其他学者的研

---

① 胡恩华，单红梅. 企业技术创新绩效的综合模糊评价及其应用［J］. 科学进步与对策，2002，(5).

究来设计的。各指标能相应地反映各阶段的实际情况，且易获取。

3. 指标集采用定性指标和定量指标相结合，以定量分析指标为主体，定性指标也尽量转换为相对的可比性指标。

4. 指标的定义采用国内标准或公认的概念，便于理解和应用。

表 1 - 4 企业自主创新能力评价指标体系

	一级指标	二级指标
企业技术创新能力 A	创新投入能力（A1）	研究和开发投入（A11）（C）
		研究和开发人员投入强度（A12）（C）
		非研究和开发投入强度（A13）（C）
	创新管理能力（A2）	信息采集能力（A21）（U）
		创新倾向（A22）（C）
		创新机制（A23）（U）
		创新战略（A24）（U）
		创新风险预测评估（A25）（U）
	研究开发能力（A3）	技术水平先进程度（A31）（U）
		研究开发成功率（A32）（C）
		专利和专有技术拥有数（A33）（C）
		自主创新能力（A34）（C）
		主要产品更新周期（A35）（C）
	制造能力（A4）	设备水平先进程度（A41）（C）
		现代制造技术采用率（A42）（C）
		引进技术达成率（A43）（C）
		标准化工作水平（A44）（U）
	创新营销能力（A5）	市场了解程度（A51）（U）
		营销体系的适应度（A52）（U）
		营销网络化程度（A53）（C）
		销售费用投入强度（A54）（C）
	创新产出能力（A6）	新产品销售份额（A61）（C）
		新产品销售利润率（A62）（C）
		技术贸易指数（A63）（C）
		产品市场占有率（A64）（C）
		企业竞争力（A65）（U）
		创新效率（A66）（C）

（三）评价指标体系构成因素分析

1. 企业自主创新资源投入能力指标

（1）R&D 投入强度（A_{11}）

$$R\&D\ 投入强度（A_{111}）= \frac{R\&D\ 经费}{销售收入总额}$$

这是目前应用比较广泛的一种计算 R&D 经费投入强度的方法。由于每个企业的销售额变动幅度不会过大，从而保证企业的 R&D 支出具有相对稳定性。该指标反映了企业技术创新经费投入的规模，是国际通用方法，国内外已经积累了大量企业的、行业的数据，可比性高。

（2）R&D 人员投入强度（A_{12}）

$$R\&D\ 人员投入强度（A_{122}）= \frac{从事\ R\&D\ 专职人员数}{企业职工总数}$$

"以人为本"是企业经营活动的信条。在企业技术创新能力的诸因素中，人才资源是关键。此外 R&D 人员素质强度还要由从事 R&D 的专职人员数（A_{121}）、大专以上文化 R&D 专职人员/从事 R&D 专职人员数（A_{123}）两个综合指标得出。

（3）非 R&D 投入强度（A_{13}）

$$非\ R\&D\ 投入强度（A_{131}）= \frac{技术改造费 + 技术引进费}{销售收入总额}$$

2. 企业自主创新管理能力指标

（1）信息采集能力（A_{21}）

信息采集能力属于定性评价指标，用以反映创新信息的获取对技术创新能力的影响。一般包括政策法规信息、社会需求信息、技术信息、竞争信息、企业自身信息（现有技术水平、开发新产品的实力、销售服务）等方面的信息。可采用专家打分法形成等级划分（很好、较好、一般、较差、很差）来测定。

（2）创新倾向（A_{22}）

表现为企业家追求创新的强烈愿望化为现实，即创新的主动性和前瞻性，主要由企业的创新频率来体现。在考察创新频率时，一般只计算工艺创新和产品创新数量，其计算公式为：创新频率（A_{221}）= 年内产品创新数 + 年内工艺创新数。

（3）创新机制（A_{23}）

定性化评价指标。创新机制主要反映调动企业成员进行技术创新的积极性，只能用经验数据，借助专家评判来进行度量其创新激励机制是否健全、有效。

（4）创新战略（A_{24}）

定性化评价指标。企业技术创新战略是指企业根据市场发展方向、顾客需求及自身资源与创新能力，结合企业总战略，以创造新的长期竞争优势而围绕产品的产量、品种、质量、服务等对技术创新的方向、模式所做的谋划。企业技术创新战略将涉及企业技术创新的目的、程度、时间、重点、方向等一系列基本问题，企业只有弄清这些基本问题，才能对技术创新战略做出正确的选择。可采用专家打分法形成等级划分（很好、较好、一般、较差、很差）来测定。

（5）创新风险预测评估（A_{25}）

定性化指标，主要反映技术创新过程企业减少技术创新的不确定性和风险性的能力。技术创新的预测和评价能力较强则能找准技术创新的主攻方向，尽量减少或避免技术创新中的风险。可采用专家打分法形成等级划分（很好、较好、一般、较差、很差）来测定。

3. 企业研究开发能力指标

（1）技术水平先进程度（A_{31}）

定性化指标，技术水平先进程度可通过对被评价技术与其他可比技术的主要技术、经济指标比较进行度量。可用的方法有：①等级法：在比较各主要指标后，将被评价技术定位于某一等级，从而得到技术水平的大致概念。通常分为六个等级：国际上领先水平；国际上先进水平；国内或行业内领先水平；国内或行业内先进水平；省内领先水平；省内先进水平。②年代法：通过与国际技术水平比较，以技术的年代标志代表某水平，按年代划分可有 60 年代、70 年代、80 年代、90 年代、90 年代末。

（2）研究开发成功率（A_{32}）

主要反映 R&D 机构的研究能力，可用相对指标"研究开发成功次数/研究开发总数（A_{322}）"和绝对指标"研究开发项目数（A_{321}）"来计算。

（3）专利和专有技术拥有数（A_{33}）

由于专利在一定程度上代表了最先进的技术水平，所以通过对企业专利的技术构成和申请、转让、购买的统计分析，可以得到有关技术知识的改造、应用、转让情况。

专有技术数（A_{331}）＝企业授权专利数＋非专利技术成果数

（4）自主创新能力（A_{34}）

自主创新产品不是依靠引进技术直接生产新产品，而是由企业自行或合作研究开发的新产品。设计"自主创新产品率"指标是考核企业在自主创新方面所取得的进步。

$$自主创新产品率（A_{341}）= \frac{自主创新产品数}{创新产品数}$$

4. 企业制造能力指标

（1）设备水平先进程度（A_{41}）

设备水平可按国际先进水平、国际一般水平、国内先进水平、国内一般水平及其他水平等档次，分别计算各档次水平的生产设备占总设备的比例，采用加权平均法来计算。计算公式为：

设备先进水平（A_{411}）= 1 × 国际先进水平（%）+ 0.8 × 国际一般水平（%）+ 0.6 × 国内先进水平（%）+ 0.2 × 其他水平（%）

（2）现代制造技术采用率（A_{42}）

$$现代制造技术采用率（A_{421}）= \frac{采用现代制造技术生产的产品数}{企业生产的产品总数}$$

（3）引进技术达成率（A_{43}）

$$引进技术达成率（A_{431}）= \frac{引进技术产品产量}{引进技术产品设计产量}$$

（4）标准化工作水平（A_{44}）

定性化指标。利用经验数据转化为等级（很好、较好、一般、较差、很差）来测定。

5. 企业创新营销能力指标

（1）市场了解程度（A_{51}）

定性化指标。指企业在潜在需求分析、竞争对手分析、用户分析、技术发展趋势判断、需求，以及使用产品信息等方面的努力程度。测评时，可借助专家打分法。

（2）营销体系的适应度（A_{52}）

指企业在组织机构设计中针对新产品投放市场和扩大市场做过专门研究，而在实际中这种专门研究起到了促进新产品销售的作用。比如，在广告宣传、定价策略、销售渠道建立等方面为新产品所做的努力。测评时，可借助专家打分法。

（3）营销网络化程度（A_{53}）

指企业现存的销售网络对新产品上市、扩大销售规模和信息反馈的及时与准确性起什么作用，可采用问卷调查等方式获取经验数据。

（4）销售费用投入强度（A_{54}）

$$销售费用投入强度（A_{541}）=\frac{新产品销售费用收入额}{企业全部产品销售收入}$$

6. 企业创新产出能力指标

（1）新产品销售份额（A_{61}）

创新产出表现为收益产出、技术性产出和竞争产出，分别用收益性指标、技术性指标和竞争性指标反映。

新产品销售份额属于收益性指标，用以测定新产品对企业销售收入的贡献。

$$新产品销售份额（A_{611}）=\frac{新产品销售收入}{销售收入}$$

（2）新产品销售利润率（A_{62}）

$$新产品销售利润率（A_{621}）=\frac{新产品销售利润}{新产品销售收入}$$

该指标属于收益性指标，表明产品创新中每百元新产品销售收入中多提供的利润。该指标数值越大，说明企业从新产品中获利越高，也反映出成功地进行了技术创新的企业有更高的利润回报。

（3）技术贸易指数（A_{63}）

属于技术性指标。用技术净收入反映企业在技术买卖方面的情况。技术净收入是企业年内技术售出额与技术购入额的差。该指数越大，表明企业技术创新产品能力越强。技术贸易指标计算公式为：

$$技术贸易指标（A_{631}）=\frac{技术净收入（技术售出额-技术购入额）}{技术购入额+技术售出额}$$

（4）产品市场占有率（A_{64}）

重视技术创新，其根源在于它能为企业创造新的竞争力。反映竞争性的指标主要有：①产品市场占有率；②成本降低率；③质量提高率；④能耗降低率；⑤原材料利用率。这里主要以产品市场占有率来综合衡量。产品市场占有率指标反映企业创新产品的商业化程度，可计算其市场占有份额。

$$产品市场占有率（A_{641}）=\frac{企业该年度产品销售量}{该年度市场总销量}$$

（5）企业竞争力（A_{65}）

企业竞争力是一个综合性指标，可用企业产品、服务的品牌效应、企业的社会贡献率、企业节约资源指标值、企业改善环境状况指标值等来综合测度。

（6）创新效率（A_{66}）

$$创新效率（A_{661}）= \dfrac{\dfrac{企业当年新产品销售利润}{企业年度总利润}}{\dfrac{该年度企业技术创新支出}{企业总投资}}$$

该指标衡量了企业技术创新的效率水平。若该指标 < 1，则表示企业的创新效率较低；若指标 > 1，则意味着创新效率较高。创新效率高的企业在于新产品开发的成功率高，或新产品开发的周期短。

三、企业自主创新能力评价模型

从自主创新能力的结构及其评价指标体系来看，自主创新能力需要进行多方面、多角度、多层次的综合评价。考虑到生产经营型企业的特点，结合企业自主创新能力系统及评价指标体系的研究，依据建模的原则，本文选择了逻辑较为严密，运用比较简单改进的层次分析模型，作为企业自主创新能力评价模型。

（一）建模原则

合理的自主创新能力评价模型应满足这样的要求：通过模型的运行，能够对企业自主创新能力进行准确、客观的评价，体现企业自主创新活动的优势和不足，为企业提供决策依据，从而使企业能够有针对性的进行自主创新活动。依据技术创新能力评价的特性，系统工程理论多层次性，多目标的建模思想，自主创新能力评价模型必须具备多准则的综合判定能力。同时，在建立模型时要遵循以下几个基本原则：简明、易操作性；信息的相关性与准确性；层次性与集结性。

在这里特别对简明性原则加以说明。上世纪 80 年代以来，最优化理论发展得越来越抽象化，数学模型的规模也越来越大，有些人片面以为系统分析就是依靠数学模型解决问题。但事实上，过于复杂的数学模型往往在某种程度上反而会降低其实用性。追求建立一个完全精确的数学模型，其结果必然是使题解十分繁复，耗时耗力，以至最后掉入数学模型的"泥沼"。因此，简明性和易操作性是建立一切数学模型首先应考虑的原则。一切以分析、说明目标问题为目的，不能有意将数学模型复杂化。

（二）评价方法

1. 层次分析法简介

层次分析法（The Analytical Hierarchy Process，简称 AHP），是由美国学者萨蒂（T. L. Satty）在 70 年代提出的一种系统分析方法，它是一种定性定量结合处理复杂问题的有效方法。AHP 的基本原理，是将复杂问题中的各种因素，通过划分若干个相互联系的有序层次结构，使其条理化，然后依据一定的判断准则，在比原来问题简单得多的层次上进行分析，再进行总体层次上的综合分析或决策。尽管从数学原理上 AHP 有深刻的内容，但 AHP 从本质上讲是一种思维方法①。

这种方法在 80 年代引入我国，并衍生出多种相关方法，在我国产业政策中，以及较大的系统工程中得到了成功的运用。运用这种方法有如下四个步骤：

（1）分析系统中各因素间的关系，建立系统的递阶层次结构；（2）对同一层次的各元素关于上一层次中某一准则的重要性进行两两比较，构造两两比较的判断矩阵；（3）由判断矩阵计算被比较元素对于该准则的相对权重，并进行判断矩阵的一致性检验；（4）计算各层次对于系统的总排序权重，并进行排序。

应用 AHP 分析决策问题时，首先要把问题条理化、层次化，构造出一个有层次的结构模型。这些层次可以分为三类：

（1）最高层（目标层）：这一层次中只有一个元素，一般宜是分析问题的预定目标或理想结果；（2）中间层（准则层）：这一层次包括了为实现目标所涉及的中间环节，它可以由若干个层次组成，包括所需要考虑的准则、子准则；（3）最底层（方案层）：这一层次包括了为实现目标可供选择的各种措施、决策方案等。

在建立递阶层次结构以后，上下层元素间的隶属关系就被确定了。假定以上层次的元素 C 为准则，所支配的下一层次的元素为 u_1，u_2，$\cdots u_n$，目的是要按它们对于准则 C 的相对重要性赋于 u_1，u_2，$\cdots u_n$ 相应的权重。按表 1－5 的比例标度对重要性程度赋值，列出了 1－9 标度的含义，这样对于准则 C，n 个被比较元素通过两两比较构成一个判断矩阵。其中 a_{ij} 就是元素 u_i 与 u_j 相对于准则 C 的重要性的比例标度。

---

① 姜启源. 数学模型（第二版）［M］. 北京：高等教育出版社，1993.

表1–5　比例标度的含义

赋值	重要度或优良度
1	两个元素相比，具有相同的重要性
3	两个元素相比，前者比后者稍微重要
5	两个元素相比，前者比后者明显重要
7	两个元素相比，前者比后者强烈重要
9	两个元素相比，前者比后者极端重要
2，4，6，8	表示上述相邻判断的中间值
倒数	若元素 i 与元素 j 的重要性之比为 a_{ij}，那么元素 j 与元素 i 重要性之比为 $a_{ji}=1/a_{ij}$

判断矩阵 A 对应于最大特征值 λ_{max} 的特征向量 W，经归一化后即为同一层次相应因素对于上一层次某因素相对重要性的排序权值，这一过程称为层次单排序。

对判断矩阵的一致性检验的步骤如下：

（1）计算一致性指标 CI

$$CI=\frac{\lambda_{max}-n}{n-1}$$

（2）查找相应的平均随机一致性指标 RI。对 $n=1-9$，Saaty 给出了 RI 的值，如表1–6所示：

表1–6RI 的取值

n	1	2	3	4	5	6	7	8	9
RI	0	0	0.58	0.90	1.12	1.24	1.32	1.41	1.45

RI 的值是这样得到的，随机地从 1~9 及其倒数中抽取数字构造正互反矩阵，求得最大特征根的平均值 λ'_{max}，并定义：

$$RI=\frac{\lambda'_{max}-n}{n-1}$$

（3）计算一致性比例 CR

$$CR=\frac{CI}{RI}$$

当 CR < 0.10 时，认为判断矩阵的一致性是可以接受的，否则应对判断矩

阵作适当修正。

上面我们得到的是一组元素对其上一层中某元素的权重向量。我们最终要得到各元素，特别是最低层中各方案对于目标的排序权重，从而进行方案选择。总排序权重自上而下地将单准则下的权重进行合成。

对层次总排序也需作一致性检验，检验仍像层次总排序那样由高层到低层逐层进行。这是因为虽然各层次均已经过层次单排序的一致性检验，各成对比较判断矩阵都已具有较为满意的一致性。但当综合考察时，各层次的非一致性仍有可能积累起来，引起最终分析结果较严重的非一致性。

设 B 层中与 A_j 相关的因素的成对比较判断矩阵在单排序中经一致性检验，求得单排序一致性指标为 CI（j），（j＝1，…，m），相应的平均随机一致性指标为 RI（j）（CI（j）、RI（j）已在层次单排序时求得，则 B 层总排序随机一致性比例为：

$$CR = \frac{\sum_{i=1}^{m} CI（j）a_j}{\sum_{j=1}^{m} RI（j）a_j}$$

当 CR＜0.10 时，认为层次总排序结果具有较满意的一致性并接受该分析结果。

2. 改进的 AHP 法原理

在应用 AHP 法时，由于对复杂事物的各因素人们采用两两比较时，不可能做到完全的一致，存在估计误差，所以应该衡量判断矩阵的一致性。若不满足一致性检验指标，则需对判断矩阵作一定调整，但调整又没有固定的方法，而是凭着大致的估计来调整。这样，虽然往往行之有效，但毕竟带有盲目性，不能排除经过多次调整才能通过一致性检验的可能性，而且经典的 AHP 法没有考虑人的认识上的非线性和 Fuzzy（模糊性）。事实上，人们在判断指标时确实存在着非线性和模糊性。因此，在企业技术创新能力指标权重的确定上应用改进的 AHP 法，其具体步骤如下：

（1）由专家或分析者给出判断矩阵（S_{ij}）。指数型判断标度 S_{ij} 采用的判断体系是：$S_{ij}＝0$ 表示 X_i，X_j 几乎同等重要；$S_{ij}＝1$ 表示 X_i 比 X_j 略微重要；$S_{ij}＝2$ 表示 X_i 比 X_j 明显重要；$S_{ij}＝3$ 表示 X_i 比 X_j 强烈重要；$S_{ij}＝4$ 表示 X_i 比 X_j 极端重要；若 X_i 没有 X_j 重要，则 S_{ij} 取相应的负值。

（2）对给定的判断矩阵修正，修正矩阵为：

$$C =（C_{ij}）\ \forall i, j;\ C_{ij} = \frac{1}{n}\sum_{k=1}^{n}（S_{ik} - S_{jk}）$$

（3）求权向量

$$W' = \left[\, W_1',\ W_2',\ \cdots,\ W_n'\,\right],\ W_i' = e^{\frac{r}{n}\sum\limits_{j=1}^{n} C_{ij}}$$

（4）归一化后的权值

$$W_i = \frac{W_i'}{\sum\limits_{k=1}^{n} W_k'},\ i = 1,\ \cdots,\ n$$

这里，一般 $r = 0.5 - 1$，r 值的大小决定了权值的集散程度，r 值越小，权值越分散；反之，r 值增大，权重向少数最重要的指标聚集。认识到 r 值对权重的影响，有利于决策者对 r 的取值。改进的 AHP 法实际上提供了一个调整判断矩阵为一致性矩阵的方法。

（三）企业自主创新能力的多层次分析模型

根据企业自主创新能力的核心指标体系，构建企业自主创新能力的多层次分析模型，如图 1-12 所示：

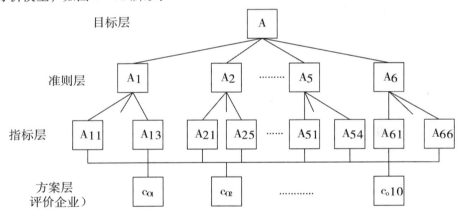

图 1-12　企业自主创新能力评价的多层次分析模型

设企业自主创新过程的各环节能力分别为 $A_1,\ \cdots,\ A_n$。其下面的要素指标分别 $A_{11},\ A_{12}\cdots,\ A_{1m},\ A_{21},\ A_{22},\ \cdots,\ A_{n1},\ A_{n2},\ \cdots$。再下面的要素指标分别为 $A_{111},\ \cdots,\ A_{121},\ \cdots,\ A_{1m1},\ \cdots,\ A_{211},\ \cdots,\ A_{n11},\ \cdots,\ A_{n21},\ \cdots$。则：

$$A_{ij} = \sum_{k=1}^{m} \left(W_{ijk} \times A_{ijk} \right)$$

其中：m 为 A_{ij} 中的要素指标个数；W_{ijk} 为 A_{ijk} 的权重，且 $\sum\limits_{k=1}^{m} W_{ijk} = 1$。

$$A_i = \sum_{k=1}^{n_j} \left(W_{ik} \times A_{ik} \right)$$

其中：n_j 为 A_i 中的要素指标个数；W_{ik} 为 A_{ik} 的权重，且 $\sum\limits_{k=1}^{n_j} W_{ik} = 1$。

关于各要素指标的权重计算方法，可以采用前述的改进的层次分析法。设 C_{ij} 为专家或分析者给出的判断矩阵，则：

$$C = （C_{ij}）\ \forall i,\ j,\ C_{ij}\frac{1}{n}（S_{ik} - S_{jk}）;$$

$$W' = \left[W'_1,\ W'_2,\ \cdots,\ W'_n \right],\ 其中,\ W'_i = e^{\frac{r}{n}\sum\limits_{j=1}^{n} C_{ij}}$$

$$W_i = \frac{W'_i}{\sum\limits_{k=1}^{n} W'_k},\ i = 1,\ \cdots,\ n$$

这样，可以分别计算出 $A_1,\ \cdots,\ A_n$ 下各要素指标的权重。这样，就可以得到各环节能力评价结果 $A_1,\ \cdots,\ A_n$，从而企业的自主创新能力为：

$$A = \sum\limits_{k=1}^{n} W_i \times A_k$$

（四）改进的 AHP 法的计算机程序结构

根据改进的 AHP 法计算步骤和企业自主创新能力评价的多层次分析模型，编制 AHP 法结构化程序设计的结构化流程图。如图 1 – 13 所示。

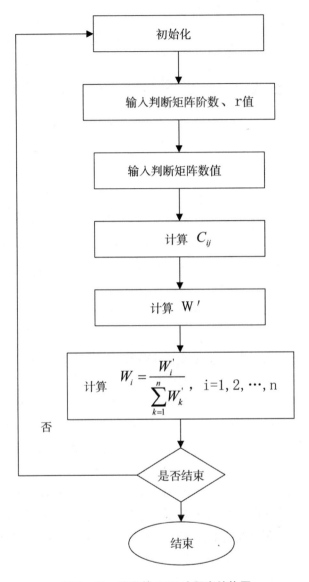

图 1 - 13　改进的 AHP 法程序结构图

第二章

东北老工业基地国有企业自主创新能力现状分析

　　东北老工业基地一直以来都在中国的国民经济中具有十分重要的地位。建国初期，东北地区凭借其资源优势、地理优势以及工业基础成为中央政府基于政治、经济、军事等原因所共同选择的重工业基地，投资建立了大量国有企业。这些国有企业在中央与地方政府的大力扶持下迅速发展，为新中国的经济发展做出了卓越的贡献，同时也推动着东北地区经济增长，其速度长期位于全国前列。但随着改革开放，南方与东部沿海地区经济的快速发展，东北老工业基地逐渐失去了其经济发展的领先地位。自 2003 年振兴东北老工业基地的战略提出以来，东北老工业基地的经济发展缓慢、地区经济发展失衡等问题又引起中央政府的高度重视。东北老工业基地的国有企业进行了体制、技术、产业结构、管理方式等方面的改革以适应市场经济的需求，逐步建立成为结构合理、竞争力强的地区。尽管如此，东北老工业基地其他产业的国有企业目前仍存在着许多问题，如国有企业技术落后、技术设备陈旧、融资能力差等。创新是企业发展的动力，企业是创新的主体。国内外的多项实证研究显示企业的自主创新对企业的发展具有显著的贡献，对国民经济质量的提高也具有重要意义。提升东北老工业基地的自主创新能力，不仅是振兴东北老工业基地战略的要求，也是东北老工业基地的国有企业生存与发展的必然要求。东北老工业基地的国有企业是东北地区主要的技术创新重要载体，国有企业能否有效借助于技术创新发挥作用，对东北乃至整个中国的经济建设都有着十分重要的影响。

第一节　东北老工业基地国有企业竞争力现状和问题

　　根据新中国建设的工业布局，中央政府在东北地区建设了大批的工业城市，这些工业城市在中国经济发展过程中发挥了不可替代的作用。许多资源型城市发展上实行的是"先企业，后城市"，甚至实行"政企合一"的管理体制，政府为这些国有企业的发展铺路，这也使得这些国有企业在一开始的起点就高于其他企业。在东北老工业基地其他产业的国有企业方面，政府与这些国有企业也有着千丝万缕的关系，在政府扶持政策的帮助下，东北老工业基地国有企业在一定程度上一直优于其他的企业，如装备制造、汽车、钢铁制造、生物制药等产业的国有企业。但是在经济转轨过程中，东北老工业基地的国有企业普遍存在着企业负担重、技术人才流失、技术落后、设备水平低、结构老化、管理落后等问题的困扰。东北老工业基地的国有企业的制造业基础雄厚，规模大但规模效应却不明显，产业集群优势难以发挥，这些都与企业自主创新能力弱有着密切联系。因此在对东北老工业基地国有企业的自主创新能力分析之前，本部分先对东北老工业基地国有企业竞争力影响较为严重的问题进行分析，并根据这些分析来针对性的分析国有企业自主创新能力，进而达到提升企业竞争能力的目的。

一、从产业结构角度分析

2010 年中国全社会固定资产投资总计 278121.8549 亿元，东北三省固定资产投资 30726 亿元，占全国固定资产投资的 11.05%，其中东北老工业基地的国有企业固定资产投资为 8414.1 亿元，占东三省全部固定资产投资的 27.38%。东北三省国有及国有控股工业企业的资产总值为 27326.09 亿元，占全国国有及国有控股工业企业的资产总值的 11.03%，其中辽宁省国有及国有控股工业企业的资产总值为 14588.59 亿元，国有及国有控股工业企业的资产总值占全省国有及非国有规模以上工业企业资产总额的 50.17%，国有及国有控股工业企业工业总产值为 11219.96 亿元，另外，黑龙江省国有及国有控股工业企业的资产总值占全省国有及非国有规模以上工业企业资产总额的比例最高，其国有及国有控股工业企业的资产总值占全省国有及非国有规模以上工业企业资产总额的 67.94%，远高于全国的 41.79%（见表 2－1）。

表 2－1　东北三省国有及国有控股工业企业工业总产值及资产状况

地　区	企业单位数（个）	工业总产值（亿元）	比重（%）	资产总计（亿元）	比重（%）	全部从业人员年平均人数（万人）
辽　宁	852	11219.96	30.98	14588.59	50.17	111.85
吉　林	406	5691.56	43.45	5623.00	55.15	54.69

地区	企业单位数（个）	工业总产值（亿元）	比重（%）	资产总计（亿元）	比重（%）	全部从业人员年平均人数（万人）
黑龙江	517	5517.06	57.86	7114.50	67.94	82.82
全国总计	20253	185861.02	26.61	247759.86	41.79	1836.34

注：表中的比重分别是国有及国有控股工业企业总产值和资产总额占国有及非国有规模以上工业企业总产值和资产总额的比重。

资料来源：《中国统计年鉴2011》。

2009年东北老工业基地的地区生产总值为31078.2亿元，其中第二产业的生产总值为15509亿元，占东北三省全部生产总值的49.9%，人均国民生产总值为28566.42元，远小于东部十省的人均国民生产总值40800.045元。由此可见，东北老工业基地仍是以第二产业为主导的产业结构。东北三省许多资源型城市将第二产业作为这些城市的经济支柱，有些城市与采掘业及其加工业形成了紧密的纽带关系，由于历史遗留问题，部分城市实行政府与国企联合，即政企合一，虽然经过这些年的改革，但是政府与国有企业的关系仍可谓牵一发而动全身。另外，东北老工业基地的国有企业工资总额为2443.6亿元，而东北三省城镇全部就业人员的工资总额仅为3841.2亿元，国有企业工资总额占全部就业人员工资总额的63.62%，高于全国国有企业工资总额占全部就业人员工资总额的52.65%。这也从另一方面验证了国有及国有控股企业在东北老工业基地具有重要的经济、社会地位。因此，在进行国有企业改革期间，政府不得不着重考虑在经济转轨过程中所带来的失业问题，进而导致了东北老工业基地改革进程缓慢，成效有限的现状。综合上述数据的分析，可以看出东北老工业基地的产业结构仍然是第二产业为主导，而不论在资产总值还是在工业总产值上，东北老工业基地国有企业及国有控股企业占东北老工业基地所有国有及非国有规模以上工业企业的比重都在一半以上，东北老工业基地的国有企业及国有控股企业在东北老工业基地仍然是占有极其重要的经济、社会、政治地位，这些为东北老工业基地的国有企业及国有控股企业的经营发展带来便利条件的同时还使得东北老工业基地的国有企业面临着较大的改革阻力，产业结构不合理以及造成的地区经济发展失衡、产品技术创新不足等经济社会问题。

二、从产品质量竞争力角度分析

自中国改革开放以来，东北老工业基地国有企业技术设备改革并未能跟上市场环境的变化，存在着设备老化严重问题，技术创新缓慢、技术改革慢等问题。东北老工业基地制造业质量竞争力在 2005～2009 年间整体上有所下降。在全国制造业质量竞争力评比中，东北三省在总体上处于全国的中下游（见表 2－2）。2009 年在全国 30 余个省市地区的制造业质量竞争力评比中，辽宁省制造业质量竞争力指数为 82.63，排名第 11 位，比 2005 年排名的第九位下滑了两位；吉林省制造业质量竞争力指数为 81.1，排名第 16 位，比 2005 年排名的第 12 位下滑了四位；东北三省中黑龙江省制造业质量竞争力指数最低，其为 76.57，排名第 28 位，比 2005 年排名的第 20 位下滑了八位。除了吉林省由 79.49 上升到 81.1 以外，辽宁省与黑龙江省的制造业质量竞争力指数都是有所下滑的，黑龙江省制造业质量竞争力指数从 77.54 下滑到 76.57，辽宁省制造业质量竞争力指数从 82.8 下滑到 82.63，辽宁省在 2005 年的制造业质量竞争力指数为 82.63，在 2006 年下降幅度较大到 80.32，自此以后呈现稳步上升的趋势。自 2006 年以后辽宁省、吉林省、黑龙江省的制造业质量竞争力指数都有所上升，但黑龙江省的增长速度为最慢，且相较于其余两省排名过于靠后。另外东北三省的制造业质量竞争力指数与制造业质量竞争力指数排名第一位的上海还有较大的差距，上海在 2009 年的制造业质量竞争力指数为 89.06，而北京的制造业质量竞争力指数则是 88.14。

东北老工业基地劳动密集型的产业仍很多，输出的多为初级加工产品、原材料及组装产品，而多流入的是精加工产品。产品所含有的高技术较少，附加值低，大量的经济利益为上游或下游的企业所获得，使东北老工业基地企业在国内外市场上的竞争处于不利地位。在技术装备上，由于东北老工业基地国有企业融资能力差，更新设备的历史欠账多，企业利润缩水等问题造成东北老工业基地国有企业的技术设备普遍落后，技术设备更新缓慢，而设备的落后又造成低劳动生产率，利润小、融资难及环境污染的恶性循环之中。以吉林市 16 户有代表性的国有大中型企业为例，技术装备达到国际水平的仅占 6.15%，处于国内先进水平的只有 15.33%，处于国内一般水平和落后水平的则占有 77.47% 之多。① 因此本部分认为东北老工业基地的知识密集型产业较少，东北老工业基地国有企业制造业质量竞争力不足，这些都与技术落后、技术设备老化有着密切的关系。更新设备，加强技术的引进力度、加强新产品的研发与

---

① 宋冬林：东北老工业基地资源型城市发展接续产业问题研究．北京：经济科学出版社，2009：28

提高企业自主创新能力是东北老工业基地国有企业提高企业竞争力的必然选择路径。

表2-2 东北地区制造业质量竞争力指数

	辽宁省		吉林省		黑龙江省	
	制造业质量竞争力指数	排名	制造业质量竞争力指数	排名	制造业质量竞争力指数	排名
2005	82.8	9	79.49	12	77.54	20
2006	80.32	13	77.39	19	75.81	24
2007	82.25	10	79.01	19	77.42	25
2008	82.56	9	80.3	18	79.47	23
2009	82.63	11	81.1	16	76.57	28

数据来源：《全国制造业质量竞争力指数公报》。

三、从企业经营绩效角度分析

在原计划经济体制下，东北老工业基地国有企业为国家创造了大量的利润，为国家的发展建设曾做出了杰出的贡献。东北老工业基地的国有企业具有较高的工资水平及福利水平，但是随着时间的推移，国内外竞争的日益激烈与自然资源的开采利用，东北老工业基地国有企业的利润率出现了下降，但是由于工资刚性，东北老工业基地国有企业的工人们所要求的工资水平与福利水平并未发生太大的改变，甚至于随着时代的进步与社会的发展而有所提高，给国有企业的企业生存与发展造成负担。另外，随着中国社会保障体系的逐步完善，东北老工业基地国有企业的社会保障原来是由国家安排，原本的养老保险、失业保险都被用于进行积累，现今统一的社会保障与东北老工业基地国有企业原本的社会保障之间的缺口不断增大，造成了东北老工业基地国有企业的社会保障的历史欠账问题，这进一步阻碍了东北老工业基地的国有企业的经济发展。

另外，东北老工业基地国有企业还面临着资产负债率过高的问题，2010年辽宁省国有及国有控股工业企业的资产负债率为最高达到66%，其国有及国有控股工业企业的负债总额已将达到9628.08亿元；吉林省国有及国有控股工业企业的资产负债率为59.15%，其国有及国有控股工业企业的负债总额是3326.15亿元；而黑龙江省国有及国有控股工业企业的资产负债率是东北老工业基地中最低的也达到了 54.48% 的水平，其国有及国有控股工业企业的负债总额为 3876.13 亿元；东北老工业基地三省的国有及国有控股工业企业的资产负债率全部超过了 50% 以上的水平。还有一个突出问题是东北老工业基地的国有企业及国有控股企业的利润率过低。例如，辽宁省国有及国有控股工业企业的工业成本费用利润率仅为 3.31%，而吉林省的国有及国有控股工业企业的工业成本费用利润率也只有 8.42%，仅黑龙江省稍高一些，其国有及国有控股工业企业的工业成本费用利润率为 18.63%（见表 2－3）。东北老工业基地的国有企业在其建立的过程中，曾经模糊了企业与政府的定位，建立了大量学校、医院等社会机构，而国有企业每年用于这些社会机构的支出也是非常巨大的。在经济转轨过程中，为适应市场竞争环境与政府调整经济结构的要求，东北老工业基地国有企业下岗人数大幅度增加，而由于这部分下岗人群多为低学历的人群，加之思想就业观念保守等因素，大大加重了下岗职工再就业困难的问题，甚至在社会上出现了许多的"啃老族"，又在另一方面大大增加了社会的负担。总而言之，东北老工业基地国有企业负担过重，经济效益较低，企业缺乏足够资金进行企业创新活动，自主创新动力不足严重阻碍了东北老工业基地国有企业的发展。

表 2－3　2010 年东北三省国有及国有控股工业企业经营情况

地　区	总资产贡献率（%）	资产负债率（%）	工业成本费用利润率（%）	负债合计（亿元）	主营业务收入（亿元）	利润总额（亿元）
辽　宁	9.77	66.00	3.31	9628.08	11738.70	360.01
吉　林	17.22	59.15	8.42	3326.15	5614.78	420.73
黑龙江	24.61	54.48	18.63	3876.13	6029.06	879.11

数据来源：《中国统计年鉴 2011》。

第二节　东北老工业基地国有企业自主创新能力现状与问题

东北老工业基地的国有企业面对日益激烈的国内外市场竞争环境，意识到企业仅仅依靠政府政策的支持是不能保证企业持续发展的，因此东北老工业基地国有企业越来越关注提升企业竞争力、保持企业持久竞争力的问题，而提高企业自主创新能力是增强国有企业竞争力的一条重要途径。根据 Roy Rothwell 和 Paul Gardinar（1985）对创新的理解，创新不仅包括先进技术的商业化（突破式创新），而且包括技术诀窍应用中的小规模变革（渐进式创新）。技术创新在时间轴上不是均匀分布的，而是具有群集性。某项产品或技术的创新成功以后为部分企业所率先使用，再通过技术外溢等方式传导到整个产业部门，并延展至相关产业部门，形成企业创新集群。而东北老工业基地由于其历史原因形成许多产业集群，它们拥有较完善的劳动力市场、良好的信息交流通道、丰富的科研资源等，这些都为企业创新集群的建立与发展奠定了优厚的基础。尽管东北老工业基地的国有企业拥有如此多的自主创新优势，但其总体创新能力却不强，本部分将着重对造成东北老工业基地国有企业自主创新能力不强现状的问题进行分析。

一、从东北老工业基地区域创新能力角度分析

在《中国区域创新能力报告》中，区域创新能力主要由知识创造、知识获取、企业创新、创新环境及创新绩效五部分组成。如表2-4所示，2009年东三省中，只有辽宁省的创新能力位于前十位之中，居于第九位，较2008年与2007年下降一位。黑龙江省排在第17位，与2008年相比未发生变化。吉林省较2008年下降四位，位于第28位。吉林省与黑龙江省的创新能力皆位于中国中下游水平。在东北老工业基地中，吉林省知识创造力最弱，其知识创造力综合指数大约为北京的1/4左右，但较2008年的全国第18位已有所提高，黑龙江省的知识创造力最强，较2008年上升五位，排名第八位。辽宁省的知识创造力排名变化不大，较2008年下降一位。在知识获取方面，吉林省下降程度最大，由2008年的第12位下降至第27位，同时黑龙江省也从第九位下滑至第20位，辽宁省知识获取能力趋于稳定。辽宁省企业创新指数是38.13，远小于江苏70.16的水平，而吉林、黑龙江则分别为26.53与27.49，吉林省的企业创新能力正呈现逐年下降的趋势。东北三省的技术创新环境改善迟缓，辽宁省甚至出现倒退的现象，2008年其创新环境指数为31.0，排名第八位，在2009年则下降为28.55，排名第十位。辽宁省在东北三省中的创新绩效最弱，仅为31.21，黑龙江省的创业绩效最强但却不足广东省创业绩效指数的1/2。

在2008年国家依托中央企业所组建的一批设备先进、人才聚集、机制创新的23家国家重点实验室中，北京有12家，而东北老工业基地共有三家，其所依托的单位分别是中化集团沈阳化工研究院、煤炭科学研究总院抚顺分院、哈尔滨电站设备集团公司（见附录2），这些实验室的创建目的是促进企业成为技术创新主体，提升企业自主创新能力以及提高企业核心竞争

力，对于东北老工业基地的国有企业而言，仅依靠国家所建立的国家重点实验室的研发创新是远远不够的，因此东北老工业基地国有企业需要依据自身能力建立或与其他相关企业相联合来建立自身的企业自主创新实验室。例如中国第一汽车集团公司建立的技术中心，集产品开发研究、工艺材料开发与基础科学研究于一身，其拥有专业技术人员 1603 人，研究员级高工 73人；[①] 鞍钢集团通过多年的发展，形成了产、学、研、销一体的自主创新体系，其以研发机构为主导，完成了多项科研创新，另外，鞍钢集团还成立了由两院院士和国内钢铁行业著名专家组成的技术咨询委员会，参与鞍钢集团重大自主创新项目和中长期发展规划的咨询工作；中国第一重型机械集团公司所拥有的技术研究中心包括能源装备材料科学研究所、天津重型装备工程研究有限公司、大连设计研究院等，它们在冶金成套设备方面、核能设备方面、重型压力容器方面、大型铸锻件方面与重型锻压设备方面取得成果。这些企业尽管在区域自主创新能力弱的东北地区，但仍可以凭借其研发机构进行自主创新研发并取得成果，为东北老工业基地的其他国有企业的研发机构起到了榜样作用。东北老工业基地国有企业的自主创新是建立在国有企业现有的创新能力基础之上，国有企业的自主创新必须依赖于现在的技术提供创新所需的物质基础与科研人员，东北老工业基地国有企业所处的区域创新能力弱，企业缺乏创新的环境与依托决定了当前东北老工业基地国有企业自主创新能力不强的现状。综上所述，东北老工业基地的区域创新能力弱，但是企业创新能力与创新环境还是有巨大的提升空间。

表 2 - 4　2009 年东北三省创新能力与全国前五位对比

	综合值	排名	知识创造	排名	知识获取	排名	企业创新	排名	创新环境	排名	创新绩效	排名
权重	1.00		0.15		0.15		0.25		0.25		0.20	
辽宁	33.02	9	29.09	9	38.31	6	38.13	12	28.55	10	31.21	26
吉林	24.37	21	20.94	15	16.18	27	26.53	22	22.27	25	32.99	21
黑龙江	27.67	17	29.63	8	18.71	20	27.49	21	25.72	16	35.57	13
江苏	55.63	1	39.00	4	52.94	2	70.16	1	48.25	1	61.16	2
广东	53.65	2	46.05	3	45.98	3	57.08	4	44.21	3	72.61	1

① 侯志茹. 东北地区产业集群发展动力机制研究 [M]. 北京: 新华出版社, 2010: 216.

	综合值	排名	知识创造	排名	知识获取	排名	企业创新	排名	创新环境	排名	创新绩效	排名
北京	53.19	3	81.62	1	39.23	5	47.92	6	45.58	2	58.45	4
上海	52.44	4	49.63	2	65.15	1	58.08	3	34.41	6	60.51	3
浙江	44.61	5	33.91	5	30.57	7	58.44	2	40.04	4	51.62	5

数据来源：中国科技发展战略研究小组．中国区域创新能力报告［R］．科学出版社出版，2009。

二、从企业家资源与技术创新意识角度分析

企业想要在不断加大的市场竞争的压力下生存，只有不断整合资源进行科技研发工作，以研究出新的产品或技术，来开拓新市场或提高劳动生产率、优化资源配置，获得企业创新利益。企业长期、稳定发展的基础条件之一是核心技术不受制于人。然而，东北老工业基地的许多国有企业的核心技术长期掌握在外国手中，这与东北老工业基地国有企业长期缺乏企业家资源，企业技术创新意识薄弱有着分不开的关系。熊彼特认为，企业家是不断在经济结构内部进行"革命突变"，对旧的生产方式进行"创造性破坏"，实现经济要素创新组合的人。因此企业家应该是具有敏锐的对市场环境的洞察与分析力，充满创新精神、冒险精神，时刻具有竞争意识的人。东北老工业基地国有企业的企业家则恰好缺乏这些优点，因此他们并不能算得上是真正意义上的企业家，而只能算得上是企业的管理者。东北老工业基地国有企业的企业家们在长期计划经济体制下已经习惯安于现状，按照既定的、特定的程序管理企业，依靠政府支持、投资，等待项目合作，更甚至于形成了与其更新技术、寻求技术自主创新来发展企业，不如揣摩政府政策方向与领导思想、思维模式。当国有企业不再把和政府的关系当作核心竞争力，而是将自主研发创新作为核心竞争力时，东北老工业基地的国有企业才能在真正意义上成为有潜力的、可持续发展的以市场为主导的企业，东北老工业基地的国有企业管理者才会变为真正意义上的企业家。这时政府与企业的关系并不是最重要的，而最重要的关系是企业与客户的关系，是企业与供应商的关系以及企业与投资者的关系。在目前的市场经济条件下，企业家在中国成为了一种极度稀缺的资源，其对经济、社会的发展有着极强的促进作用，在某些领域甚至成为了主导力量。企业家通过进行"创造性破坏"为市场添进活力，形成新的产业，提高劳动生产率进而造就新的产业链。企业家的诞生需要经济与社会环境的促进，比如消除垄断，实现完全

市场竞争，不断创造新的投资机会，减少或消除行业壁垒，消除企业家因融资难而在创新活动中被迫停止的现象，在目前全球经济增速放缓、国内内需不足时，企业创新出新的产品，发展开拓新市场对中国经济尤为重要，有学者认为这次金融危机的爆发及在全球肆虐是由于上次技术革命已经不能为全球经济增长带来足够动力，全球经济只有在新的技术革命的带领下才能恢复，开启新一轮经济增长，而在此时对于中国而言，中国能否在这场即将到来的技术革命中走在世界前列将决定中国在未来的很长一个阶段在全世界中的经济、社会、政治地位，在这种大背景下企业家资源对中国愈显重要。而正是由于缺少真正意义上的企业家，东北老工业基地的国有企业技术创新缺乏内部动力，企业文化趋于保守，企业总体上也缺乏活力。企业技术自主创新必须有相应的企业创新文化、企业创新基础环境等元素的配合，但东北老工业基地的传统企业文化并不能提供企业自主创新所需要的创新型文化环境，加之没有杰出的企业家的带动企业自主创新的积极性与创建企业自主创新环境，企业缺少真正优秀积极的领导者，这些都导致了企业中低级领导层的竞争意识与商业冒险精神以及学习、引用先进的经营管理方式的观念薄弱等等问题，国有企业发展缓慢也就不足为奇了。因此不仅是东北三省的地方政府甚至于中央政府都应放松对国有企业的管制、减少干预、强化自身服务来助推国有企业企业家的成长，促进国有企业充分参与市场竞争，促进国有企业自主创新的积极性，促进国有企业自主创新能力的提升，进而促进中国可持续的、高效的、健康的经济发展。

三、从人力资源角度分析

从人力资源上看，东北老工业基地有着相对完善的劳动力市场，其人力资源优势明显，为数众多的高等院校为东北老工业基地的国有企业源源不断地输送人才。东北老工业基地每十万人拥有的各种受教育程度人口数高于全国平均水平，具有良好的技术创新基础。但东北老工业基地的创新能力却居于全国中下游水平，这与人才外流有着密切的关系。东北老工业基地技术人员外流起源于上世纪 80 年代末和 90 年代初，大批人才涌入南方和东部沿海地区。人才外流意味着东北地区的企业丧失了技术创新的人才基础，造成了东北老工业基地技术人员的断层现象。现今这种问题仍然存在，南方与东部沿海地区较东北地区发达，能为人才提供良好的福利待遇与发展空间，大专院校的学生多愿意往南方发展，而不是留在当地，技术人员外流问题也就日显突出了，使得东北老工业基地国有企业在创新能力与竞争能力的起跑线上落后于南方与东部沿海地区，更导致了自主创新能力弱的现状。2009 年吉林省每千人中 R&D 人员仅仅为 39.39 人，黑龙江省与辽宁省则分别为 54.16 人及 80.93 人，而创新能力强的江苏省为 273.27 人，江苏省每千人中 R&D 人员数将近是吉林省的 6.9 倍。2009 年辽宁省研究与开发（R&D）人员全时当量为 80925 人/年，而用于试验发展的则只是 60012 人/年；吉林省 R&D 人员全时当量为 39393 人/年；黑龙江省研究与开发人员全时当量为 54159 人/年；而对于北京市而言其研究与开发人员全时当量则是 191779 人/年，远高于东北三省研发人员全时当量的水平（见表 2 - 5）。虽然从总体上而言，东北老工业基地的每千人中 R&D 人员数较发达省市还有一段差距，研究与开发人员全时当量也远逊于江苏、上海、浙江、北京等发达省市，但是东北老工业基地国有经济企事业单位比较注重科学研究人员培养与利用，辽宁省、吉林省、黑龙江省所拥有的科学研究人员分别是 3228 人、6227 人与 5898 人，其中吉林省与黑龙江省都处在全国中上游的水平，这为中国东北老工业基地的国有企业提升自主创新能力打下了良好的人员基础。

例如哈尔滨电气集团公司（简称"哈电集团"）至 2007 年底，拥有各类专业技术人员 8782 人，其中，中国工程院院士 2 人，博士及博士后 20 人，硕士研究生学历 288 人，高级职称人员 1921 人，中级职称 3093 人，高级技师 89人，技师 762 人。这些人才不仅是哈电集团宝贵的知识财富，也是哈电集团技术创新的核心团队。另外，哈尔滨电气集团还十分注重与高校的合作，如在清洁能源与新能源研发、人才培养等方面有着深入广泛的合作。哈尔滨电气集团公司还在 2012 年 7 月 9 日与清华大学签署了战略合作的协议，在这一协议中哈尔滨电气集团将与清华大学在人才培养和科研开发、国际合作等方面加强合作。哈尔滨电气集团将利用清华大学雄厚的科研基础、人才基础和研发基础，在战略规划、项目研发、科研成果产业化等方面进行长期合作并且充分发挥作为技术创新应用主体的企业在产品应用研究、工程试验等方面的优势资源。哈尔滨电气集团还在清华大学建立了励业基金，以用于清华大学的学生到哈尔滨电气集团进行实习、实践和就业，以此吸引人才，为哈尔滨电气集团的科研发展打下良好的人才基础。与此同时，清华大学则将充分利用大学本身优秀的教育资源基础与人才资源基础，为哈尔滨电气集团培养出高层次的科研与管理人才。这种战略合作可以推动产学研合作，加快科技成果产业化，进而可以促进哈尔滨电气集团新产品与新技术的研发以及新产品与新技术研发的成功率，提高生产效率与生产的利润率，为中国装备制造业的发展做出贡献。综合上述分析可以看出，尽管东北地区 R&D 人员相对较少，但国有经济企事业单位的科研人员数量上并不逊色于其他省市的科学研究人员，这为东北老工业基地国有企业的自主创新奠定了良好的人力资源基础。

表 2－5　各地区研究与试验发展（R&D）人员全时当量（2009 年）单位：人年

地区	R&D 人员全时当量	研究人员	基础研究	应用研究	试验发展
全国	2291252	1152311	164556	315348	1811405
北京	191779	103479	27186	46617	117983
天津	52039	28783	4342	10191	37507
辽宁	80925	54395	7044	13871	60012
吉林	39393	26088	6350	10604	22439
黑龙江	54159	37020	6965	8058	39136
上海	132859	64616	13610	25454	93804
江苏	273273	106783	8829	16624	247825
浙江	185069	59084	5483	9588	170001
山东	164620	83330	8505	11657	144461
广东	283650	129768	8677	18793	256181

数据来源：《2010 中国科技统计年鉴》。

四、从研发投入和创新产出角度分析

从企业技术创新研发投入资金上看，东北老工业基地国有企业科研资金投入不足。东北老工业基地国有控股企业的上市公司中国有股比重过高，流通股规模小，另外东北老工业基地许多国有大中型企业的长期借款几乎全部是银行贷款，这不仅是企业发展的沉重经济负担，也是东北老工业基地国有企业融资能力差的表现。缺少资金的支持，加之企业家精神的匮乏、企业创新意识的薄弱等原因导致了东北老工业基地国有企业对科技创新研发投资的不足。2009年东北三省全部 R&D 经费支出仅为 423 亿元，其中辽宁省的 R&D 经费支出为232.4 亿元；吉林省的 R&D 经费支出为 81.4 亿元；黑龙江省的 R&D 经费支出为 109.2 亿元，北京市的 R&D 经费支出则为 668.6 亿元，江苏省 R&D 经费支出是 702 亿元。东北三省的全部 R&D 支出不足北京一个城市对 R&D 的经费支出，北京市对 R&D 投资逐年增加，且其增长速度远高于东北老工业基地三个省的增长速度，东北三省对 R&D 投资的经费支出虽然都是在递增的，但增长速度缓慢，其中以吉林省与黑龙江省最为突出（见图 2－1）。东北三省政府

对科研的拨款也不及北京市、江苏省、广东省，这不仅表现在数量上，也表现在增长速度上，如图（2-2）所示，广东省的地区财政对科技的拨款超出东北老工业基地三个省拨款总和，自2004～2009年，广东省、江苏省、北京市的地区财政对科技的拨款增速快，但吉林省与黑龙江省增幅不大，居于平缓状态。辽宁省自2007年后提升速度较快，政府拨款不足，企业缺乏资金等因素造成了东北老工业基地国有企业自主创新研发投入不足的现状。根据国际经验，企业研发投入占销售收入比重为1%时，企业难以在竞争中生存；该比重为2%时，企业可勉强在竞争中维持；只有该比重超过5%，企业才具有竞争力。我国大中型国有企业研发投入占销售收入的比重约为2%，① 而东北老工业基地的这一数字甚至更低，东北老工业基地国有企业自主创新能力弱，不仅意味着核心技术受制于人，还意味着经济利益的大幅缩水。对核心技术的研发关系着企业的发展，对于东北老工业基地国有企业而言，建立实力雄厚的研发中心，加大科研投资，是企业发展的必然选择，也是东北老工业基地国有企业由模仿到创新之路的必然选择。

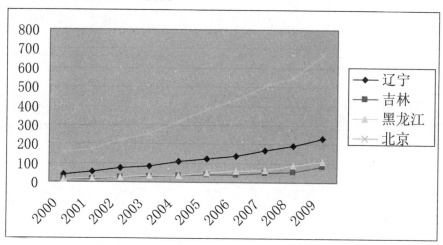

图2-1　东北三省与北京市 R&D 经费支出对比（单位：亿元）

数据来源：中国科技统计网站，http：//www. sts. org. cn。

---

① 沈志渔，刘兴国. 国有企业自主创新能力发展的阻碍因素分析. 学术研究，2009（10）：71～78.

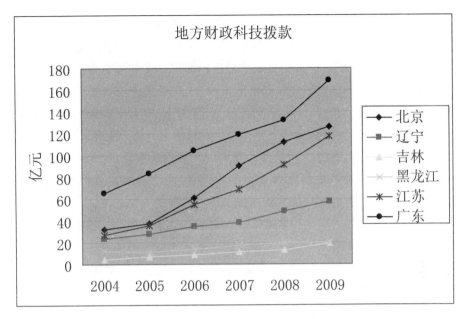

图 2-2 2009 年地方财政科技拨款

数据来源：中国科技统计网站，http://www.sts.org.cn。

五、从技术创新成果角度分析

专利成果是企业自主创新能力重要指标之一。对于东北老工业基地，中央的国有企业占中央及地方国有企业总数中的主导地位，中央企业的自主创新能力水平也在一定程度上代表了东北地区国有企业自主创新能力的强弱水平。东北老工业基地在 2007 年中央企业的专利评比中，进入排名前 80 位的中央企业极少，且排名靠后，在前 10 名中没有一个是东北老工业基地的中央企业，累计发明专利的拥有量很稀少，如果按照累计发明专利的拥有量排名，东北老工业基地的中央企业的排名将更加靠后。例如中国第一汽车集团公司的累计专利拥有数量排在第 19 位，累计专利拥有数量为 603 件，其中发明专利仅为 24件，2007 年申请专利的数量为 185 件，其中发明专利占了其中的 36 件，授予专利共为 151 件，其中发明专利的数量为五件；鞍山钢铁集团公司的累计专利拥有数量排在第 43 位，累计专利拥有数量为 191 件，其中发明专利为 34 件，2007 年申请专利的数量为 313 件（其中发明专利占其中的 142 件），授予专利共计 78 件（其中发明专利的数量仅仅为八件）；哈尔滨电站设备集团公司的累计专利拥有数量排在全部中央企业的第 60 位，累计专利拥有数量为 91 件，其中发明专利的数量为 10 件，2007 年申请专利的数量为 45 件（其中发明专利的数量占其中的七件），授予专利共 35 件（其中发明专利的数量仅仅占其中的六件）；以及中国第一重型机械集团公司的累计专利拥有数量排在全国中央企业的第 78 位，累计专利拥有数量为 46 件，但其中没有发明专利，2007 年申请专利的数量是 98 件（其中发明专利占其中的 17 件），授予专利共 16 件（其中发明专利仍然保持着零的持有量）。而对于累计专利拥有数量排名在第一位的中国石油化工集团公司而言，其累计专利拥有数量为 7384 件，其中累计拥有的发明专利的数量是 5165 件，2007 年申请专利的数量是 1094 件，其中发明专利占了其中的 846 件，国家授予专利的数量为 813 件，其中发明专利的数量为 465 件，远远高于东北老工业基地的其他中央企业，甚至于中国石油化工集团公司累计拥有发明专利的数量是东北老工业基地所有中央企业所累计拥有发明专利数的数倍。（由于评比的前 80 家中央企业累计专利拥有数是 44942 项，占全部中央企业的 98.7%，授权专利数是 2013 项，占所有中央企业的 97.9%，因此前 80 家中央企业的专利水平在一定程度上可以代表全体中央企业的总体情况。）（详见附录 1 的数据）

在 2009 年，鞍山钢铁集团公司获得专利授权 555 件，其中发明专利 64 件，比 2008 年的中央企业专利授权排序名次上升了 13 位，有了较高提升。中国第一汽车集团公司虽然在 2009 年获得的专利授权数量比 2008 年增长较多，发明专利数量仍然较少，2009 年仅仅有三件发明专利获得国家授权。中国第一重型机械集团公司与哈尔滨电气集团公司专利授权数目则比 2008 年有所下降，在中央企业专利授权排序名次上也有所退后，中国第一重型机械集团公司的专利授权排名从 38 名下滑到 48 名，哈尔滨电气集团公司专利授权排名从 42 名下滑到 56 名。中国华录集团有限公司专利授权数在 2009 年比 2008 年增加幅度较大，从 2008 年的 17 件专利授权增长到 81 件，但是发明专利数目仍只是一件（见表 2-6）。从上述数据上可以看出东北老工业基地的中央企业不论在专利的申请与获得授权的专利数目上都处于弱势地位，在发明创造上其能力水平远远落后于中石油、中石化两家中央企业，东北老工业基地的中央企业对发明专利的研究水平与研究的成功率还亟待提高，缺少自主创新的企业很难维持企业的健康持续发展，更难于站在产业链条的最高端获取最丰厚的企业利润。

表2-6 2008~2009年中央企业专利授权情况排序

排序	企业（集团）名称	2009 年		2008 年		
		总数	发明	排序	总数	发明
1	国家电网公司	1517	105	6	567	57
2	中国石油天然气集团公司	1365	220	1	1287	159
3	中国兵器装备集团公司	1119	62	4	769	61
4	中国冶金科工集团有限公司	1012	106	7	533	39
5	中国航空工业集团公司	917	183	9	489	107
6	宝钢集团有限公司	914	248	3	785	122
7	中国石油化工集团公司	793	537	2	894	624
8	中国铝业公司	762	183	5	713	158
9	电信科学技术研究院	655	492	8	530	248
10	中国北方机车车辆工业集团公司	619	29	13	360	11
12	鞍山钢铁集团公司	555	64	25	198	17
22	中国第一汽车集团公司	308	3	26	146	6
46	中国华录集团有限公司	81	1	73	17	1
48	中国第一重型机械集团公司	77	7	38	87	6
55	中国中钢集团公司	66	15	52	47	8
56	哈尔滨电气集团公司	65	6	42	70	9
	前80名中央企业合计	20287	4843		14201	3180
	全部中央企业合计	20431	4891		14524	3299

注：前80名中央企业专利授权量占全部中央企业的99.3%，其中发明专利授权量占全部中央企业的99.0%。

数据来源：中央企业技术创新信息平台网站。

第三节　东北老工业基地国有企业自主创新能力的比较分析

东北老工业基地的国有企业多是在计划经济体制下通过国家与地方投资而逐步建立的，企业所有制几乎都是单一的公有制。改革开放以后，许多国有企业进行了制度改革，但国有经济仍占有相当大的比重。在东北老工业基地国有经济占主导的影响下，东北老工业基地市场经济体制转化缓慢，企业对市场信息的灵敏度低，产品不能满足日益变化的市场需要，导致东北老工业基地的中小企业发展缓慢。东北老工业基地的民营企业多属中小企业及劳动密集型企业，规模小且产品初级化，发展得极其不充分，另外部分中小企业对环境所造成的影响不重视，对环境污染的补偿不足，在国内市场还存在着恶性竞争的现象等等因素都制约了民营中小企业的发展。但近几年来，东北老工业基地的内资企业逐渐认识到科技研究及开发对企业发展的重要性，注重企业在科技研发方面的投入及技术的引进与技术的改进。经过几年的发展，东北老工业基地的内资企业科技创新能力发展迅速。

在比较分析东北老工业基地国有企业与其他类型企业创新能力时，本文将以高新产业作为范例，这是由于高新技术产业起步较晚并且数据容易获得，另外刘伟、韩增林（2005）通过分析并验证了高新技术产业对东北老工业基地的经济具有拉动效应，[①] 对东北地区不同企业类型自主创新能力在相同环境下的比较研究具有一定的代表性。下面本部分将对国有企业与港澳台投资企业、外商投资企业进行对比，主要从高技术产业研发人员及资金的投入、专利、高技术产业新产品开发和生产等三方面来分析东北老工业基地国有企业自主创新与其他企业类型的差异。

一、研发人员、研发机构和筹集资金的比较

2009 年，东北老工业基地国有及国有控股企业高技术产业 R&D 活动人员共有 8127 万人，占全国国有及国有控股企业高技术产业 R&D 活动人员的 6.23%。其中东北老工业基地国有企业的高技术产业 R&D 人员总计 384 万人，东北三省的内资企业的高技术产业 R&D 人员总计为 14375 万人，内资企业 R&D 人员是国有企业的 37.43 倍，国有企业的研究人员在东北三省的内资企业中仅占了极小的一部分。东北老工业基地港澳台投资企业与外商投资企业在高技术产业的 R&D 人员分别为 499 万人与 3483 万人，亦超过了东北老工业基地国有企业在高技术产业上的 R&D 人员数量。另外东北老工业基地有 R&D 活动的国有企业数目仅仅为五个，是北京市国有企业在高技术产业中有 R&D 活动的企业数的 1/5，东北老工业基地有 R&D 活动的内资企业数目为 230，所占比例很小（见表 2-7）。这些数据表现了东北老工业基地的国有企业相对于其他类型的企业对高技术产业投资的薄弱。东北三省全部用于 R&D 活动经费为 44.8693 亿元，低于北京市用于 R&D 活动经费的 56.6217 亿元。而政府对东北老工业基地的高技术产业的支持力度却在近年来有下降现象，这表现在高技术产业科技活动经费筹集额中政

---

① 刘伟，韩增林. 高新技术产业对振兴东北老工业基地的拉动效应分析 [J]. 哈尔滨师范大学自然科学学报，2005（1）.

府资金的减少上，在 2008 年辽宁省政府资金为 148619.7 万元，在 2009 年却下降至 64088.6 万元，尽管辽宁省在 2010 年有所回升，但也仅仅回升至 78128.1 万元，远低于 2008 年的水平；吉林省的高技术产业科技活动经费筹集额中政府资金额一直处于较低水平，增长速度缓慢，难以与发达省市相比较，甚至于远低于辽宁省与黑龙江省的水平，而其在 2010 年也有所下降；黑龙江省的高技术产业科技活动经费筹集额中政府资金额在 2009 年开始有所减少，在此之前一直呈现上升趋势，在 2008 年达到最高的 69684.8 万元，到 2010 年已减少至 47315.7 万元（见图 2-3）。活动人员数目相对于港澳台投资企业与外商投资企业少，经费投入也相对于其他企业类型少、科研机构少等现状直接导致了东北老工业基地国有企业自主创新能力在高新产业上弱于其他类型企业的现状。

对于中国华录集团公司而言，其为了更好地稳定和吸引优秀人才，充分发挥优秀科技、管理人才在公司经营发展中的作用，保证公司经营管理长期可持续发展战略的实施，加强经营管理队伍、技术研发队伍、高技能制造队伍这三支队伍的建设，中国华录集团公司把人才的引进放在公司战略的高度，树立了人才资源是第一资源的企业观念。通过各种激励机制以及有效的培训体系，提升公司员工的素质和能力的持续发展。中国华录集团公司采取的积极人才政策，其目的是加速改善目前的人力资源状况，加快企业员工的更新速度，并快速提高员工整体水平。而从中国华录集团公司目前的技术研发人员学历结构上来看，其中研究生仅占 7.21%，大多数是本科学历占了全部技术研发人员的 82.98%，大学专科占其中的 7.21%，中专及以下占其中的 2.61%，另外从技能人员的学历结构上来看，其中本科学历占 2.90%，大专及高等职业学校占 9.25%，中等职业学校占 33.29%，最多的是高中职高，占全部技能人员的 47.64%，初中及以下占其中的 6.92%。从上述的数据中可以看出中国华录集团公司的人才培养与人才引进还有极为广阔的发展空间。

表2-7 东北三省与部分发达省市高技术产业R&D活动人员情况（2009年）

地区	内资企业			国有企业			港澳台投资企业			外商投资企业		
	有R&D活动的企业数（个）	R&D人员（万人）	R&D人员全时当量（万人年）	有R&D活动的企业数（个）	R&D人员（万人）	R&D人员全时当量（万人年）	有R&D活动的企业数（个）	R&D人员（万人）	R&D人员全时当量（万人年）	有R&D活动的企业数（个）	R&D人员（万人）	R&D人员全时当量（万人年）
全国	4859	297834	249575	194	26317	23531	873	70385	51176	1217	106407	88470
辽宁	118	6044	4642	2	216	100	13	408	314	15	1374	1323
吉林	55	3629	2567	2	154	100	1	20	20	4	54	27
黑龙江	57	4702	4260	1	14	14	3	71	55	6	2055	1910
上海	174	6761	5886	18	875	797	51	4651	4308	124	12452	11259
江苏	713	26187	21393	15	1072	955	217	17179	12500	361	30287	25782
广东	637	90621	82458	14	942	463	287	28686	18351	228	33863	26640
北京	339	12629	10385	25	762	584	23	1439	879	70	2973	2195

数据来源：国家统计局，国家发展和改革委员会，科学技术部. 中国高技术产业统计年鉴2010[R]. 中国统计出版社，2010。

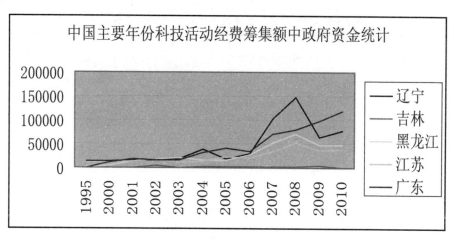

图 2 - 3　中国主要年份科技活动经费筹集额中政府资金统计

数据来源:《中国高科技统计年鉴》。

二、企业发明专利数量的比较

在地区上来说,中国高技术产业在东部地区的发展情况要明显优于西部地区与中部地区的发展情况,东部地区的专利的申请数目与核准数目要远高于西部地区与中部地区专利的申请数目以及核准数目。东部地区发明专利拥有的数目远高于其他两个地区发明专利拥有的数量,以 2009 年各省市所拥有的发明专利为例,辽宁省拥有发明专利数为 744 件,吉林省拥有发明专利 329 件,而黑龙江省则仅仅拥有 207 件发明专利,上海一个城市所拥有的发明专利数则是 2960 件,东北三省总体上所拥有的发明专利数目尚不足上海这一发达城市所拥有的发明专利数目的 1/2,江苏拥有的发明专利数是 3012 件,山东省拥有发明专利数为 1758 件。另外在发明专利的申请上东北地区也远逊于北京等发达省市,如辽宁省在 2009 年所申请的发明专利数目为 646 件,吉林省申请发明专利数为 205 件,黑龙江省申请发明专利数是 146 件,而上海一个城市所申请的发明专利数目为 2743 件,近于东北三省的三倍(见表 2 - 8)。以上这些数据表现出中国在高技术产业发展在地区上的极度不平衡现象,同时也反映出东北地区在高技术产业上发展缓慢,从侧面反映出东北地区技术创新进展过程缓慢,东北老工业基地整体上在专利技术的研发与引进以及应用上还亟待提高。

表 2-8　2009 年各地区高技术产业专利情况 单位：件

地区	专利申请数	发明专利	拥有发明专利
全国	71337	38714	41170
北京	2958	1835	2725
辽宁	1331	646	744
吉林	391	205	329
黑龙江	354	146	207
上海	4130	2743	2960
江苏	7210	2667	3012
福建	2302	878	541
山东	3371	1332	1758
广东	30864	21006	18991

数据来源：《2010 中国高技术产业统计年鉴》。

　　从东北老工业基地不同登记注册类型所拥有专利数与申请专利的数量上来看，2009 年东北老工业基地的内资企业在高技术产业共拥有发明专利数 1112 件，发明专利申请数为 1834 件，核准发明专利数为 843 件，但仍远远低于自主创新能力极强的广东省，其发明专利数 16373 件，而广东省一个省在这一产业的内资企业发明专利数大约是东北老工业基地三省总数的 19 倍，这表明在专利申请与拥有量上还有极大的不足，也意味着东北老工业基地内资企业自主创新能力还有极大的提升空间。其中国有企业在高技术领域的发明专利仅占极小的一部分，辽宁省拥有的发明专利数仅为九件，发明专利申请数则为 13 件，核准发明专利数目仅为四件。吉林省比之更弱，申请发明专利数为两件，核准数目为一件，拥有专利数目为 21 件，远远低于广东省国有企业申请的专利数为 119 件，其中申请的发明专利数为 47 件，拥有的发明专利数目为 65 件，江苏省国有企业申请的专利数为 120 件，其中申请的发明专利数为 80 件，拥有的发明专利数目为 75 件，东北老工业基地的三个省更无法与山东省相提并论，在 2009 年山东省国有企业申请的专利数为 835 件，其中申请的发明专利数为 266 件，拥有的发明专利数目共计为 221 件，甚至东北老工业基地的三个省的国有企业的专利申请数目很难与上海这一发达城市进行比较，上海 2009 年申请的专利数为 166 件，其中申请的发明专利数 140 件，总共拥有的发明专利数目为95件。众所周知，专利是研发产出的重要指标之一，而从上述对比数据中可以看出高技术产业上东北老工业基地国有企业科技研发产出的整体能力水平弱，拥有的发明专利少，自主创新能力水平不强，反映出东北老工业基地国有企业的研发产出水平亟待提高的现状，与山东、广东、江苏、上海等发达省市地区在国有企业的发明创造、技术革新等方面还有极大差距，同时也验证了东北区域的自主创新能力目前正处于较为弱势地位的现状，使得东北老工业基地国有企业发展动力不足，制约了东北老工业基地的快速发展并且限制了东北老工业基地国有企业的再度崛起。在高技术产业中，辽宁省港澳台投资企业申请专利数目为68件，发明专利数目为65件，拥有发明专利数为30件，辽宁省外商投资企业共申请发明专利数目为75件，发明专利数目为58件，拥有发明专利数总计为107件，而黑龙江省港澳台投资企业申请专利数目为七件，发明专利数目为三件，拥有发明专利数目为两件，黑龙江省外商投资企业共申请发明专利数目为76件，发明专利数目为27件，拥有发明专利数为14件，综合上述数据可以看出，在东北老工业基地港澳台投资企业与外商投资企业优于国有企业的研发产出（见表2-9）。

表2-9 按地区和登记注册类型分高技术产业专利情况（2009年）单位：件

地区	内资企业			国有企业			港澳台投资企业			外商投资企业		
	专利申请数	发明专利	拥有发明专利	专利申请数	发明专利	拥有发明专利	专利申请数	发明专利	拥有发明专利	专利申请数	发明专利	拥有发明专利
全国	49167	27132	29254	2117	1022	1178	7999	3464	4713	14171	8118	7203
北京	1794	1017	1484	49	31	53	408	276	944	756	542	297
辽宁	1188	523	607	13	4	9	68	65	30	75	58	107
吉林	375	204	314	2	1	21				16	1	15
黑龙江	271	116	191				7	3	2	76	27	14
上海	1254	667	658	166	140	95	556	425	421	2320	1651	1881
江苏	4114	1404	1490	120	80	75	1389	415	597	1707	848	925
山东	3027	1121	1350	835	266	221	67	16	49	277	195	359
广东	22053	16373	15123	119	47	65	2971	989	1363	5840	3644	2505
江西	385	134	215	39	2	2	2	11	3	33	18	23

数据来源：《2010中国高技术产业统计年鉴》。

综合上述数据与分析，可以看出不论在专利申请数目以及其中的申请发明专利数目还是在拥有发明专利的数目上，东北老工业基地的国有企业都不及东北老工业基地其他内资企业与港澳台投资企业、外商投资企业，更难以与其他发达省市的各类型企业的自主创新能力进行比较。因此，本文建议东北老工业基地国有企业应在内部建立并完善一个专利申请（特别是发明专利的申请）的促进机制，明确东北老工业基地的国有企业的发明创造、技术创新等不应仅仅依靠于研究机构与政府，更应该扩展至整个东北老工业基地的国有企业自身，以及东北老工业基地国有企业中的每个员工的思想意识中，在国有企业全体职工中形成积极的创新与发明创造氛围，提高对申请发明专利者的奖金额度以及福利待遇，促进职工对发明创造的积极性，增大对申请发明专利者的宣传力度，提升榜样作用，这样可以在多个领域获得新发明专利、新技术，提高东北老工业基地的国有企业自主创新能力，进而提高其生产的工作效率以取得更加高的生产效益以及获取更高的利润。

三、新产品开发与生产情况的比较

新产品的生产与销售情况决定了下一轮新产品的研发投资的动力、方向与投资程度，它不仅是上一轮产品研发的结果也是下一轮研发的动力与方向。高额的利润不仅意味着企业拥有更多的资本进行积累，使企业扩张，还意味着企业拥有更多的资本进行投入研发。反之，产品不适应市场，难于销售，没有利润甚至于亏损则意味着新产品投资的失败，企业经营亦将为之影响，在此情况下企业将减少科研投资或转变研发方向。企业经营的根本目的是获得利润，追求利润是企业的天性，没有利益的驱动企业是不会进行新产品研发的，东北老工业基地国有企业的掌权者是企业的管理者而不是企业家，在动力机制上东北老工业基地国有企业不如其他类型的企业。2009 年东北老工业基地内资企业在高技术产业上共有新产品开发项目数 2486 项，其中国有企业新产品开发项目数有 46 项，国有企业大约是内资企业的 1/54，港澳台投资企业与外商投资企业的新产品开发项目数分别是 114 项与 273 项。2009 年东北老工业基地内资企业的新产品产值为 253.4993 亿元，新产品开发经费 47.9115 亿元，新产品销售收入是 230.8123 亿元，其中国有企业新产品开发经费共 2.7476 亿元，辽宁省与吉林省的新产品产值分别是 20.5815 亿元与 1.1430 亿元，而销售收入则分别是 20.1512 亿元与 3714 万元，东北老工业基地高技术产业的国有企业利润总额是 3.1 亿元。东北三省外商投资企业的新产品开发经费是 4.5067 亿元，产值为 22.0323 亿元而销售收入则为 18.4349 亿元，高技术产业的外商投资企业的利润总额达到 41.97 亿元（见表 2 – 10）。从上述数据中，我们可以看出从高技术产业新产品的研发投入到产品的销售收入东北老工业基地的外商投资企业都多于国有企业。因此，东北老工业基地国有企业需要加大对高技术产业新产品的研发工作，积极关注市场导向，提升自主创新能力。

表2-10 按地区和登记注册类型分高技术产业新产品开发和生产情况(2009年) 单位:万元

地区	内资企业			国有企业			港澳台投资企业			外商投资企业		
	新产品开发项目数(项)	新产品产值	新产品销售收入	新产品开发项目数(项)	新产品产值	新产品销售收入	新产品开发项目数(项)	新产品产值	新产品销售收入	新产品开发项目数(项)	新产品产值	新产品销售收入
全国	43490	59019790	57835145	4130	4860527	5950776	7112	25009254	24437131	9729	52942271	55094946
北京	2371	3151113	3081758	134	68370	26211	208	2449252	2582893	620	9047232	9170783
辽宁	1236	1548974	1483764	23	205815	201512	106	18437	18335	88	116428	117801
吉林	481	699246	557555	21	11430	3714	1			4	55204	27421
黑龙江	769	286774	266804	2			7	600	540	181	48691	39126
上海	1600	807847	734489	202	116603	86913	393	2067088	2180497	1332	7745061	9376917
江苏	3904	6051117	5996231	331	259938	275035	1224	5409563	5098073	1745	11492847	12982789
广东	9777	18274067	18616514	158	247531	228779	2804	8536631	8046733	3196	9243988	9068283

数据来源:国家统计局,国家发展和改革委员会,科学技术部.中国高技术产业统计年鉴2010[R].中国统计出版社,2010。

附录1：2007年中央企业专利情况

序号	企业（集团）名称	累计拥有有效专利		申请专利		授权专利	
		总数	发明	总数	发明	总数	发明
1	中国石油化工集团公司	7，384	5，165	1，094	846	813	465
2	中国石油天然气集团公司	4，546	718	1，418	425	1，172	155
3	中国兵器装备集团公司	3，124	621	998	201	849	28
4	中国化工集团公司	2，004	1，702	220	131	289	205
5	宝钢集团有限公司	1，943	349	1，077	434	550	66
6	电信科学技术研究院	1，926	1，710	653	634	87	75
7	中国机械工业集团公司	1，556	231	338	120	205	20
8	国家电网公司	1，427	196	685	239	333	56
9	中国电子信息产业集团公司	1，282	361	639	397	298	54
10	中国铝业公司	1，266	230	862	432	117	33
11	中国航空工业第一集团公司	1，196	214	985	525	250	15
12	中国冶金科工集团公司	1，093	175	703	265	297	19
13	中国船舶重工集团公司	944	134	897	588	366	53
14	中国电子科技集团公司	788	209	422	270	234	38
15	招商局集团有限公司	733	59	376	206	324	30
16	中国建筑材料集团公司	680	108	106	47	86	29
17	中国兵器工业集团公司	664	233	457	327	255	69
18	华侨城集团公司	628	31	489	185	197	6
19	中国第一汽车集团公司	603	24	185	36	151	5
20	中国南方机车车辆工业集团公司	582	37	545	145	356	6
21	北京有色金属研究总院	576	230	245	198	81	46
22	东风汽车公司	517	78	366	33	179	9
23	中国航空工业第二集团公司	452	35	297	103	88	7
24	彩虹集团公司	445	51	90	44	26	5
25	中国航天科技集团公司	401	104	1，187	925	113	25
26	中国北方机车车辆工业集团公司	394	15	370	61	128	4
27	武汉钢铁（集团）公司	391	91	268	82	98	13

续表

序号	企业（集团）名称	累计拥有有效专利		申请专利		授权专利	
		总数	发明	总数	发明	总数	发明
28	中国钢研科技集团公司	365	280	71	62	58	40
29	华润（集团）有限公司	339	201	87	48	31	20
30	中国中钢集团公司	320	92	36	7	25	10
31	中国海洋石油总公司	314	126	222	88	122	30
32	中国核工业集团公司	310	138	264	169	68	13
33	攀枝花钢铁（集团）公司	308	78	172	90	67	20
34	武汉邮电科学研究院	264	127	126	95	60	34
35	中国交通建设集团有限公司	254	45	149	56	64	13
36	中国普天信息产业集团公司	246	46	151	72	70	7
37	中国航天科工集团公司	235	26	569	385	167	16
38	中国铁路工程总公司	234	33	295	130	55	6
39	中国恒天集团公司	222	27	121	35	55	3
40	中国船舶工业集团公司	221	46	107	46	130	18
41	中国中材集团公司	217	65	61	26	52	14
42	煤炭科学研究总院	206	58	107	34	56	9
43	鞍山钢铁集团公司	191	34	313	142	78	8
44	机械科学研究总院	148	56	19	12	14	3
45	中国农业机械化科学研究院	147	29	47	13	16	6
46	上海贝尔阿尔卡特股份有限公司	135	90	118	118	20	20
47	神华集团有限责任公司	134	7	98	46	68	1
48	中国中化集团公司	133	114	42	42	24	18
49	中国东方电气集团公司	130	26	67	59	66	12
50	北京矿冶研究总院	123	62	35	35	10	6
51	西安电力机械制造公司	116	3	103	26	30	1
52	中国华能集团公司	112	38	13	7	11	1
53	中国化学工程集团公司	106	32	46	21	11	5
54	中粮集团有限公司	105	17	41	25	22	4

续表

序号	企业（集团）名称	累计拥有有效专利		申请专利		授权专利	
		总数	发明	总数	发明	总数	发明
55	中国中煤能源集团公司	100	4	51	16	38	0
56	中国电信集团公司	97	27	142	141	13	4
57	中国铁道建筑总公司	95	7	38	12	40	0
58	上海医药工业研究院	93	85	103	103	20	20
59	新兴铸管集团有限公司	92	25	64	26	26	7
60	哈尔滨电站设备集团公司	91	10	45	7	35	6
61	中国华电集团公司	90	25	56	29	26	13
62	中国国电集团公司	83	8	36	11	25	3
63	中国南方电网有限责任公司	78	11	46	22	28	5
64	中国铁路通信信号集团公司	76	13	39	8	18	2
65	中国黄金集团公司	65	21	23	13	6	1
66	中国水电工程顾问集团公司	64	8	46	18	20	2
67	中国水利水电建设集团公司	63	16	29	7	21	6
68	中国建筑工程总公司	62	18	51	20	2	0
69	中国轻工集团公司	62	54	25	25	22	22
70	中国移动通信集团公司	60	34	474	441	26	19
71	中国第二重型机械集团公司	58	10	20	14	10	4
72	国家开发投资公司	55	11	25	8	19	4
73	中国有色矿业集团有限公司	55	24	51	21	9	4
74	长沙矿冶研究院	55	21	27	8	20	2
75	中国乐凯胶片集团公司	50	37	18	17	11	9
76	中国建筑科学研究院	49	17	8	4	11	4
77	中国新时代控股（集团）公司	47	6	11	1	3	0
78	中国第一重型机械集团公司	46	0	98	17	16	0
79	中煤国际工程设计研究总院	38	8	8	2	4	1
80	中国葛洲坝集团公司	38	3	12	5	6	1

续表

序号	企业（集团）名称	累计拥有 有效专利		申请专利		授权专利	
		总数	发明	总数	发明	总数	发明
	前80位累计	44,942	15,510	20,998	10,784	9,867	2,013
	中央企业累计	45,547	15,681	21,374	11,004	10,014	2,056
	所占比重	98.70%	98.90%	98.20%	98.00%	98.50%	97.90%

数据来源：中央企业技术创新信息平台网站。

附录2：中央企业国家重点实验室名单

序号	实验室名称	依托单位
1	提高石油采收率	中国石油勘探开发研究院
2	生物源纤维制造技术	中国纺织科学研究院
3	金属材料挤压/锻压	国机集团西安重型机械研究所
4	先进成形技术与装备	机械科学研究总院
5	混合流程工业自动化系统及装备技术	钢研集团冶金自动化院
6	工业产品环境适应性	国机集团广州电器研究院
7	土壤植物机器系统技术	中国农业机械化科学研究院
8	石油化工催化材料与反应工程	中石化石油化工研究院
9	特种纤维复合材料	中材集团中材科技股份有限公司
10	建筑安全与环境	中国建筑科学研究院
11	绿色建筑材料	建材集团建筑材料研究总院
12	工业排放气综合利用	化工集团西南化工研究设计院
13	无线移动通信	大唐集团电信科学技术研究院
14	新一代光纤通信技术和网络	武汉邮电科学研究院
15	桥梁工程结构动力学	招商局集团重庆交通科研设计院
16	新农药创制与开发	中化集团沈阳化工研究院
17	矿物加工科学与技术	北京矿冶研究总院
18	深海矿产资源开发利用技术	长沙矿冶研究院
19	煤炭安全基础研究	煤炭科学研究总院抚顺分院
20	危险化学品安全控制	中石化安全工程研究院

续表

序号	实验室名称	依托单位
21	电网安全与节能	国家电网中国电力科学研究院
22	创新药物与制药工艺	上海医药工业研究院
23	水力发电设备	哈尔滨电站设备集团公司

数据来源：中央企业技术创新信息平台网站。

附录3：调查分析的东北老工业基地国有企业

	企业名称	上市情况
黑龙江省	中国第一重型机械集团公司	已上市
	哈尔滨电气集团公司	已上市
	黑龙江北大荒农垦集团总公司	已上市
	齐齐哈尔轨道交通装备有限责任公司	已上市
	哈药集团有限公司	已上市
	东北特钢集团北满特殊钢有限责任公司	未上市
	哈尔滨轴承集团公司	未上市
	七台河矿业精煤（集团）有限责任公司	未上市
	双鸭山矿业集团有限公司	未上市
	大兴安岭林业集团公司	未上市
	鹤岗矿务局	未上市
吉林省	长春高新技术产业（集团）股份有限公司	已上市
	吉林敖东药业集团股份有限公司	已上市
	中国第一汽车集团公司	已上市
	长春轨道客车股份有限公司	已上市
	长铃集团有限公司	已上市
	中国吉林森林工业（集团）有限责任公司	已上市
	中钢集团吉林炭素股份有限公司	已上市
	吉林化纤集团有限责任公司	已上市
	通化钢铁集团股份有限公司	未上市
	中钢集团吉林铁合金股份有限公司	未上市

续表

	企业名称	上市情况
辽宁省	鞍山钢铁集团公司	已上市
	本溪钢铁（集团）有限责任公司	已上市
	北台钢铁（集团）有限责任公司	已上市
	凌源钢铁集团有限责任公司	已上市
	大连冰山集团有限公司	已上市
	沈阳机床（集团）有限责任公司	已上市
	瓦房店轴承集团有限责任公司	已上市
	大连大显集团有限公司	已上市
	中国北车集团大连机车车辆有限公司	已上市
	大连港集团有限公司	已上市
	东北制药集团有限责任公司	已上市
	锦化化工（集团）有限责任公司	已上市
	大化集团有限责任公司	已上市
	辽宁华锦化工（集团）有限责任公司	已上市
	沈阳化工股份有限公司	已上市
	丹东化学纤维股份有限公司	上市停牌
	大连重工·起重集团有限公司	即将上市
	阜新环宇橡胶（集团）有限公司	未上市
	阜新矿业集团有限公司	未上市
	中国华录集团有限公司	未上市
	铁法煤业（集团）有限责任公司	未上市
	辽宁银珠化纺集团有限公司	私有化
	大连盛道集团有限公司	私有化

第三章

东北老工业基地国有企业自主创新能力制约因素

第一节　东北老工业基地国有企业自主创新能力制约因素构成

东北老工业基地以能源、原材料、装备制造等重化工业为主要产业，是我国工业发展的核心，也是我国装备制造业振兴的坚实基础。新中国成立后，东北地区产业集群的发展使我国在很短的时间内就拥有了相对完整、独立的工业体系。然而，改革开放之后，东北老工业基地国有企业长期积累的体制问题和结构矛盾凸显，东北三省经济发展水平在全国的排位不断后移，与此同时，东北地区的工业总产值在全国所占份额一路下跌。这段时期的东北老工业基地国有企业在制造业的各个领域总体表现为技术落后、产能过剩和竞争力不足，具体而言，主要凸显在两个方面：一方面，许多企业的生产能力主要集中在低附加值、低技术含量的领域，造成东北老工业基地的国有企业产业链短、产业结构层次低的局面。由于自然资源和矿产资源的储备丰富，加上历史原因，东北老工业基地国有企业的工业发展呈现出以原料工业为主的特点。南部地区主要以煤炭、矿产资源为依托，北部地区主要以林业资源为依托，为当时中国的经济建设贡献了巨大的力量；但随着粗放型、破坏性开采，各种资源面临储备急剧下降的危机，再加上经济发展对更优质的工业品需求上升、对低技术含量的工业品需求下降，东北老工业基地的国有企业在可持续发展和继续生存上逐渐暴露出问题。另一方面，以钢铁、石油化工、煤炭等能源制造业为主的东北老工业基地国有企业在关键技术的开发和应用方面与国际水平有相当的差距。由于设备严重老化，市场竞争力减弱导致设备更新资金不足，一些企业的现有技术生产出来的产品已经不能满足市场需求。尤其是装备制造业，逐渐落后于我国经济的发展水平。装备制造业是为社会生产活动提供技术装备的各种制造业工业的总称，包括航空、船舶、军事等机械工业和电子工业中的大型设备品。装备制造业中的东北老工业基地国有企业多处于产品落后、产能过剩的状态。企业在硬件、软件上的投资均不足。从体制上缺乏对技术创新的重视，创新主体错位、创新机制也不完善，导致绝大多数企业没有自主的核心技术和知识产权、企业在国际竞争中处于落后地位。尤其在高端装备制造业，造成我国严重依赖进口的局面。

改革开放以来经历一段时间的衰落，通过东北老工业基地振兴战略的实施，东北地区的经济发展加速逐渐赶上了全国平均水平。然而东北地区的落后状态并没有显著改善。尽管自"十五"规划"振兴东北老工业基地"就作为我国国家级战略被提出来，并且取得了相当的成绩：国有企业的产权制度改革基本到位、国有经济结构和布局更为合理、历史遗留问题初步得到了解决。但是由于缺乏核心技术以及资源、环境和竞争等内、外部环境的恶化使东北老工业基地国有企业创新能力的提升受到制约，重化工业产业的发展遇到阻力。自2003年中共中央、国务院发布《关于实施东北地区等老工业基地振兴战略的若干意见》以来，除了内蒙古由于只是划归部分地区而无法得到相关数据之外，东北三省的地区生产总值和工业总产值占全国的比重仍然持续下降；从2003～2009年，在人口占全国比重变化不大的基础上，黑、吉、辽三省的地区生产总值占比从9.56%下降到不足8.51%，工业总产值占比从10.1%下降到不足8.6%。而且三省规模以上工业企业的各项主要指标在全国的地位也是徘徊不前，黑龙江省的工业总产值在全国的排序甚至连年下滑。所以，尽管从"十五"规划以来振兴东北老工业基地作为我国国家级战略被提出来，并且取得了相当的成绩，国有企业的产权制度改革基本到位、国有经济结构和布局更为合理、历史遗留问题初步得到了解决。但是，东北老工业基地的问题没有从根本上得到解决。

入世之后，我国利用劳动力成本优势，走上了以轻工业与劳动密集型产业发展拉动贸易从而实现经济增长的道路，创造了中国经济腾飞的奇迹。然而，随着人口红利的消失和国际市场竞争的日益激烈，发展装备制造业、注重技术创新逐渐成为我国产业结构升级和工业发展的重点战略之一。作为我国装备制造业的摇篮，东北老工业基地聚集了一重（中国第一重型机械股份公司）、哈电（哈尔滨电气集团公司）、哈飞（哈尔滨飞机工业集团有限责任公司）、哈量（哈尔滨量具刃具集团有限责任公司）、齐重数控（齐重数控装备股份有限公司）、齐二机床（齐齐哈尔二机床集团有限责任公司）、长客（长春轨道客车股份有限公司）、一汽（中国第一汽车集团公司）、沈阳机床（沈阳机床集团有限责任公司）、大连机床（大连机床集团有限责任公司）、大连船舶重工（大连船舶重工集团有限公司）、北方重工（北方重工集团有限公司）、沈鼓集团（沈阳鼓风机集团股份有限公司）、沈阳特变电工（特变电工沈阳变压器集团有限公司）、沈飞（沈阳飞机工业集团有限公司）等一大批国有背景的装备制造企业。时值国家发展战略转型的需要，作为向来都是国有企业改革的重点地区的东北老工业基地，东北老工业基地的国有企业得到了更好的发展环境，表现出更强的发展潜力。因此，2007年国家发改委陆续发布了一系列实施方案，致力于提高工业企业自主生产、加工大型铸锻件产品的能力。2007年，一重通过大规模的技术改造达到了世界级制造目标；大连重工·起重集团有限公司通过技术资金投入解决了我国大型船用曲轴无法国产加工成功的问题；哈电在电力装备方面达到了世界先进水平；通过国家的政策支持，石化、冶金行业的重型装备的自主化也得到了很大的提高。这些制造业技术水平的提升使东北老工业基地国有企业为代表的传统老工业重新焕发了青春，为我国东北老工业基地国有企业的进一步发展提供了契机。所以，发展东北老工业基地国有企业自主创新的能力成为我国经济发展目前面临的重要问题。

东北老工业基地的经济发展不但要摆脱落后于全国的状态，而且要充分利用加快经济转型的上升期，以国有企业为主体的企业竞争力提升为重点，培育新经济增长点，以形成良好的地区经济布局，焕发新的活力。随着整体经济的发展和国际竞争的加剧，东北老工业基地的国有企业需要持续发展、提高整体竞争力，以摆脱粗放型的增长方式，提升在产业价值链中的地位，所以企业的技术水平和创新能力成为老工业基地振兴工作的重要内容。通过分析东北老工业基地国有企业在自主创新过程中面临的制约因素，不仅可以为东北老工业基地国有企业找出自主创新发展困难的原因，而且有利于找出突破瓶颈的方法，更有利于指出进一步提升东北老工业基地国有企业自主创新的发展方向。

在现有的文献中，对企业创新和国有企业改革的相关研究已相当深入，但是对国有企业创新的研究相对匮乏。对于东北老工业基地国有企业占经济比重较大、企业整体创新能力有待提升的现状，提升东北老工业基地的国有企业自主创新能力成为改革的中心内容。所以，对东北老工业基地的国有企业自主创新能力的约束条件进行深入研究具有重要意义。

分析东北老工业基地国有企业自主创新能力的制约因素，要基于对不同特征下的企业创新能力决定条件和外部环境支持的理解。所以本文在研究东北老工业基地国有企业自主创新能力的制约因素时遵循以下逻辑：基于创新的高度个体化特征，以微观、中观和宏观的视角将各项影响因子归纳为企业内部和企业外部两类。在第二部分从企业性质、企业规模、企业战略、企业组织和企业财务五个方面考察企业自主创新能力与其他能力之间的制约关系；在第三部分以企业与创新体系内的其他主体——竞争者、消费者、大学和政府之间的互动关系、金融体系、法律制度和文化特征作为企业发展自主创新能力的外部基础条件，关注这些外部环境因素对企业自主创新能力发挥的影响。总之，外部环境提供了幼芽成长的土壤，内部力量才是树木成材的关键。企业的技术创新能力提升因为涉及诸多因素并彼此相互制约，显得错综复杂，从以上理论分析中可以看出，内部因素对企业技术创新能力的提升起到了关键性的作用，外部因素的制约则为企业技术创新能力的提升设置了障碍（见表3-1）。

表3-1　企业自主创新能力制约因素

企业内部特征	企业家精神	企业外部环境	金融	
	组织		法律	
	战略		文化	
	财务		与外界其他主体之间的关系	竞争者
	规模			消费者
	性质			大学
				政府

第二节　东北老工业基地国有企业自主创新能力内部制约因素

　　东北老工业基地是我国工业发展的核心地区，同时也是中国国有企业改革的重点地区。尽管自从"十五"规划以来振兴东北老工业基地作为我国国家级战略被提出来，并且也取得了相当的成绩，即国有企业的产权制度改革基本到位、国有经济结构和布局更为合理、历史遗留问题初步得到了解决。由于东北老工业基地的国有企业自主创新能力不强而导致缺乏核心技术等问题。尽管中国历经多年的国有企业经济改革使东北老工业基地的国有企业的内部环境有了很大程度上的改善，但是真正的现代企业制度还没有建立起来，这不仅表现在企业家精神的缺乏而导致的企业战略不明确等问题上，还表现在企业管理所存在的多方面漏洞上。

创新是一个极其复杂的系统，制约企业自主创新能力的因素也是复杂多样的，有些因素甚至极具个性化。拉佐尼克在其创新型企业理论中指出，创新型企业的特征不断演化是基于企业战略、组织和财务三类活动的不断演化。也就是说，企业的自主创新活动运作是基于战略、组织和财务三大活动的支持。随着外部环境的改变，企业的战略、组织和财务活动也会随之发生改变，进而企业的自主创新能力也因此受到影响。经典的创新理论中企业家精神是推动企业自主创新的根本动力，创新理论经过多年的发展演变，企业家精神的内涵和外延都有所扩展，但是企业家精神对自主创新的核心作用从未动摇。除此之外，企业规模和企业性质则体现了市场地位对企业技术创新能力的影响，在国内外学者大量的理论和实证资料中都可以找到有关企业规模、企业性质与自主创新能力之间相互关系的论述。与此同时，企业内部各种要素之间彼此相互影响，企业技术创新活动与各要素之间的匹配程度以及互动关系同样影响其技术创新能力的提升（见图3－1）。

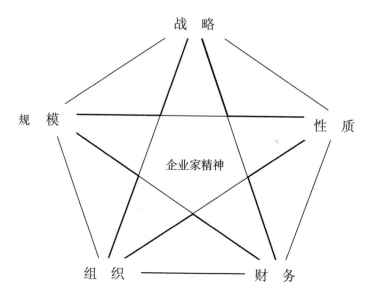

图3－1　企业自主创新能力内部影响因素的关系图

一、企业规模

（一）企业规模对企业自主创新能力的影响

企业规模是指对企业生产、经营等范围的划分类型。国内外学者对企业规模与企业自主创新能力之间的关系做了许多研究。但企业规模对企业自主创新能力的影响在不同的理论中存在差异。早期对企业自主创新能力的研究重视大规模企业，后期的研究则开始偏向小企业的力量。Kamien 和 Schwartz（1982）的研究认为大公司由于内部僵化、沟通不畅，对创新活动没有足够的激励，所以小企业凭借灵活的组织机构反而具有更强的自主创新能力。Mansfield（1984）也通过研究证明熊彼特创新理论中对企业规模与自主创新能力的正相关性描述不总是成立，在现实中很多产业中的小企业对技术创新，尤其是产品创新具有重大的贡献。在 20 世纪的重要发明中超过半数是小企业创新活动，小企业的自主创新能力超过了大企业。基于上述矛盾的两种观点，本部分之后的研究给予了进一步的解释。Acs 和 Audretsch（1990，1991）认为小企业和大企业的技术创新模式存在很大的差异，不能用同一标准来衡量。并且进一步的研究表明企业规模对自主创新能力的影响是基于其他因素的共同影响，比如市场结构、行业特征和创新类型等（Schere，1984）。总之，企业的自主创新能力受到企业规模的制约，不同规模的企业面对不同环境企业的创新能力也不同。在定向性的技术创新中，大企业表现出更强的实力；在非定向性的技术创新中，小企业以其灵活性占优势。破坏性创新是指利用技术进步效应，从产业的薄弱环节进入，颠覆市场结构，进而不断升级自身的产品和服务，逐渐达到产业链的顶端。在破坏性创新活动中大企业的能力更强，而在渐进性创新活动中小企业反应更加迅速。在需求拉动型行业，拥有大型科研设施的企业意味着在创新上比小企业有优势；产品多样化的大型企业更容易找出能带来利润增长的创新机会；当遇到行业问题时，企业拥有大量的研发人员则比其他企业更有机会找出最快、最新的解决方案。但是在竞争相对激烈、自主创新活动以渐进性创新为主的行业中，渐进性创新即那些不会对既有市场产生较大转变或形成新兴市场的发明。渐进性的发明或创新仅仅是在源于前一个分裂性创新的产品或过程上增加一些特性，产生比较小的革新性影响，渐进性创新活动对所在的产业不易产生大的变革或突破，在这些产业中小规模企业的灵活性创新活动是大企业无法比拟的。

（二）东北老工业基地国有企业的企业规模

企业规模作为一个相对变量，是依据某些指标对企业大小进行的排序，常用的指标有员工数、销售总额和资产总额。目前，我国对企业规模的划分依据是2011年颁布的《统计上大中小微型企业划分办法》①。这一划分办法根据从业人员数和营业收入将行业标准下的企业划分为大、中、小、微四型，不但比传统办法的划分更加规范，而且对企业的规模划分更加细化，该办法在工业、建筑业、仓储业等多个行业进行了大型企业、中型企业、小型企业以及微型企业的详细划分（见附录）。在国有资产优化、重组、改革的政策背景下，国有企业进一步向重要行业和关键领域集中，所以国有及国有控股企业绝大多数是大型企业，国有企业的资产总额也大大超过了大型企业的一般标准。东北老工业基地的国有企业规模情况与此相似。

东北老工业基地的国有企业作为老工业基地的代表性企业，是国有企业改革的重要阵地，所以在东北三省的国有企业基本全部完成了重组和改革。改革之后的东北老工业基地国有企业主要集中在制造业和采矿业等工业行业的子行业，以及少数农、林业企业等行业。表3-2是对东北老工业基地部分国有企业的规模情况的调查结果。通过对东北三省的国有企业的企业规模调查，选取的40个东北老工业基地国有企业样本中，有35家属于工业企业。其中，除了六家无法获得信息的企业和一家停产企业，其余28家几乎全部为大型的工业企业。一家交通运输业国有企业——大连港集团有限公司达到了大型企业的规模；一家信息传输、软件和信息技术服务业——中国华录集团有限公司是行业内的龙头企业。由于东北地区特殊的土地和森林资源，三家农、林业国有企业——黑龙江北大荒农垦集团总公司、大兴安岭林业集团公司和中国吉林森林工业（集团）有限责任公司都达到了一定的规模。在这些达到大型规模标准的企业中，绝大多数远超规模界限形成了特大、超大型的企业；而在无法获得准确数据的九家企业也不乏常被冠以"大型"、"特大"等头衔。由此可见，东北老工业基地的国有企业基本属于各行业内的主要大企业。同时，通过各企业的网页信息和新闻报道了解也不难看出，这些企业在其所在的行业内部都具有一定的控制力、影响力，并在行业中处于领先地位。例如一汽集团的自主品牌汽车在2010年产销达到100万辆，其占有市场份额达到5.5%。

但是在技术创新的灵活性上，大型企业则远不如小型企业技术创新的灵活

---

① 《统计上大中小微型企业划分办法》是国家统计局2011年9月20日颁布的。该规划比之前一直执行的《统计上大中小型企业划分办法（暂行）》在类型划分和行业范围上更全面、细致。此前，后者一直是我国对企业规模划分的主要依据，只将74%的行业纳入了企业标准的分类。这些行业包括：工业（采矿业，制造业，电力、燃气及水的生产和供应业）、建筑业、交通运输、仓储和邮政业、批发和零售业、住宿和餐饮业。诸如农业、林业、金融业等行业并未纳入标准。

性。本文仍以汽车产业为例，民营品牌比亚迪 2003 年才进入汽车市场，该公司结合自身在电池技术的优势，进入市场短短三年的时间就研发出了纯电动汽车 F3e；而一汽集团从 1998 年国家"863 计划"开始研发动力电动汽车，直到 2012 年才在长春车展上首次推出四款纯电动汽车。从上述例子中可以看出虽然企业规模越大，企业在技术创新上的灵活性越差，但是企业在市场控制力上的优势越明显。在原有技术的产品系列在国内市场上占有相当的市场份额的情况下，推出新产品对于一汽集团而言意味着很大的机会成本。但是 2012 年，除了电动汽车的相关基础设施陆续建立、政府政策倾斜之外，包括一汽在内的16 家中央企业结成产业链上、下游联盟为电动汽车的市场份额增长提供了条件。适时推出电动汽车的一汽集团在初具规模的市场上具有良好的发展前景。

表 3 - 2　东北老工业基地部分国有企业的规模情况（2010 年）

所属行业	企业名称	从业人员（单位：人）	主营业务收入（单位：万元）	企业规模	备注
工业	沈阳化工股份有限公司	4，997	745，035.23	大型	
	凌源钢铁集团有限责任公司	5，899	1，216，807.84	大型	
	大连重工·起重集团有限公司	-	1，321，863[1]	大型	
	长春高新技术产业（集团）股份有限公司	2，730	1，165，96.24	大型	
	中国第一汽车集团公司	132，000	10，000，000[2]	大型	
	鞍山钢铁集团公司	29，875	9，221，200.00	大型	
	中国北车股份有限公司[3]	82，292	6，218，432.10	大型	
	本钢集团有限公司[4]	24，827	4，022，835.73	大型	
	哈尔滨电气集团公司	18，485	2，881，554.30	大型	
	辽宁华锦通达化工股份有限公司[5]	9，780	1，944，120.38	大型	
	哈药集团有限公司	16，293	1，240，168.40	大型	
	中国第一重型机械集团公司	11，531	998，573.12	大型	

续表

所属行业	企业名称	从业人员（单位：人）	主营业务收入（单位：万元）	企业规模	备注
工业	沈阳机床（集团）有限责任公司	13，830	792，622.29	大型	
	东北制药集团有限责任公司	9，684	462，979.42	大型	
	瓦房店轴承集团有限责任公司	6，145	244，320.86	大型	
	吉林化纤集团有限责任公司	4，426	226，073.96	大型	
	锦化化工（集团）有限责任公司	6，995	166，622.00	大型	
	大化集团有限责任公司	6，995	166，622.00	大型	
	中钢集团吉林炭素股份有限公司	4，729	156，831.51	大型	
	大连冰山集团有限公司[6]	1，161	146，788.78	大型	
	吉林敖东药业集团股份有限公司	5，020	111，047.13	大型	
	大连大显集团有限公司	1，121	63，815.00	大型	
	金城造纸（集团）有限责任公司	2，797	35，693.26	中型	
	丹东化学纤维股份有限公司	11	0.00	－	
	阜新矿业集团有限公司	50000[7]	846，200.00	大型	
	铁法煤业（集团）有限责任公司	－	1，287，688.00[8]	大型	号称辽宁省大型国有企业
	东北特钢集团[9]	－	1，027，500[10]	大型	
	七台河矿业精煤（集团）有限责任公司	－	－	－	号称国家特大型企业
	双鸭山矿业集团有限公司	－	－	－	号称大型工业企业

续表

所属行业	企业名称	从业人员（单位：人）	主营业务收入（单位：万元）	企业规模	备注
工业	鹤岗矿务局	–	–	–	
	哈尔滨轴承集团公司	–	–	–	
	长铃集团有限公司	–	–	–	
	阜新环宇橡胶（集团）有限公司	–	–	–	
	通化钢铁集团股份有限公司[11]	–	–	–	
	中钢集团吉林铁合金股份有限公司	–	–	–	
农、林、牧、渔业	黑龙江北大荒农垦集团总公司	39，485	882，486.73	大型	
	中国吉林森林工业（集团）有限责任公司	6，539	135，423.79	大型	
	大兴安岭林业集团公司	–	–	–	
交通运输业	大连港集团有限公司	6，137	309，573.23	大型	
信息传输、软件和信息技术服务业	中国华录集团有限公司				

数据来源：由作者根据上市公司年报和各公司自行公布信息整理得到。

1. 由于该公司于 2011 年 11 月 29 日上市，所以目前还没有相关信息的披露，该数据为 2010 年营业收入。

2. 该数据为约数。

3. 中国北车股份有限公司在东北的子公司包括：齐齐哈尔轨道交通装备有限责任公

司、长春轨道客车股份有限公司、中国北车集团大连机车车辆有限公司。

4. 本钢集团与北台钢铁公司合并重组，重组后新企业名称为本钢集团有限公司。

5. 前身是辽宁华锦化工（集团）有限责任公司。

6. 大连冷冻机股份有限公司是其核心企业，该数据为集团上市公司的年报数据。

7. 该数据为约数。

8. 该数据为营业收入。

9. 东北特钢集团是国有控股公司，集团总部位于美丽海滨城市大连。辖大连金牛股份有限公司，抚顺特殊钢股份有限公司，北满特钢有限责任公司三大生产基地。及包括东北特殊钢集团烟台优钢有限责任公司在内的15个具有法人资格的子公司。

10. 该数据为2010年1－9月统计量。

11. 通钢集团主要从事采矿、选矿、钢材生产与销售，主要产品为带钢、圆钢、钢筋、盘条、钢管，是北京首钢股份有限公司的控股子公司。

二、企业性质

企业经营目标是指在一定时期企业生产经营活动预期要达到的成果，是企业生产经营活动目的性的反映与体现。企业经营目标可以不止一个，其中既可以有经济目标又可以有非经济目标，但企业经营都是具有核心目标的，而企业的经营策略和技术创新行为都受到核心目标的制约。一般企业的核心目标就是利润的最大化。创新活动具有前期投入的成本大、后期新技术成功推向市场的不确定性高、投资收益延迟满足的特点。所以，如果有可以替代自主创新满足技术需求的选择出现，对于一般企业而言，企业就会在很大程度上选择放弃自主创新。事实上，反映我国企业的技术创新行为的历史数据也印证了这一观点。根据科技部提供的数据，2004～2006年我国大、中型工业企业中有创新活动的企业所占比重不足1/3，有持续研发活动的仅占1/6；2004年新产品销售收入占主营业务收入的比重为15.3%，而新产品开发经费占科技活动经费的比重达41%，到2008年，新产品开发经费占科技活动经费的比重连年提高，但是新产品销售收入占主营业务收入的比重却没有显著的变化。据科技部数据库提供的资料，2005年新产品开发经费占科技活动经费比重达57.3%，2006～2009年这一数据分别是58.7%、59.5%和61.4%；而新产品销售收入占主营业务收入比重只有小幅增长，到2009年这一比重为16%，与2004年相比只增长了0.7%。

东北老工业基地的国有企业长期受行政目标的困扰。"紧要关头挑重担，促进发展保民生"是"中央企业'十一五'时期改革发展纪实"中对中央企业的责任的定位。据该纪实，除了提供公共产品和公共服务，为北京奥运会、上海世博会和广州亚运会等重大活动提供服务，金融危机时期，"承诺并切实做到不裁员，还增加大学生就业岗位"这些都纳入国有企业的非盈利目标之中。可见从企业运营的角度来说，国有企业承担的行政目标制定过程中具有过于繁杂、分散的问题。但是一些问题有其他更优的解决方法，比如通过建立失业保险体系和公共计划项目解决失业等。东北老工业基地的国有企业同样受此困扰。如果东北老工业基地的国有企业能够在地方政府寻求支持，制定单一的非营利目标，并以明确的标准考核，以降低行政目标的执行，国有性质对东北老工业基地国有企业自主创新能力的制约就会减弱。

而东北老工业基地的国有企业经营的核心目标并不是利润最大化，弥补市场失灵和实现政治目标是东北老工业基地的国有企业的其他核心目标。诸如东北老工业基地的国有企业的自主创新活动，尤其是原始创新这样的技术开发活动，长期看来具有很高的收益，但是短期却具有较大的风险。私人资本倾向短期收益的天性，而东北老工业基地国有企业在弥补市场失灵的核心目标驱使下更容易从事研发活动的投资，尤其对一些风险高、孵化期长的大项目，东北老工业基地的国有企业具有天然的优势。所以，东北老工业基地的国有企业的国有性质并不是东北老工业基地的国有企业自主创新能力不强的借口以及制约东北老工业基地的国有企业创新能力的是非盈利目标的接受方式和执行方式。

三、企业家精神

（一）企业家精神对企业自主创新能力的影响

创新活动可以被理解为对特定问题持新思路的个体企业家和社会惯性之间在一定历史时期持续斗争的结果，而且社会惯性具有内生性。企业家被认为是能够根据环境做出决策，敢于打破现状从事创造性的破坏工作的企业管理者。管理大师德鲁克在《创新与企业家精神》一书中，为企业家精神下定义为："通过应用管理概念和管理技巧（研究顾客所注重的'价值'）使'产品'标准化，设计制作程序和工具，对要进行的工作进行分析，并根据分析结果培训人员，然后制订其所要求的标准，不仅大幅度提高了资源的产出，而且建立了新的市场和新的顾客群。"熊彼特的创新理论中，企业家精神在企业的创新活动中起着非常重要的作用。对于一个企业而言，创新必须成为一种企业家的本能。但创新不是"天才的闪烁"，而是企业家在艰苦工作中的结果。创新是企业家活动的典型特征，从产品创新到技术创新、市场创新、组织形式创新等等。战后的创新活动出现了成本巨额、风险更高的特征，在团队和大型组织下的创新活动成为主体。所以，企业家的作用被管理团队组成的战略管理者取代，合作型的企业家精神取代了单个企业家对技术创新活动的影响，这给企业提升自主创新能力带来了更大的难度。

再者，企业家或者战略管理者的实践经验和在创新过程中对资源的分配，以及企业的创新成果对其个人汇报的激励程度影响企业的自主创新能力。企业家追求利润，既可以从事生产性活动寻求企业规模扩大带来的规模经济，也可以关注研发活动寻求行业领先的新技术，还可以进行寻租活动获得特权者地位带来的收益。在有限的企业家活动资源下，对不同的经济活动进行资源配置是企业家寻求收益最大化的基本手段。当寻租活动取得的收益远大于生产、研发性活动时，企业家配置更多的资源从事寻租。所以企业家的创新精神与寻租活动具有竞争性。如果寻租活动的水平很高，进行创新活动对企业家就会变得没有吸引力，从而制约企业自主创新能力的提升。不同经济活动的报酬结构决定了企业家活动的配置，且存在历史依赖性（庄子银，2007）。一旦企业家进行寻租活动形成路径依赖，生产性活动和研发活动则被长期挤出。

（二）东北老工业基地国有企业的企业家精神

在东北老工业基地国有企业改革之前，政企不分问题十分严重。改革之后在很大程度上中断了政企关系，但是东北老工业基地的国有企业管理者和东北老工业基地的政府行政官员本属于同一行政序列，政、企之间的业务指导关系仍然通过已存在的人际关系网络隐性存在。东北老工业基地国有企业的管理者仍然是通过行政主管部门委任，所以东北老工业基地企业战略管理者和政府官员之间经常存在身份互换和交叉任职。东北老工业基地企业高管通过进入政府获取政策与资源；政府官员进入企业兑现在位时的经济收益。东北老工业基地的战略管理者形成的特殊利益集团利用上述优势很容易通过游说东北老工业基地的国有资产所有权的代理人获得经济租。这样形成寻租活动的路径依赖，从而对通过技术创新寻求利益的企业家精神存在挤出效应，最终制约东北老工业基地国有企业技术创新能力的提升。这种东北老工业基地国有企业的用人机制带来的另一个弊端是东北老工业基地国有企业的企业家精神容易以政府政策为导向组织研发活动，在项目的选择上不以考察市场需求为基础，而是看是否占有技术前沿、填补国内空白，以鉴定或者评奖为目的。以一汽集团红旗轿车开发高端市场为例。一汽集团致力于红旗新车型的研发，据内部研发人员透露，对于自主品牌，尤其是新红旗，一汽集团给予了前所未有的重视，"虽然正处经济危机，企业都在节缩开支，但一汽高层给出的意见是，自主品牌研发需要多少用多少，与之前集团第六轮战略会议的'不计一切搞自主'战略相对应"。红旗定位高端市场，强调自主研发，但是一方面连丰田、现代等实力强大的汽车厂商都选择放弃以自主品牌高端切入市场的战略，另一方面红旗轿车的销量也不尽如人意。投入大量研发经费推出的新红旗却没有得到市场的认可，支持红旗品牌的政治意味远远大于市场需求。这样的一个封闭循环与市场是脱节的，制约了东北老工业基地国有企业自主创新能力的提升。

四、企业战略

企业战略是对企业各种战略的统称。企业战略是企业根据外部与内部环境的变化，根据企业本身的资源和实力选择适合的经营领域所制定的，用以形成企业自己的核心竞争力，并通过差异化的战略在市场竞争中取得利润，随着世界经济一体化进程的加快和随之而来的国际市场竞争的加剧，企业战略的要求愈来愈高。现代企业战略是以获得竞争优势为目标，基于对产业演变和竞争对手的了解，通过对营销、生产、研发、财务、人力资源各职能部门的协调统一，使企业不但在当前竞争中获取优势，而且在未来的生存和发展中处于最佳位置。其中既包括竞争战略，也包括营销、发展、品牌、融资、技术开发、人才开发、资源开发等等战略。著名的管理学大师波特在《竞争战略》一书中强调："一个显式的战略制定过程总能产生显著的效益，它保证职能部门至少在政策上与一系列共同的目标相协调，并受这些目标指导。"① 所以，企业战略不仅直接决定技术创新的模式，而且决定企业的其他职能与自主创新能力的配合度。

企业战略分析总结了影响企业目前和今后发展的关键因素，包括确定企业的使命和目标、对外部环境以及对内部条件进行分析。一方面，企业战略决定了企业的自主创新模式，并为企业的技术创新设立目标。不同市场结构下的企业战略采用的技术创新模式也不同：如果企业所在的行业属于卖方市场，企业基本没有竞争对手，那么企业战略通常是生产尽可能多的产品，倾向于提高生产效率的技术创新；如果企业所在的行业属于买方市场，行业内竞争激烈，那么企业战略通常以市场为导向，按照消费者需求进行生产，所以此时的技术创新强调自主性和与竞争对手的差异化。波特以五力分析把企业的竞争战略划分

---

① ［美］迈克尔·波特，陈小悦译．竞争战略［M］．华夏出版社，2005.

为三类——成本领先战略、差异化战略和专一化战略。成本领先战略下，企业使用技术外包和逆向工程的研发模式有利于降低成本，但是自主创新能力的层次较低；差异化战略下，企业需要保持技术的独特性从而需要投入较多的资源进行自主研发，从而自主创新能力较强；而专一化战略下，企业致力于对特定消费者提供产品，因而市场相对狭小，所以企业研发注重技术积累和掌握核心专利，企业在相关技术领域处于领先地位。

另一方面，企业战略决定了一个企业的整体运作效率与和谐度，良好的企业战略对提高企业的技术创新能力具有促进作用，反之，与企业现状不符合的企业战略则会变成企业发展的阻碍，同时制约企业自主创新能力的提高。例如，华为公司的企业战略定位是强调市场需求为主导、关注客户需求。20 世纪 90 年代初期的华为看到中国农村的广阔市场，此时华为的技术创新模式是引进外来技术，通过研发降低产品成本，成本领先战略成功地满足了农村客户购买力有限的需求，为华为积累起发展的资本。之后的华为则面向国际市场，由于客户需求对价格的敏感度下降、对质量的敏感度上升加上国际市场上竞争激烈且对手实力强大，华为认识到对核心技术掌握不足带来的劣势。所以华为积极发展海外研发中心，大量投入研发经费，在企业文化中倡导"企业生存靠产品，持久发展靠研发"、"销售管一时，研发管一世"，大大提升了企业的自主创新能力；同时在企业战略中遵循"领先半步策略"，避免研发人员一味追求先进技术忽视真正的市场需求。这样的企业战略并不十分强调技术创新的先进性，但是却能够逐步提升自主创新能力，同时保证了创新能力与其他职能的协调发展，为进一步促进自主创新能力的提高奠定基础，最终华为公司反而成为少数具有国际技术先进水平的国内企业。

东北老工业基地国有企业改革基本完成，但是企业的运营水平仍有待于提高，东北老工业基地国有企业的企业战略不甚明确，对 40 家东北老工业基地国有企业的调查中，只有少数企业提出了明确的战略构想，例如中国北车、一汽集团；多数东北老工业基地国有企业没有提出企业战略，或者战略目标不明确，例如东北制药的战略目标是"创百亿集团、建百年东药；建高素质员工队伍、实现员工高收入"。这样的战略目标没有考虑到企业的市场定位，而是以企业生产为导向，属于市场发展早期的企业战略类型，对企业的技术创新能力促进作用有限。

五、企业组织架构

没有组织架构的企业是一盘散沙，组织架构不合理会严重阻碍企业的正常运作，甚至导致企业经营的失败，进而导致企业倒闭或破产。相反，适宜、高效的组织架构能够最大限度地释放企业的能量，使组织更好地发挥协同效应，获取较高水平的盈利。组织架构主要包括四个结构，即职能结构、层次结构、部门结构以及职权结构。企业在组织架构上与其他企业的差异是不易效仿的持久优势。Nelson（1991）指出，企业之间在组织上的差异决定了企业产生创新的能力以及能够从创新中获利的能力。

组织模式从各方面影响企业的自主创新能力：

首先，任何企业都存在一定的组织架构，不同的企业组织模式，具有不同的特征，适用的企业也不同。一般而言，企业组织构架中的权力越集中，企业的活力与效率就越差，技术创新的灵活性就越差。如果从公司的权力中心角度对组织架构进行划分，在股东中心主义下，股东掌握公司的经营权，企业控制权绝对集中，所以股东的个人意志决定了企业对自主创新的资源配置；在董事会中心主义下，企业可以在更大规模上进行运营而不被股东所局限，企业的控制权很大程度向董事会转移，在这种模式下企业短期逐利的动机减弱，对企业效率的关注上升，对自主创新的资源配置更符合企业发展的客观需求，而个人企业家意志被削弱；在经理中心主义下，权力进一步下放，事务的实际执行者与操作者同时成为公司经营权的控制者，这些基层人员由于在企业的第一线直接接触市场，从而企业效率进一步提升，对市场变化的反应更迅速，技术研发配置也更迎合市场。

其次，企业的组织结构越扁平和有弹性，变得更加网络化和动态化，自主创新能力越强。按企业组织架构中各部门之间的关系结构进行划分，直线型的组织构架下，高层管理者的控制力最强；U型（又称职能部制）的组织构架下各职能部门的自主权力性很强，所以更有利于专业化分工、规模经济和学习效应的实现，对企业的自主创新能力有促进作用，但是容易导致企业自主创新对外部环境的反应能力差；M型又称事业部制，即指在总公司领导下设立多个事业部，各事业部有各自独立的产品或市场，在经营管理上有很强的自主性，实行独立核算，是一种分权式管理结构。在这种事业部制的组织构架下，更加以产品或者市场为导向，适用于规模庞大、技术复杂的大型企业，对创新能力的促进作用与U型企业相同，并且企业自主创新的方向对市场需求的反应更迅速、更贴合，但是由于横向联系的缺乏企业内部的信息、技术交流不充分，不利于企业内部技术学习能力的形成；网络型又称矩阵制，其最大特点在于具有双道命令系统，通过横向和纵向的联系使企业具有速度优势，具有较大的机动性，在信息传递、对市场反映和创新方面都十分迅速，由于企业边界的动态性与组织结构的灵活性从而具有合作创新和研发优势，在核心部门方面具有规模经济的优势，是自主创新能力最强的组织构架。

最后，良好的组织构架并不一定导致优秀的自主创新能力，只是外部影响的一部分。企业组织机构的权力设置与外部环境及企业规模是否相符，决定了企业自主创新机制的效率，是阻碍还是促进企业的技术创新。以建立网络型企业组织为例，虽然网络型企业组织构架最具有组织活力和创新能力，但是该型企业要求信息技术支持、在网络文化建设方面存在稳固的信任保障，同时对企业的信任机制和法制环境具有高度稳固的要求。如果这些条件无法满足，采用网络型组织结构反而使企业的权力松散、责任不明确，最终导致企业效率大打折扣，更无法谈及自主创新能力的维持。

东北老工业基地的国有企业组织架构还有很大的改善空间，一些企业还没有建立先进组织架构的意识，其中一些甚至认为组织架构就是集团内部企业的股权结构。虽然大部分国有企业建立了明确的组织构架，其组织架构模式多采用U型（即职能部制）或M型（即事业部制），属于纵向模式。纵向模式削弱了核心管理层对企业资源的管理控制能力，不利于企业资源的统一配置，从而难以统筹规划整个企业的技术进步和技术创新活动。企业组织的横向联系不足，导致信息和技术在企业内部的流动性受到很大制约（见图3-2）。

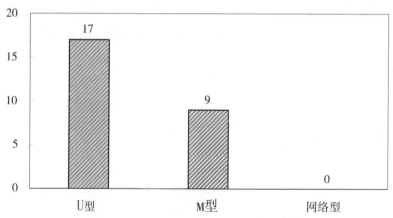

图3-2 东北老工业基地国有企业的组织结构分布（单位：家）

注：鉴于一些企业的组织架构信息无法获得，所以样本包括28家国有企业。具体有：吉林森林工业、中钢集团吉林炭素、鞍钢集团、通钢集团、中钢集团吉林铁合金、铁法煤业、凌源钢铁集团、沈阳机床、长春高新技术产业、瓦轴集团、一重集团、哈电气集团、

大显控股、一汽车集团、大连港集团、吉林化纤集团、华录集团、北车集团（及其子公司长客公司、齐齐哈尔轨道交通装备）、华锦通达（及其子公司华锦化工）、本钢集团（及其子公司本溪钢铁、北台钢铁）、东北特钢集团（及其子公司北满特钢、抚顺特钢）。

六、企业财务

企业的财务状况不似战略和组织对企业的影响是长期、缓慢的。企业的财务管理水平随时决定着企业的创新能力。无论创新活动大与小，都需要投入一定的时间和财力。因为一项创新活动的启动、运作和维持都需要足够的资源做支撑。创新活动的长周期性决定了支撑它的资源必须一直保留，直到结束；而创新结果的不确定性又决定了这一投资的高风险，回报不能确定的特质。所以强大的财务资源是企业技术研发活动的支持，财务管理过程对企业创新资源的配置具有十分重要的作用。但是目前企业财务管理能力对创新能力的影响的理论研究还不深入，实证研究更是缺乏。

首先，企业的财务状况影响了企业的自主创新能力。企业的资本负债结构体现了企业承担风险的能力，良好的资本负债结构和充足的现金流才能支撑企业承担高风险的创新活动。如果企业的财务状况不健康，很容易造成企业经营活动现金流量不足，如果再加上财务能力差导致信用受损，进而筹资能力受到影响，那么企业的持续经营就会成问题，更无法为创新活动提供财务支持。例如，依靠商业信用筹集主要研发资金就会造成企业资金来源结构呈现短期化，而项目占有资金呈现长周期的特征，这样的财务结构不利于企业的自主创新。

其次，企业的财务管理能力决定了企业的技术创新选择。基于企业技术创新的财务管理分为投资管理和筹资管理两方面。企业的财务能力除了自有资金实力之外，最主要的是对外筹措资金的能力。虽然企业自有资金是研发投入的根本来源，但是其他筹资手段对资金投入的补充也十分重要。日本的技术起飞得益于银团对企业的信贷支持，美国在第三次技术革命的成功得益于风险投资基金为企业提供的资金支持。技术创新活动的投资管理方面，在财务上对研发项目进行评估可以使用折现现金流法（DCF）、净现值法（NPV）、决策树法（DTA）、实物期权方法或多阶段复合实物期权方法等，使用的方法对不确定性环境考虑越充分越适用于高风险、高回报的研发项目评估。但是目前我国企业的财务管理体系不成熟，企业普遍存在重会计核算、轻财务管理的观念。有的企业财务管理从属会计核算，会计核算的独立性又得不到保障，存在领导意志取代客观财务指标决定企业投资行为的现象。

东北老工业基地的国有企业的筹资能力普遍强于私营企业，这一方面是由于东北老工业基地的国有企业掌握了充足的银行贷款资源，另一方面在东北老工业基地的国有企业股份制改革后，以股权融资成为上市的东北老工业基地国有企业资金的另一来源，东北三省分布的 41 家国有企业中已经有 32 家成功上市，一家即将上市。

第三节　东北老工业基地国有企业自主创新能力外部制约因素

创新型企业所处的社会环境为企业的技术创新活动提供了背景，并决定了企业创新能力发挥的程度。企业成功实现创新活动不但有赖于内部组织活动，而且有赖于外部条件的约束，随着时间的推移，支持成功创新的内、外部条件在不断地改变，并且针对不同的企业类型和企业规模创新条件也随时间发生显著变化。因为基于不同国家企业创新对外部社会环境的依赖，在一个制度环境下能够得到发展并发挥作用的技能基础，在另一个制度环境下得出的结论具有不确定性。此外，即使在同一个国家同一产业内，在一个历史时期里促成创新成果的动态能力，也有可能在随后的历史时期里变成阻碍创新反应的静态能力。所以宏观层面的国家软环境、中观层面的区域硬环境和市场特征构成了企业自主创新所处的外部环境。

多数情况下，企业的创新活动非常依赖外部资源。外部因素对企业创新能力的影响作用是得到共识的，常被提及的外部影响因素有政策法规环境、文化环境、人力资源和资金支持等。研究国家创新体系的学者则强调在创新网络中各主体之间的关系以及企业的主体地位。本文将影响企业自主创新能力的外部因素归结为企业与其他主体之间的关系、资源条件、金融环境、法律体系和文化背景。

一、企业与其他主体之间的关系

创新系统中企业处于主体地位，其他主体与企业之间的关系影响到企业的自主创新能力。这些主体包括企业在市场上的竞争者、能够提供隐性知识的消费者、提供研究合作与人力资源的大学以及提供政策支持的政府。企业与其他主体之间的关系越紧密越和谐越符合市场规律，就越有利于企业的自主创新能力提高，反之，则制约企业提升自身的创新能力。

1. 市场竞争者

从广义上来看，企业的市场竞争者不仅包括那些与本企业提供的产品或服务相类似并且所服务的目标顾客也相似的其他企业，还包括企业自己的顾客、供应商，这是因为企业与顾客、供应商之间也都存在着某种意义上的竞争关系。但狭义上看，企业的竞争者仅包括与企业提供类似产品或服务并且所服务的目标顾客也相似的其他企业。新古典经济学认为竞争能够促进技术创新，阿罗（1962）认为完全竞争的市场环境比垄断更能激励创新。但熊彼特则认为具有垄断地位的企业由于可获得的超额利润而更有能力进行创新活动。市场上的竞争者是企业不断进行创新的动力，因为完全垄断条件下企业没有竞争对手，所以没有创新的动力。企业在市场上的垄断地位造成企业的创新惰性，并且垄断者的技术创新活动容易以设定技术门槛为目的，为了阻止竞争者进入，垄断企业通过沉睡专利为后来者设置门槛，用于改进生产的创新活动相应减少，从而不利于企业技术创新能力的长远发展。相对于专利申请数量而言，中国专利的投产率很低，据权威人士表示，在辽宁，有超过 90% 的发明都受困于没有投产路径，这无疑使本已经很弱的东北老工业基地国有企业自主创新能力在发展上雪上加霜。

2. 消费者

市场上的另一个主体是消费者。研究表明，消费者同企业一样是一个具有异质性的群体，能够提供隐性知识的消费者不仅能够向企业提供有前景的市场需求信息，而且能够降低企业获取信息的成本。这一方面基于消费者追求效用最大化而不是利润最大化的特征，另一方面基于消费者对本土文化传统习惯和特定技能的熟知。企业是否与特定消费群体建立了密切的互动关系随着行业技术水平的提高对企业技术创新能力的影响愈加重要。

3. 大学

大学在基础研究和人力资本的形成过程中扮演了关键的角色，在一些高新产业，大学甚至是新创企业的发源地。大学对企业的价值在于通过非专利途径提供的知识与技术扩散，所以与大学建立密切的人才培养关系与知识交流的良好关系有利于企业技术创新能力提高、充分利用大学的基础科研资源、发挥大学作为企业人力资本的来源地等作用。

4. 政府

政府对企业技术创新的制约力体现在政府对企业自由的容忍程度和政府制定规则的权力。改革开放 30 多年来，中国基本建立起了完善的科技体系、知识产权保护体系和鼓励创新的财税政策体系，不断提高的专利申请数量证明了政府决策的正确性。历史经验表明，政府为企业制定明确的技术规划，那么技术的发展就缺乏多样性的路径，所产生的技术多满足政府需求而忽视了市场的需求，并且很可能失败。除此之外，政策的不稳定性也影响了企业的技术创新活动。因为企业的技术创新活动在投资与获利之间有很长的周期性，在政策导向下的技术创新活动很容易受到政府行政命令改变的影响，那些依靠国家拨款的创新项目的财务来源变得不稳定，所以说东北老工业基地的国有企业的技术创新能力容易受到国家科技政策的制约。因此，如果市场是新技术的主要需求者，那么政府在东北老工业基地的国有企业技术创新中的引导作用应该是适度的。

5. 东北老工业基地国有企业的主体关系网

东北三省并不位于我国创新资源的核心区域，东北老工业基地的国有企业创新主要以模仿创新、改良创新和集成创新为主。东北老工业基地的国有企业创新能力的提升高度依赖同一创新网络内其他主体之间的互动关系。市场化水平相对较低、产学研合作关系不够紧密、受计划体制影响最深，东北老工业基地的国有企业与领先地区相比，在创新网络发育上处于劣势。在区位劣势下，东北老工业基地国有企业的创新网络还在形成之中，但是总体而言东北老工业基地的国有企业研发管理及内外创新网络整合的能力，覆盖企业产品、工艺、市场营销和服务整个创新价值链的组织管理水平，仍然比较落后。

二、资源条件

资源禀赋决定了企业可利用的资源条件，具备有利于技术创新的资源条件，为企业的技术创新能力提升创造足够的空间，如果技术创新所需的资源条件贫乏则不利于企业的技术创新能力提升。

东北老工业基地国有企业所处的资源条件具有其独特性。首先，东北老工业基地人才和自然资源丰裕。中国劳动力资源丰富不仅体现在低技术类型的劳动力，技术人员的劳动力成本与其他国家相比也具有很大的优势，所以无论在劳动密集型产业还是在技术密集型产业的低端市场都极具国际竞争力。东北三省地广人稀，总劳动力人口与其他地区相比并不占优势，所以劳动密集型产业并不发达，但是高等院校数量众多，人口受教育水平高于全国平均水平，并且工资水平低于全国平均水平，因此具有丰富、廉价的人才资源。此外，东北三省石油、煤炭、有色金属等矿产资源的矿藏储量和森林总面积居全国前列。

其次，基于以上禀赋特征，东北老工业基地国有企业主要分布在机械制造业、矿业和生物、医药等产业（见图3-3）。在化工、生物和医药行业的创新既高度专业化又有很强的跨行业特征，行业内企业的技术创新高度依赖知识积累以及与大学之间的紧密联系；由于高额的研发费用和大规模的研发活动，大型企业是该行业创新的主要来源。机械制造、装备制造业服务于特定的客户，所以与客户保持密切的互动关系是行业内企业创新活动的关键；由于产品模块化的程度高，对技术工人和研发人员都有较高要求，所以具有垄断力量的技术领先企业是该行业的技术创新来源。根据行业分布可以看出，东北老工业基地的国有企业规模制约技术创新能力的提升。

最后，由于受计划经济思想影响时间长，在地理位置上处于温带和亚寒带之间，所以人们在思想意识上求稳定、怕变化，自主创新的精神不强。与沿海地区相比，无论是市场发育水平还是市场秩序建设都存在一定的差距。

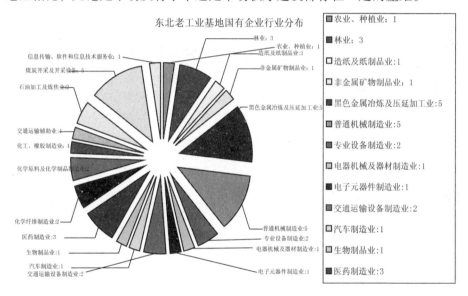

图 3-3　东北老工业基地国有企业行业分布

三、金融系统

金融系统作用于企业技术创新能力的理论研究还十分有限，但是金融对企业创新的重要作用毋庸置疑。金融系统的成熟度对企业的自主创新能力具有重要作用，近代日本技术的崛起受到了银行的贷款支持，美国的信息技术产业发展得益于风险投资基金的资助。企业的技术创新对金融系统的依赖主要源于创新所需资源投入为企业带来的负担和风险。成熟的金融系统对技术创新的支持作用在不同行业和企业的不同成长期起到的作用不甚相同。金融系统对行业的新加入者的创新支持作用大于已进入企业，因为这些企业由于刚起步自有资金不充足，所以更容易受到资金来源的限制。在高技术行业内，企业对金融系统的依赖程度大于其他行业。对于创新活动，直接融资的作用大于间接融资，因为直接融资实现了高风险的分散。东北老工业基地的国有企业目前的主要融资方式是以银行贷款为主的间接融资，对创新活动的融资能力十分有限。所以，欠发达的金融系统式制约东北老工业基地的国有企业进行自主创新活动的投入能力。

四、法律体系

完善法律制度的优势在于能够很大程度上降低交易成本、减少寻租空间。一个合法、稳定的秩序以及可以预见的产权环境为企业的经济行为提供了保障。严格的、不以人的意志为转移的、统一的规则比存在特殊权利、可以讨价还价的机制更能降低交易的成本。在我国，用法律监督取代行政命令的过程进展缓慢，目前东北老工业基地的国有企业的高层管理者的人事任命依然来自政府权力，企业的董事会并没有起到实质的法律作用，这种做法的弊端是传统的委托—代理问题和所有者缺位仍然无法解决。所以东北老工业基地的国有企业的市场目标明显弱于行政目标，管理者的短期行为倾向造成对技术创新活动的制约。同时，民营企业主在不完善的产权保护规则下，也倾向于短期行为，不考虑自己企业的长远发展，而是通过财富积累达到移民海外的目的，所以忽视了企业的技术创新能力培养。在发达国家企业的蕴育和成长经历了上百年时间，中国企业还十分稚嫩，如果这种短期行为不予消除，对我国企业的未来竞争力将造成极大的伤害。

五、文化背景

文化是组织成员共同信守的基本信念、价值标准、道德规范等的综合，代表着一种观念。文化对企业技术创新能力的影响可以说是最无法模仿的因素。东、西方文化差异体现在二者的技术创新行为上十分明显。东方文化重人治轻法治，西方文化则强调法治和私权，所以东方文化下的技术创新往往以行政主导、政策导向拉动，而西方文化下的技术创新则是以市场利益驱动。同样属于东方文化，日本文化中强调高度的集体主义和自律性，所以即使最底层的技术工人也能够做到严格按照标准化的程序操作。研发过程一般要求高度精准和反复验证最后加以编码化，日本文化无疑对此有促进作用。中国文化重人伦轻自然，习惯在规则之外寻求解决问题的办法，这一点运用在技术研发过程体现了中国文化的不足之处。例如，郎咸平提出的"中餐馆的科研思维"。笔者在一汽下属零部件企业调研期间，亲历了相似的文化冲突。外方的技术人员在提出标准化操作流程的要求时指出，中方工人的原件摆放混乱没有按照流程严格执行。工人则并不愿意配合，认为怎么摆放都无所谓，只要生产的产品没问题就可以，外方技术人员是在有意刁难。

综上所述，资源的过度开发和地区竞争力不足等外部因素使提升东北老工业基地国有企业创新能力成为制约我国工业发展最主要的瓶颈。所以，提升东北老工业基地国有企业的自主创新能力是我国工业行业、东北地区甚至全国经济发展的当务之急。在提升东北老工业基地国有企业的自主创新能力的制约因素中，企业内部制约因素解套需要企业的成长，外部环境制约需要改革的持续推进。

在企业的内部环境中，企业战略对企业能力长期发展的路径选择做出决策，这限定了企业能够参与竞争的产业活动的选择。企业的组织构架则是创新的核心价值，能够随着时间推移潜移默化地改变企业的竞争能力。这种组织构架决定了企业对知识的学习过程设计、对个人与团队能力的协调以及对所采用的技术和技术积累的选择。企业的资产地位随时决定着企业的竞争优势，是企业创新活动得以顺利进行的基础保障。企业性质决定企业的行为选择受到的制约，企业规模决定了企业在市场中的地位。各要素之间的相互配合度共同决定了企业创新资源的优化配置程度。在企业的外部环境中，处于创新网络上的各主体之间的彼此互动与相互影响为企业提供了技术创新的氛围。资源禀赋提供了企业技术创新的先决条件，资源分布特征决定了企业进行技术创新的模式和方向。金融市场的完善为大型技术创新活动的合作提供了平台。法律体系和文化背景作为企业技术创新的软环境，能够影响企业技术创新活动的隐性成本。

总之，东北老工业基地国有企业的自主创新能力受到诸多因素的制约，无论是中国企业的成长还是改革的深化最需要的都是时间。东北老工业基地国有企业则当借力政策的倾斜，立足产业基础和资源优势，积极寻求市场的力量，突破制约东北老工业基地国有企业提升自主创新能力的瓶颈。

附录：统计上分行业大中小微型企业划分标准

行业名称	指标名称	计量单位	大型	中型	小型	微型
农、林、牧、渔业	营业收入（Y）	万元	Y≥20000	500≤Y<20000	50≤Y<500	Y<50
工业 *	从业人员（X）	人	X≥1000	300≤X<1000	20≤X<300	X<20
	营业收入（Y）	万元	Y≥40000	2000≤Y<40000	300≤Y<2000	Y<300
建筑业	营业收入（Y）	万元	Y≥80000	6000≤Y<80000	300≤Y<6000	Y<300
	资产总额（Z）	万元	Z≥80000	5000≤Z<80000	300≤Z<5000	Z<300
批发业	从业人员（X）	人	X≥200	20≤X<200	5≤X<20	X<5
	营业收入（Y）	万元	Y≥40000	5000≤Y<40000	1000≤Y<5000	Y<1000
零售业	从业人员（X）	人	X≥300	50≤X<300	10≤X<50	X<10
	营业收入（Y）	万元	Y≥20000	500≤Y<20000	100≤Y<500	Y<100
交通运输业 *	从业人员（X）	人	X≥1000	300≤X<1000	20≤X<300	X<20
	营业收入（Y）	万元	Y≥30000	3000≤Y<30000	200≤Y<3000	Y<200
仓储业	从业人员（X）	人	X≥200	100≤X<200	20≤X<100	X<20
	营业收入（Y）	万元	Y≥30000	1000≤Y<30000	100≤Y<1000	Y<100

续表

行业名称	指标名称	计量单位	大型	中型	小型	微型
邮政业	从业人员（X）	人	X≥1000	300≤X<1000	20≤X<300	X<20
	营业收入（Y）	万元	Y≥30000	2000≤Y<30000	100≤Y<2000	Y<100
住宿业	从业人员（X）	人	X≥300	100≤X<300	10≤X<100	X<10
	营业收入（Y）	万元	Y≥10000	2000≤Y<10000	100≤Y<2000	Y<100
餐饮业	从业人员（X）	人	X≥300	100≤X<300	10≤X<100	X<10
	营业收入（Y）	万元	Y≥10000	2000≤Y<10000	100≤Y<2000	Y<100
信息传输业	从业人员（X）	人	X≥2000	100≤X<2000	10≤X<100	X<10
	营业收入（Y）	万元	Y≥100000	1000≤Y<100000	100≤Y<1000	Y<100
软件和信息技术服务业	从业人员（X）	人	X≥300	100≤X<300	10≤X<100	X<10
	营业收入（Y）	万元	Y≥10000	1000≤Y<10000	50≤Y<1000	Y<50
房地产开发经营	营业收入（Y）	万元	Y≥200000	1000≤Y<200000	100≤Y<1000	Y<100
	资产总额（Z）	万元	Z≥10000	5000≤Z<10000	2000≤Z<5000	Z<2000
物业管理	从业人员（X）	人	X≥1000	300≤X<1000	100≤X<300	X<100
	营业收入（Y）	万元	Y≥5000	1000≤Y<5000	500≤Y<1000	Y<500

续表

行业名称	指标名称	计量单位	大型	中型	小型	微型
租赁和商务服务业	从业人员（X）	人	X≥300	100≤X<300	10≤X<100	X<10
	资产总额（Z）	万元	Z≥120000	8000≤Z<120000	100≤Z<8000	Z<100
其他未列明行业 *	从业人员（X）	人	X≥300	100≤X<300	10≤X<100	X<10

引自：国家统计局发布《统计上大中小微型企业划分办法》说明：附表中各行业的范围以《国民经济行业分类》（GB/T4754～2011）为准。带＊的项为行业组合类别。企业划分指标以现行统计制度为准。（1）从业人员，是指期末从业人员数，没有期末从业人员数的，采用全年平均人员数代替。（2）营业收入，工业、建筑业、限额以上批发和零售业、限额以上住宿和餐饮业以及其他设置主营业务收入指标的行业，采用主营业务收入；限额以下批发与零售业企业采用商品销售额代替；限额以下住宿与餐饮业企业采用营业额代替；农、林、牧、渔业企业采用营业总收入代替；其他未设置主营业务收入的行业，采用营业收入指标。（3）资产总额，采用资产总计代替。

第四章

东北老工业基地国有企业自主创新动力机制

自主创新是指企业主要以自我为主，综合利用各种创新资源，努力掌握核心技术，形成自主知识产权，提供差异产品和服务，最终实现商业利润，并培育企业自身可持续创新能力的一个技术创新过程。企业自主创新活动绝不是一个单个因素决定的偶然的过程，而是涉及由科学技术、经济、法律、政策以及人作为创新主体的行为等多种因素相互作用所决定的系统动力学过程。研究如何提升东北老工业基地国有企业自主创新能力，一个关键环节就是要发现国有企业自主创新的动力机制。所谓企业自主创新动力机制是指创新动力的产生及其作用于创新主体而产生创新行为的机理，以及企业自主创新活动与各种动力因素相互关联、相互作用所形成的互动关系。

动力问题是国有企业自主创新研究中的一个重要问题，只有真正地认清动力组成、影响权重、作用机制等问题，才能真正从正向上解决提高企业自主创新能力的问题。因此，这部分课题将致力于研究国有企业自主创新能力的来源和相互作用的机制，着重回答"为什么创新的问题"。东北老工业基地特殊的创新环境在政策引导、市场需求、市场竞争等方面的动力不足，同时，国有企业的特殊的企业制度也容易导致来自企业家精神和创新利益的内在动力不足，因此，对自主创新动力机制问题的研究具有重要意义。

围绕创新动力这一研究对象，这部分将重点研究三个问题：一是创新动力构成。企业自主创新动力是推动企业进行自主创新的各种力量的集合，从内部动力和外部动力两个方面，分别对东北老工业基地国有企业来自企业家精神感召力、创新利益驱动力、政府政策引导力、市场需求拉动力、市场竞争压力、技术推动力等六个动力进行研究。二是创新动力机制。这部分我们将从技术、制度、管理以及供给、需求的视角分别对这一问题进行分析，主要从推动力（长期利益驱动力、企业家精神驱动力、技术推动力、市场竞争压力）和拉动力（政府政策引导力、市场需求拉动力）两个方向构建国有企业创新的动力模型，分析国有企业创新的动力机制。三是提升创新动力的具体措施。根据创新动力构成和作用机制，提出要优化创新动力要素，活化创新动力机制，调动一切创新资源，激发创新主体的创新意志，提高东北老工业基地国有企业的创新动力，进而提升国有企业自主创新能力。

第一节　东北老工业基地国有企业自主创新动力构成

企业技术创新的动力主要可以分为两大类，即企业内部创新动力与企业外部创新动力。所谓企业内部创新动力，是指存在于企业内部对技术创新活动产生内驱力的动力因素，包括：企业利益驱动、企业家精神、企业文化、企业内部激励机制和企业创新能力，其中，企业创新能力由创新资源投入能力、创新管理能力、研究开发能力、生产制造能力和市场营销能力六个要素构成。① 所谓企业外部创新动力，是指那些存在于企业外部并对企业的技术创新行为产生较大影响或形成"动力场"的诸多因素，包括：市场需求拉力、市场竞争压力、科学技术推力、政府支持助力和国际技术合作。因此，企业技术创新动力系统可以分为两大子系统：企业内部技术创新动力子系统和企业外部技术创新动力子系统。

一、东北老工业基地国有企业自主创新的内部动力

（一）企业的长期利益驱动

企业在追求中长期利润最大化的情况下，将会加大研发投入，努力开发新产品，大力改进生产工艺，以自主知识产权为基础在市场上确立自己的竞争优势。首先，盈利是企业实现价值、获得报酬和实现持续发展的必要条件，是企业经营的首要核心目的。其次，为了盈利就要获得相应的市场份额和赢得市场竞争，这需要依赖企业具有较高的产品质量、较低的生产成本和较多的产品种类。最后，企业通过技术创新更容易开拓新产品和新技术市场，增加市场份额和提高利润水平。国有企业作为独立的企业法人，也需要利用投资获得足够的利润促进企业发展，确保国有资产保值增值，实现国有企业的经营目标（伍柏麟，2002）。尤其是竞争领域的国有企业更需要赢得竞争并获得经营利润。在市场竞争机制下，国有企业为了获得最大利润，只有通过技术创新来改善产

① 傅家骥. 技术创新学 [M]. 北京：清华大学出版社，1998：320 ~ 330.

品结构，提高产品质量和开发新产品，在市场上确立价格优势、产品优势和规模优势，以此来增加市场份额和获取高额利润。国有企业创新的利益导向告诉我们，实现国有企业的创新价值和保护国有企业的创新收益，对促进国有企业创新具有重要意义。总之，在市场机制发育完全的情况下，对利益（利润和竞争优势）的追求和利益的实现，都是促使其进行技术创新活动的内在驱动力。因此，只有在追求中长期利润时，企业才会产生自主创新的要求，利润驱动才会成为企业自主创新的内在动力。

例如，一汽集团耗时七年、耗资 7.3 亿元开发出来的全新一代解放 J6 重型卡车和重型柴油机，并获得 2010 年度国家科技进步一等奖。截至 2010 年，解放中重卡累计销量达 26 万辆，再创历史新高，其中 J6 重卡年销突破六万辆，解放品牌市场份额达到 20.3%。解放 J6 投放市场持续两年的热销带来了一汽解放盈利能力暴增。2009 年一汽解放利润还不到三个亿，但是 2010 年一汽解放利润已超过了 20 个亿。正是由于技术创新带来利润不断增长，一汽集团针对解放品牌的技术研发和换代产品开发仍在加速推进。一汽 J6 下一代产品 J7 开发已经启动，预计 2015 年前投放市场。此外，一汽还将开发国内首款排量 15 升的高效柴油发动机，用于匹配未来投放的解放高端商用车产品。①

（二）具有较强的创新能力

所谓创新能力是指企业在技术创新过程中，充分发挥其所拥有资源的作用，获得创新收益的实力及可能性。企业创新能力包括技术创新决策能力、信息获取能力、资金能力及正常的生产经营开发能力，体现在企业与技术创新相匹配的人力资源、财力物力、企业的生产技术和装备水平、企业装备中的技术含量、科技成果向产业领域转化的深度、广度和周期等。企业从具备的技术研发能力出发，才可能制定切实可行的技术创新计划和目标。企业创新动力来自企业对技术创新行动成果的收益预期和对预期收益实现可能性的估计。而企业具有较强的创新能力意味着企业成功进行创新的可能性较高，也就越有可能从创新中获益。这是因为：企业拥有更高的学习和模仿能力、更多的创新资源投入、充足的技术和装备积累、有力的创新产品价值实现渠道等等，都会增加企业对创新成功的信心，提高自主创新的积极性和主动性。目前，东北地区的国有企业已经有相当数量企业设立了研发机构和进行科技创新活动（见图 4 - 1），企业的自主创新能力不断提升。

---

① 安丽敏.55 年"解放"路—汽创新有道［N］.中国商报，2011~7~22 日，第 B04 版.

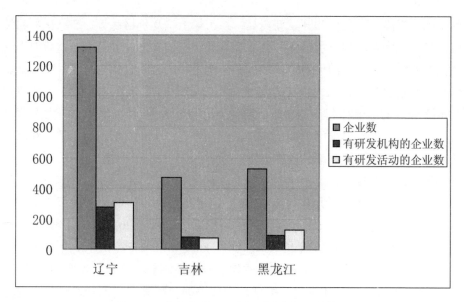

图4-1　东北大型工业企业科技创新活动情况

数据来源：国家统计局和科技部. 中国科技统计年鉴2010［Z］. 中国统计出版社，2011。

　　例如，长春客车股份有限公司（以下简称"长客"）拥有国家认定的企业技术中心，国家人事部批准设立的博士后科研工作站。其中，研发中心目前是中国北车集团轨道客车技术中心，拥有技术过硬的科技人员400多人，其中拥有博士四人，具备硕士学历的各类专家30多人、拔尖人才150多人。充足的科技人才储备和不断完善的研发组织体系建设，使长客的自主创新能力不断增强。而一汽集团则通过不断的技术积累提高了自主创新能力。中国一汽以原始创新为主，通过自主研发掌握了包括整车、车身、发动机、变速器、车桥以及电动器等所有关键技术，在此基础上开发的拳头产品"解放J6"无论销量还是科技含量，均可进入世界商用车前十强，达到国际领先水平，获得中国国家科技进步一等奖。而沈阳机床集团则通过增加创新资金投入，使企业创新能力不断提升，最终成功开发出一系列创新产品。近年来，沈阳机床每年都拿出4~5亿元资金用于科技研发，集中发展中高档数控机床，加快实现数控机床年产四万台的目标，在国际高端机床市场叫响"中国创造"，打破长期被西门子、发那克垄断的中高端数控系统。

　　（三）企业家创新精神

　　企业家是企业自主创新的组织者，是企业自主创新的主体，企业家的创新偏好可以引发并促成创新。怎样发掘需求，把握创新时机，如何制定创新目标，怎样筹集资源等等，很大程度取决于企业家的创新精神和创造力，企业创新动力表现是否强烈，取决于企业家所追求的最大利益目标和企业成员的素质。

例如，一汽集团董事长、党委书记徐建一自 2007 年底被任命为中国第一汽车集团公司总经理以来，就明确提出"自主创新事业是一汽核心的事业"，并为一汽制定出以自主创新为核心的近、中、长期发展蓝图。徐建一主导的"自主创新"战略为一汽奠定了雄厚的技术储备，支撑了业绩发展。"十一五"期间，一汽完成了经济型轿车发动机、中重型卡车发动机和变速箱的开发，初步掌握了发动机、变速箱等关键总成和混合动力、汽车电子等 229 项核心技术，共获得专利 1668 项。从解放 J6、奔腾 B50、奔腾 B50HEV 混合动力轿车、大红旗检阅车、军车、新能源示范车到 CA12GV 发动机、机械自动变速器（AMT）、商用车 CAN 总线技术、GPS 系统等系列自主研发成果，让人们看到了自主创新体系在推动一汽产品竞争力、总成竞争力方面发挥的巨大作用。2011 年 1 月，一汽历时七年研发的《高品质 J6 重型车及重型柴油机自主研发与技术创新》项目荣获国家科技进步奖一等奖，使我国高品质的重型车首次登上了国家最高科技领奖台。

（四）企业创新文化

企业创新文化就是企业在长期生产经营过程中形成的，崇尚创新的价值观、群体规范及其表现形式。它通过影响企业管理者和员工价值观、思维方式和行为方式等，对企业技术创新起着内在的、无形的感染和推动作用，对企业的技术创新活动具有很大的影响力。一个具有浓厚创新文化氛围的企业，会引导、激励和约束各种创新要素向技术创新活动中集聚，使人们产生推动技术创新的使命感、责任感和认同感，自觉、自发地投入到各种创新活动中来，形成对于企业创新发展的强烈使命感和持久驱动力量。

例如，大连瓦房店轴承集团作为中国最大的综合性轴承制造企业，近年来，公司加快了技术改造和技术创新，在公司内部积淀了浓厚的创新文化，形成了"生产一代、储备一代、研制一代、构思一代"的产品发展模式。正如集团董事长王路顺说："只有站在科技的制高点上，企业才能临危不惧，实现可持续发展。"到目前为止，瓦房店轴承集团已形成年产 6000 台份的风电变桨和偏航轴承，年产 6000 台份增速机轴承，年产 6000 台份的主轴轴承，年产 30000 套的发电机轴承的生产规模。配套的产品品种从 750 千瓦到 3 兆瓦的各种机型，基本涵盖了全国乃至世界所有风机的配套产品，成为我国目前唯一一家能够全方位批量为风电整机提供配套服务的企业。

（五）国有资产管理体制的内部激励

激励机制是激发、调动组织成员努力工作和发挥潜能的制度框架，企业内部的激励机制是技术创新活动启动、开展、强化的力量源泉。国有企业与民营企业不同，国有企业创新的激励机制与国有资产管理体制密切相关。其中，各级国有资产管理部门是激励主体，而各国有企业负责人和科技人员是激励客体。国有资产出资人对国有企业创新的推动作用主要体现在激励和考核措施上。在激励方面，由国务院国资委、财政部和科技部联合发布的《中央科研设计企业实施中长期激励试行办法》充分调动了科技工作者的积极性、创造性和主动性。同时，《中央企业负责人经营业绩考核暂行办法》第 28 条规定："对在自主创新（包括自主知识产权）、资源节约、扭亏增效、管理创新等方面取得突出成绩，做出重大贡献的企业负责人，国资委设立单项特别奖。"在考核方面，《中央企业负责人经营业绩考核暂行办法》中提出，对中央企业负责人的考核要以推动企业自主创新，增强企业核心竞争力为原则，对科研类中央企业的考核要突出考虑技术创新投入和产出等基本指标。所以，国资委利用较完善的激励约束机制加快国有企业创新步伐，是对国有企业创新的有效推动。

二、东北老工业基地国有企业自主创新的外部动力

（一）政府政策引导力

创新政策会降低创新成本和提高创新成功概率，因此，对国有企业的创新活动会起到拉动作用。政府根据国家经济发展的需要，通过一系列的产业政策、科技政策、信贷政策、税收政策和政府采购来引导国有企业的创新活动。例如，《国家中长期科学和技术发展规划纲要（2006~2020 年)》若干配套政策中明确提出要发挥财政资金对激励企业自主创新的引导作用，尤其是要引导和支持大型骨干企业开展战略性关键技术和重大装备的研究开发，建立具有国际先进水平的技术创新平台。政府还通过创新产品的税收减免和优先采购制度来鼓励国有企业进行创新活动。此外，政府需要对市场失效的创新活动进行资源配置和政策引导，特别是对于基础科学研究、重大科技专项和国防科技工程等创新行为（杜伟，2003）。正是由于政策引导对创新具有巨大的拉动作用，所以，要充分发挥政府部门在拉动国有企业创新中的重要作用。

以鞍山钢铁集团公司的技术创新为例，政府的创新政策引导在鞍钢的技术

创新过程中发挥了巨大作用。首先是项目支持，鞍钢的"ASP冷轧汽车用薄板生产技术开发"、"高炉炼铁原料准备技术研究及其平台建设"项目分别通过国家科技部和发改委立项；其次是政府的科技支撑规划，鞍钢的"大型水轮机转轮铸件制造技术研究及产业化课题"被列入"十一五国家科技支撑规划"，通过国家科技部、全国机械工业联合会组织的专家评审；最后是荣誉激励，鞍钢两项专利荣获"第十届中国专利奖"优秀奖，同时鞍钢被命名为国家首批"创新型企业"，创新型企业建设取得重大突破。政府的上述举措，使鞍钢近年来自主创新能力快速提升，加快从核心技术的"追随者"向"领跑者"转变。

（二）市场需求拉动力

市场需求是研究与开发构思的来源，是拉动创新的主要动力。市场需求为产品和工艺创新创造了机会，根据市场需求去寻找可行的技术和工艺，创新是市场需求引发的结果。自主知识产权的物化和商品化，是满足市场新需求的基本手段，也是需求可以拉动企业自主创新的根本原因。创新的规模与需求规模成正比，需求拉动创新，创新满足需求的同时又会诱发新的需求，从而拉动新一轮创新，循环往复，使得需求拉动成为企业自主创新的主要和持续动力。

例如，世界风电产业的快速发展导致风力发电轴承产品供不应求。因此，大连瓦房店轴承集团公司应市场需求研发制造出世界级的风电轴承，集团精密技术与制造工业园的员工日夜奋战在生产一线，一批批市场急需的风机系列轴承快速出产，2009年公司风力发电轴承同比增长了220%。同时，随着物流产业的快速发展，市场对载重卡车的需求量不断上升。而一汽解放所在的商用车领域，与现代物流业息息相关，一款性能稳定，质量过硬的车型，极大程度上决定了物流的顺利展开。经过不断努力，一汽解放迅速攻占市场，成为国内卡车市场当之无愧的"领头羊"。随着一汽解放J5、J6等新型产品不俗的市场表现，解放更是得到了世界的认可，成为全球著名的重卡制造商之一，完成了从国内市场向国际市场的大幅跨越，成为中国重卡的骄傲。

（三）市场竞争压力

市场竞争压力是迫使企业寻求创新机会的一个重要原动力。企业在市场竞争的压力下，只有加大研发投入、不断进行技术创新、生产满足市场需求的高质量产品，才能不断提高企业核心竞争力，赢得市场竞争。实践证明，企业很少在没有竞争压力的情况下主动进行创新活动。国有企业作为市场竞争的主体，市场竞争同样是激励国有企业实施创新战略的重要动力。国有企业要维持或者取得更多的市场份额，仅仅依靠政府赋予的垄断优势是不够的。在目前日益开放的市场环境中，国有企业需要应对跨国公司的激烈竞争，除了从国家获得政策性资源之外，更需要主动进行技术创新，提高国际竞争能力。因此，市场竞争是国有企业创新的推动力量，进一步深化国有企业改革，强化国有企业市场竞争主体地位具有重要意义。

以中国企业汽车市场发展为例，在中国加入 WTO 之后，汽车行业已经完全对外开放，世界汽车巨头纷纷进驻中国开拓中国市场。无论是中外合资企业，还是内资汽车企业都面临着日益白热化的竞争。随着中国已经成为全球汽车产业竞争的主战场，自主创新能力和自主品牌将是未来行业竞争的重点。中国汽车市场竞争日益加剧的过程，也恰好是一汽集团自主创新不断加速的过程。以自主产品发展战略为指导，在一汽技术中心新组建了客车、微型车、轻型车和汽车电子研发等部门。成立了生产制造技术部，有效整合生产制造资源，为加快新材料、新工艺、新技术推广与应用，保持产品工艺与制造技术的先进性打下了基础。在 2011 年北京汽车展上，一汽集团推出包括 9 款新能源车的 27 款自主品牌展车：红旗、奔腾、威志、佳宝、解放等，13 套自主研发的动力总成，组成了独立的技术展示区。一汽在激烈的市场竞争提出了"品质、技术、创新"企业发展理念，与 30 年保护期内的缓慢发展形成了鲜明对比，市场竞争推动了一汽的技术创新步伐。

（四）技术推动力

技术进步推动创新主要体现在：新的技术思路往往会诱发企业家去组织研究开发活动，并将研究开发成果投入商业化应用。当创新者预期到某项技术尚未进入衰退期，其应用有可能带来经济效益时，就会将这一技术投入商业化过程。技术推动创新的效应主要取决于特定技术本身的进展程度，大的技术进展，有可能推动突进式技术创新，小的技术进展，则只能推进渐进的技术创新。

以沈阳机床集团为例，通过技术积累开展一项项创新活动。沈阳机床拥有国内机床行业唯一设立在企业的国家级重点实验室——"高档数控机床国家重点实验室"，并且与行业内企业和高校院所组建"数控机床产业技术创新联盟"，在高速精密数控机床关键功能部件开发、高速精密机床运动特性、高速精密机床切削工艺、数控系统应用技术等方面积累了一系列先进技术。同时，集团还承接了大量国家科研项目，不仅包含了 863、973 等国家高技术研究发展计划和国家重点基础研究发展计划项目，更涵盖了国家科技重大专项课题，这些课题的完成将突破一批高档数控机床关键技术，提高重大装备核心技术水平。

（五）国际技术合作

自主创新包含原始创新、集成创新和消化吸收再创新，其中，引进国外的先进技术，经过一定程度的模仿、吸收和启发后再进行创新，也是实现自主创新的一种重要外在推动因素。开展国际技术合作，引进国外先进技术，可以从以下几方面促进创新：一是缩短探索过程，降低研发成本；二是利用国外先进技术设备，完善研发条件；三是相互学习交流，激发科技研发灵感；四是消化吸收过程中可以培养大量人才。以上这些因素都会从外部推动国有企业进行技术创新。

例如，长春轨道客车股份有限公司在追踪世界先进技术，瞄准世界轨道交通需求多元发展的总体趋势，通过技术引进或合作的方式，成功研制了铝合金车体地铁车、单轨车、自动无人驾驶直线电机城轨车、磁悬浮客车等一大批轨道交通新产品。在分别与阿尔斯通公司和西门子公司进行技术引进的基础上，长客研制成功了时速 200 公里动车组技术以及时速 350 公里动车组转向架技术，标志着我国在高速列车研发制造技术上与国际先进水平接轨。而瓦房店轴承集团通过引进法国、德国、瑞典、意大利等国家先进的装备，形成了风电变桨轴承和偏航轴承、增速机轴承、主轴轴承等生产基地。并在国内独家自行开发了风电转盘轴承、增速机轴承和主轴轴承大型检测试验机，填补了国内大型轴承试验的空白，充分保证了每批（次）风力发电机轴承的质量，轴承达到了国际同类产品水平，并为多家国内和世界知名的风电企业批量供货，成为我国目前唯一一家能够全方位批量为风电整机提供配套服务的企业。

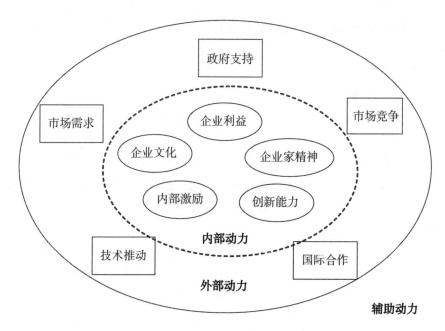

图4-2　东北老工业基地国有企业自主创新动力构成

第二节　东北老工业基地国有企业自主创新动力机制

国有企业创新动力机制是推动国有企业进行创新的各种力量的集合。提高东北老工业基地国有企业创新能力必须发挥国有企业创新动力体系中各部门的促进作用，而这种促进作用是通过国有企业创新动力机制实现的。根据各种动力作用方向的不同，我们将国有企业创新动力分为创新"拉力"（体现为诱导作用）和创新"推力"（体现为推进作用）。其中，国有企业创新"拉力"主要来自市场需求、利益导向、成功预期和政策引导，国有企业创新"推力"主要来自市场竞争、技术推动、出资人推动和国际合作（见图4-3）。从现实中各种动力作用组合来看，主要包含三种动力机制：推动模式、拉动模式、综合作用模式。

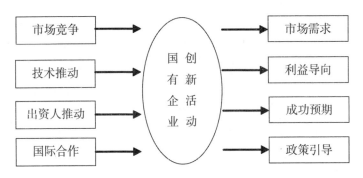

图 4-3　国有企业创新的"拉力"和"推力"

一、东北老工业基地国有企业的推动创新模式

推动创新模式是指由于市场竞争、技术进步、出资人激励和国际技术合作，推动创新主体开展创新活动的创新机制模式。早年熊彼特（Schumpeter）所主张的技术推动（technology push）学说就强调技术创新的主要动力来自于科学研究和它所产生的技术发明。就技术推动而言，随着科学技术的发展，新技术新工艺不断被应用于企业生产，通过商业运作获取超额利润，是国有企业创新的基本动力。首先，技术研发可能使同类技术相应地被渐近式创新，同时为新的更重要的创新进行积累（徐中和，1995）；其次，新型设备的引进可能会迫使国有企业进行工艺改良，保证生产活动和提高生产效率；再次，创新技术和人才的引进，会对现有的技术和设备进行必要的改进，从而实现技术推动创新的目的；最后，关键领域技术的发展推动国有企业创新，例如，新能源、新材料等行业的技术研发具有一定的公共性和特殊性。从国家创新体系来看，大学和科研机构提供技术推动，中介机构使各个部门有效发挥作用。

从国际技术合作推动作用来看，一方面，企业能在较短的时间内掌握和消化国外先进技术，为下一步的加速发展奠定坚实的基础；另一方面，通过技术引进也会使我们在设计理念、管理思想、装备能力等方面加速与国际先进水平接轨。这样就实现了技术有进步，市场有需求的良性循环，使企业步入稳定、健康、快速发展的轨道。在引进设计技术、制造技术的同时，我们与将引进国外企业先进的管理方法，并由此全面提升企业的综合实力，增强企业的国际市场竞争能力。

以沈阳机床集团为例，沈阳机床通过制定合理的创新战略规划，推动企业持续开展一系列创新活动（见表 4-1）。2004 年底，沈阳机床集团全资并购了德国希斯公司，将这个具有百年历史的世界强手企业的商标品牌和研发制造

能力的所有权整体纳入企业体系当中。同年，沈阳机床集团完成了对我国机床行业"十八罗汉"之一、曾有"金牌出口基地"美誉的云南机床的重组。2005 年 9 月，集团与西安交通大学签署协议，正式收购其持有的昆明机床 29% 的股权，成为具有国内一流的大型精密机床的研发能力和制造技术昆明机床的第一大股东。2010 年，沈阳机床集团推出了"新五类"中高档数控机床和自有知识产权的数控系统，并将普通机床逐渐"剥离"出去，委托给代工企业"贴牌制造"。沈阳机床在世界行业中排名从 2002 年的第 36 位跃升至 2010 年的第 2 位，2011 年，沈阳机床有望提前 3 年实现经营规模世界第一。①

表 4 - 1   沈阳机床集团公司创新演进模式

时间	战略目标	阶段特征	创新重点	创新方式
1995～1999	初步占有市场	产品单一，技术处于低端，增速缓慢	市场开拓为核心，进行局部技术改造	引进模仿为主
2000～2004	把企业做大，提升技术买力，开始国际化	大量开发新产品，增长迅速，技术实力大增	技术创新为核心，开发新产品、完善研发体系	引进吸收再创新，加强原始创新
2005～2007	把企业做强，稳中求升，进一步国际化	稳步上升，市场进一步扩大，产品结构优化，自主创新能力增强	管理、制度创新为核心，并涉及产品、技术、组织结构等广泛的创新	综合运用引进吸收再创新、原始创新、集成创新
2008～2009	克服危机，继续做强企业，开始向国际化、世界级企业迈进	增速暂时下降，内外环境剧变，开始战略调整	战略创新为核心，进行决策体系、研发体系、组织体系等全方位创新	综合运用引进吸收再创新、原始创新、集成创新

资料来源：许静、李占芳．生命周期创新型企业成长——以沈阳机床为例 [J]．技术经济与管理研究，2011（5）：44．

二、东北老工业基地国有企业的拉动创新模式

市场需求促使国有企业产生获取超额利润的预期，是引导和激励国有企业进行技术创新的重要力量。作为创新"需求拉动"（demand - pull）的首位倡

---

① 郝晓明．沈阳机床：追赶世界的巨人 [N]．科技日报，2011～7～4，第 006 版．

导者，英国的施穆克勒（Schmookler）认为市场需求是决定创新活动速率和方向的主要因素（Schmookler，1966）。厄特巴克（Utterback，1974）的一项研究的结论是：当时 60% ~ 80% 的重要创新是需求拉动的。见下图，美国经济学家施莫克勒（J·Schmookler）的市场需求引导模型①

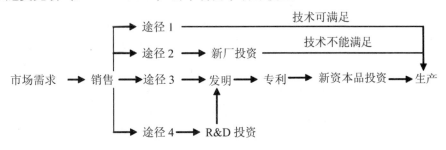

图 4 - 4 施莫克勒需求引导技术创新过程模型

我国国有企业创新的市场需求主要来自公众对公共产品和战略性产品的需求，主要集中在关系国家安全和国民经济命脉的重要行业和关键领域，例如涉及国家安全的行业、国家支柱产业和高新技术产业。国有企业依据市场反馈信息进行开发研究与技术创新活动，将新产品或服务推向市场，从而完成市场需求引导国有企业进行技术创新的过程。例如，我国对高速铁路运输的需求引导了高速轨道列车的研发，对航空运输的需求引导了大型飞机的研发。因此，要充分发挥市场需求对国有企业创新的拉动作用，这既要求向国有企业有效传导市场需求，又要求国有企业对市场需求做出积极、快速的反应。

例如，中国北车集团大连机车车辆有限公司为适应我国铁路运输迅猛发展对牵引动力现代化的要求，紧紧围绕铁路市场的远期发展方向和近期需求目标，按照铁路大提速的要求，1996 年研制成功东风 4D 型客运机车成为提速的主型机车，为我国铁路前四次大提速提供了近千台提速内燃机车。同时，可以制造内燃机车、电力机车、城市轨道车辆、中速大功率柴油机和各种机车车辆配件产品，并修理改造内燃机车。具有年产各类机车 400 台、城轨车辆 200 辆、柴油机 300 台的能力。拥有各类机械动力设备 4200 余台（套），其中精密设备、国外引进高精度设备、微电子控制设备数量居国内同行业企业之首。②

---

① J. Schmookler. Invention and Economic Growth, Cambridge：Harvard University Press, 1966.

② 裴宁. 推进技术创新，提高产品质量［N］. 中国企业报，2009 ~ 1 ~ 9，第 032 版.

三、东北老工业基地国有企业的综合作用模式

"技术推动"和"市场拉动"共同作用，创新过程越来越复杂，涉及的因素也越来越多。这一模式认为技术创新是在科学技术研究可能得到的成果与市场对其需求相一致的基础上产生的，即技术机会和市场机会交汇的结果。"创新活动由需求和技术共同决定，需求决定创新的报酬，技术决定了成功的可能性及成本。"① 各种创新动力共同作用会提高国有企业创新的成功预期，进而使国有企业更积极开展创新活动。成功预期主要源于对创新机会的发现判断和实现能力。成功预期的过程体现国有企业创新的决策过程，国有企业将拥有的人才、资本、设备、信息等资源进行估计，判断创新成功的可能性和可能获得的竞争优势，以决定是否进行创新活动。由于国有企业不喜欢较高风险，即使某些创新机会具有相当的收益预期，但如果创新成功的概率很小，国有企业则不会冒险进行创新活动。如果创新成功的可能性很大，国有企业会考虑投入资金进行研发。所以，对成功的预期成为国有企业创新的主要动力。在国家创新体系中，有效的政府引导、充足的人才供应、紧密的技术支持和良好的中介服务都会提高国有企业创新成功的可能性。

在东北老工业基地国有企业的创新实践中，更多是采用的综合作用模式，是多种因素从"拉力"和"推力"多个方面共同作用的结果。各组成部门之间的相互作用是国家创新体系的核心，是推动国有企业自主创新的主要动力。在国家创新体系中，对于国有企业的创新活动，政府部门表现为政策引导和出资人推动，而大学和科研机构表现为人才培养和技术推动，中介机构更多表现为一种"催化剂"和"辅助力"，传导市场需求和市场竞争，提高对创新成功的预期（见图4－5）。因此，推进国有企业自主创新，一方面国有企业要制定科技发展战略、设立研发机构、加大研发投入和成为市场竞争主体，另一方面，国有企业要充分发挥各种推力和拉力对创新的促进作用。

① ［英］R·库姆斯等. 经济学与技术进步 ［M］. 商务印书馆，1989.

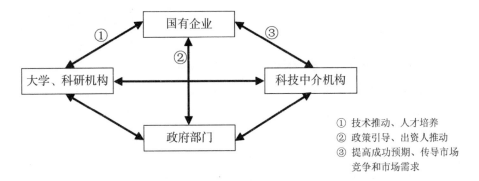

① 技术推动、人才培养
② 政策引导、出资人推动
③ 提高成功预期、传导市场
　 竞争和市场需求

图 4 – 5　基于国家创新体系的国有企业创新动力机制

第三节　提升东北老工业基地国有企业创新动力的措施

基于东北老工业基地国有企业的创新动力机制，说明国有企业创新要充分激发各种创新动力因素，并保证创新动力机制发挥作用。总体思路就是在进一步强化国有企业作为创新主体的基础上，一方面强化国有企业创新"拉力"，另一方面强化国有企业创新"推力"，把国家创新体系的各种创新资源集合在国有企业中，提高国有企业的科技创新能力。

一、深化国有企业改革，使国有企业成为真正的自主创新主体

深化国有企业改革，使国有企业在成为市场主体同时也成为技术创新的主体。首先，要通过股份制改造，真正实现国有企业的政企分开，把企业建立成真正的法人。以健全完善法人治理结构为核心，建立现代企业制度，把各委托代理人的经营绩效与其收入挂钩，从而调动国有企业技术创新的积极性。其次，进一步确立国有企业技术创新主体地位，使国有企业成为技术创新的投资主体、利益主体、风险主体、研究开发主体和决策主体。国有企业只有成为真正的创新主体，才能基于内外部环境变化自主选择发展道路，才能激发其技术创新的热情和智慧。实践证明，企业制度创新能够为企业技术创新提供有效的制度基础和激励机制。据统计，公司制国有工业企业的科研经费投入占销售收入的比例要比一般国有大中型企业的该项比例高 10 个百分点左右。

最后，必须改革国有企业业绩考评制度和国有企业经营者任用制度，激励企业家的自主创新行为。如可以考虑将科研经费投入占销售收入的比例、每年企业获得发明专利这两个指标纳入企业领导人年度和任期考核中，以激励企业

家开展创新活动。2010 年，国务院国资委推出的经济增加值考核办法（EVA）需要深入贯彻和推广。

二、要培育企业家创新精神和企业的创新文化

富有创新精神的企业家在国有企业创新过程中发挥重要作用。首先，要面向社会、面向世界公开选拔一批有战略眼光、有现代经营思想和管理理念、有卓越的创新组织才能和专业知识技能的企业家，并把创新精神、冒险精神和奉献精神作为重要选拔标准。其次，要培养企业家精神。作为技术创新主体的企业，不但要建立现代企业制度，突出以人为中心的管理，而且要培养企业家勇于创新、敢于冒险的精神，尤其要培养当代企业家的创新意识和超人的胆魄，这样才能挺立于知识经济时代的潮头。要鼓励和支持冒尖，鼓励和支持当领头雁，鼓励和支持一马当先。最后，加大对企业家的激励力度，激发企业家精神。除了需要政府对企业家进行激励以外，企业也应该通过加大对企业家的激励力度来激发企业家精神。目前企业的主要任务是改变企业家报酬单一的现状，除了采用固定工资和年薪制这些已为人们熟知的报酬形式外，还可以引进股票期权制等新型报酬形式，建立有效的企业家人力资本长期报酬激励制度。

同时，也要积极在国有企业中培育有利于创新的企业文化。首先，要确立企业创新价值观，制定通过创新来实现企业价值增值的发展规划，强化员工在技术创新中的作用。其次，要在企业员工中培养追求创新、不断进取的精神，形成不惧风险、容忍失败的观念，保持危机意识和竞争意识等。最后，通过设置创新组织体系，规范创新行为，建立创新管理制度、激励制度、考评制度、约束制度等等，来培育和构建国有企业的创新制度文化。

三、提高国有企业的创新投入能力和创新管理能力

国有企业创新能力高，创新意愿就会比较强烈，而提高创新能力需要首先提高其创新投入能力和管理能力。首先，国有企业要提高创新的资金投入。在投资结构上，要加大应用研究和试验发展的投资力度，加大对研究开发的投入力度。在资金来源上，除了自身资金积累外，要广泛吸收来自政府补贴、资本市场、银行和风险基金等多种渠道的科技研发扶持资金，为企业自主创新科研经费的筹集提供更为广阔的资金渠道。其次，国有企业要提高创新的人才投入。设立技术创新基金，造就并留住一批高水平人才，制订优惠政策，吸引海外留学人员回国工作。建立按创新贡献大小分配的制度，参与技术创新的骨干科技人员可以从企业出售新产品（或新工艺）的年净收入中提取一定的比例

作为奖励。实行创新股权激励计划。最后，加强技术引进宏观管理，强化消化吸收和创新。积极引进国外先进技术，缩短国有企业与国外先进技术水平的差距。加强技术引进的宏观管理，防止重复引进、盲目引进和低水平引进。对于一些产业共性技术、关键技术，国家应统一引进，然后组织产学研进行联合消化吸收，最后再转移到企业。要加强引进技术的消化吸收管理，并加大这方面的投入强度。

四、建立产学研相结合的创新体系

提高国有企业创新能力必须发挥国家创新体系中相关部门的促进作用，产学研合作是国家创新体系的重要组成部分，是科技成果转化为生产力的必由之路。国家创新体系分别从创新"拉力"和创新"推力"两方面促进国有企业创新，这种创新动力机制说明国有企业要与国家创新体系中各部门进行紧密的创新合作。通过创新体系，协调彼此利益关系，保证产学研合作创新的顺利进行，为企业能够积极创新提供环境动力。具体包括：

1. 加强国有企业与政府部门的创新合作。国有企业创新动力很大程度上来自政府部门的"拉力"和"推力"，因此，要发挥政府部门对国有企业创新的促进作用。一方面，政府要加强政策引导和定点扶持，提高国有企业创新成功率，激发国有企业创新的动力和活力。例如，2009 年 7 月，国家六部门联合启动了"国家技术创新工程"，旨在引导和确立企业成为技术创新的主体，从而增强企业技术创新活力。另一方面，政府要不断完善国有资产管理体制，强化激励约束机制对国有企业创新的有效推动。例如，自 2010 年开始，国资委将在中央企业范围内全面推行经济增加值（EVA）考核，引导中央企业增加科技创新等方面的投入，提高价值创造能力。要强调的是，发挥政府部门对国有企业创新的促进作用，不是要求政府部门对国有企业创新的直接干预，更不是否定国有企业作为创新主体的地位。

2. 加强国有企业与大学、科研机构的创新合作。大学和科研机构为国有企业创新提供知识和技术推动，国有企业利用产学研合作来推动创新关键是三者之间的深度结合。首先，国有企业可以通过共建学科、共设课题、互聘专家、委托培养等方式共享大学的人才资源，形成长效动态的创新人才联合培养机制。例如，2009 年 7 月，中国一汽集团与吉林大学签署"产学研全面合作协议"，双方将通过人力资源开发与利用、技术开发与应用、软课题研究与应用，构建起产学研相结合的技术创新合作体系；其次，国有企业可以设立技术中心与科研机构进行技术对接，以成果转让、委托开发等形式共享实验设备、科技数据、文献资料、科研成果等创新要素；最后，国有企业也可以与知识机构共建攻关小组、实验室、技术中心，以较低的沉没成本达到创新资源的共享。2010年1月，科技部发布的《关于推动产业技术创新战略联盟构建与发展的实施办法（试行）》进一步从政策层面上推动了企业与大学和科研机构的合作。

3. 加强国有企业与科技中介机构的创新合作。在国家创新体系中，科技中介机构包括生产力促进中心、科技企业孵化器、科技咨询和评估机构、技术交易机构、创业投资服务机构等，可以为国有企业提供了信息、渠道和专业性服务等方面的创新要素，二者加强合作是国有企业增强创新能力的重要模式。首先，国有企业可以利用行业协会的网络平台发布企业创新需求信息，直接在行业内部寻求创新要素；其次，国有企业可以通过中介机构获得研发成果、专家资源、行业标准、政策法规、市场前景等创新相关信息，从而降低创新成本，提高企业创新成功率；最后，国有企业可以将本身并不专业的非核心业务委托中介机构完成，利用市场中专业的培训、教育、咨询、评估等机构服务于企业主体业务，将企业人力、财力、物力向核心创新部门倾斜。

4. 加强国有企业与金融机构的创新合作。金融机构作为从事货币信用活动的专门组织，已经成为企业创新的重要资金来源。国有企业在依靠自身资金积累推动技术创新的同时，应积极与金融机构合作，利用企业外部资金资源推动创新活动展开。首先，国有企业应深化与政策性银行的合作，积极申请资金支持用于技术创新。例如，国家开发银行与科技部自2007年以来对一大批创新型试点企业提供开发性金融支持，大批国有企业位列其中，获得了政策性贷款和援助贷款等融资支持；其次，国有企业应开发与商业银行的多样性合作，除融资外，银行的项目评估、财务咨询和资金管理能力同样可以为国有企业所用。例如，国有企业可以借助商业银行的专业知识指导企业发行债券用于创新，还可以与银行共建创新基金，利用杠杆作用拓展融资来源。此外，国有企业可以开展与非银行金融机构的合作。2007年7月，我国首批科技保险创新试点城市（区）建立，一批试点保险公司开发了包括产品研发责任险、关键研发设备保险、营业中断保险、研发人员健康保险等新险种，为企业创新与非银行金融机构合作提供了新思路。

5. 加强国有企业与其他企业的创新合作。随着市场分工的深化，不同企业依靠各自资源专业化开发具有比较优势的创新环节，为企业之间创新合作提供了必要保障。国有企业可以通过以下路径展开与其他企业的创新合作：首先，国有企业可以与其他企业之间，通过共建研究中心、攻关小组、创新基金、人才交流平台、信息网络等形式共享创新要素；其次，国有企业可以通过市场化运作，将部分涉及技术研发与产品创新的工作外包给其他专业性企业，以市场交易形式获得其他企业研发成果，实现创新资源利用的最大化和成本支出的最小化；最后，具备创建孵化器基础的国有企业可以培育同一价值链中的高新技术中小企业，为国有企业未来引进技术、联合开发、人才交流提供准备条件。此外，鼓励和引导国有企业通过多种方式，充分利用国外企业和研发机构的技术、人才、品牌等资源，同时，鼓励国有企业"走出去"，建立海外研发基地和产业化基地，扩大高新技术产品出口。

五、完善创新的市场环境，顺利传递创新压力

完善催生创新、保护创新的市场环境：一要进一步打破国有企业在某些行业中的垄断地位，放开市场准入，营造充分有序的市场竞争环境，强化竞争对创新的压力和推动力；二要通过法律的完善激励创新行为，保护企业创新的热情，包括完善知识产权制度、强化知识产权保护、支持自主技术标准的形成等；三要通过完善产业技术政策和财政政策，调整和优化产业结构，淘汰落后技术和设备，鼓励发展高新技术产业和新兴服务业；四要加快生产要素价格的市场化进程，形成逼迫企业创新的要素倒推机制，逐步实现能源、资源等要素价格的市场化；五要调整和制定有关需求政策，形成拉动企业创新的需求牵引机制。可通过法律、行政、标准等手段来提高需求标准，拉动产业或产品升级；六要改善产业环境，提升产业集群的素质，形成集群创新的机制。要在产业集群内大力培育有技术集成和产业链领导能力的大型国有企业，支持科技型中小企业，发展生产性服务业。进一步推进产业结构调整，杜绝低水平重复建设，增强产业的集中度。规范产业秩序，尽可能减少恶性竞争，以保护企业的创新热情，发挥领导企业在上下游衔接中的创新带动作用。

六、完善国有企业技术创新服务的支撑体系

首先，要深化科技体制改革，建立完善的中介服务组织。一方面鼓励国有企业创办 R&D 机构，另一方面调整科研机构，分流科技人才，把科研机构推向经济建设的主战场，对大多数科研机构，尤其是技术开发、技术服务型机构，要逐步实现企业化管理或转变为企业，使一大批科研机构进入企业和企业集团，或通过股份制形式，成为几个企业的技术开发中心，必要的情况下企业可以通过资本运营，收购一些科研院所，使其成为企业技术创新的基地。

其次，增加技术开发投入，完善知识产权保护。一是政府应通过国家预算，提高技术开发研究支出在财政支出中的比例；二是争取社会各方对企业技术创新的资金投入，充分依靠社会力量，努力建立多元化的投资主体结构，多管齐下，多方筹集资金，形成风险共担、利益共享的伙伴关系，减轻资金风险，提高资金效益。通过发行债券、股票、成立基金等形式，吸引社会资金用于企业技术创新。三是完善知识产权保护法、发明人权利保护法、知识和科技成果保护法、发明人人身、安全保护法、发明人社会地位及专利保护法等，为技术创新创造良好的外部环境。

再次，建立风险投资机制，为国有企业技术创新提供资金支撑。风险投资实际上是对企业技术创新最有效的支持方式之一，必须多渠道开辟投资资金来源，建立多元化的风险融资体系。政府应积极扶持风险投资的发展，创造有利于风险投资的法律和政策环境，规范风险投资的运营机制，建立适合中国国情的新型企业风险投资机制。

最后，提高技术信息处理、管理能力。政府要重视信息情报工作，加大资金投入，设立信息机构，对创新情报做到收集有源、传递有序、查询有据、利用有渠，鼓励有条件的企业都应在企业内部设立专门的情报信息机构。可以将高校、科研机构内彼此独立、功能各异的信息服务机构有机地结合起来，形成一个相对完整的信息机构，实现各单位信息资源的交流与资源共享，从而共同推进企业技术创新。

第五章

东北老工业基地国有企业创新要素优化

基于以上对东北老工业基地国有企业自主创新能力现状、制约因素和动力机制的研究，本部分将深入探讨创新要素之间的内在联系，并解决如何优化配置创新资源以达到促进企业技术创新的目的。

第一节　关于政策要素优化的分析

一、政策要素对东北老工业基地国有企业自主创新的影响

政策措施是政府实施干预的引导性手段，对于鼓励企业技术创新具有重要作用。企业是技术创新的主体，但技术创新难以由企业自发完成，因为在完全竞争的市场环境中，技术创新同样存在"市场失灵"问题。从企业外部层面来看，技术创新能力是企业确立行业技术标准的核心能力之一，但技术标准能否普遍应用并不一定受技术水平的直接左右，而是会受到经济、政治、社会及其文化等非技术因素影响。当企业的技术创新因非技术因素导致难以形成普遍接受的行业技术标准时，就会打击企业的创新热情，甚至危及企业的生存和发展。但政府的政策干预可以帮助企业建立起适合企业发展的行业技术标准，使企业在技术竞争中居于优势地位，从而增强企业的创新动力。另外，从企业内部层面来看，当一项技术创新由企业研发人员完成并投入新产品的生产后，新产品的剩余权分配难以自发的向研发人员倾斜。特别是在大型企业中，新产品的经济收益会在企业各部分中适度分配，而创造核心技术的研发人员所获得的收益份额却非常小。这种剩余权分配不均的问题会严重挫伤研发人员的创新热情，进而降低企业的自主创新能力。政府通过政策干预，可以对研发团队和个人给予资金补贴，有利于激发研发人员的创新热情，进而增强企业的创新能力。因此，无论对于大型企业还是小型企业、国有企业还是私营企业，政策措施对技术创新的激励作用都十分显著。

同时，不同的政策措施对企业技术创新的引导作用是存在差异的。从政策措施的时效性来看，应急政策与长效政策对推动企业技术创新具有不同作用，前者可以促使企业在短时期内迅速参与技术创新，有利于企业抓住创新时机实现技术升级，而后者突出政策措施的长期效用，目的在于夯实企业作为创新主体的地位和作用。应急政策的实施是在较短时期内确立企业作为创新主体的各种政策，例如由政府引导企业直接参与国际技术标准的研发与创新中来，促使企业尽快参与国际技术竞争。而长效政策则要求国家通过一系列连续的和多层次的政策措施来保障企业的创新主体地位，例如给予技术创新企业以财政支持、税收减免等优惠政策。另外，从政策措施的导向性来看，有些政策利于引导企业购买国外先进技术并进行深入研发，帮助企业实现从技术落后地位的快速赶超。而有些政策措施则倾向于培养企业原始创新能力，帮助企业通过长期努力占据技术领先地位。可见，政府政策是影响企业技术创新的重要因素，也是引导企业参与创新和寻找创新方向的重要外部力量。

　　基于政府政策对企业自主创新的积极作用，各国政府都采取了各种形成的政策手段来支持本国企业的技术创新活动。最早认识到政策与企业创新正向关系的国家是美国，其作法是通过政府采购的方式将重大技术创新项目交由企业完成。而后美国政府又通过财政、税收等政策加大对企业技术创新的支持了引导力度，使美国企业在国际市场中具有突出的技术优势。来自其他发达国家和发展中国家的经验研究同样证明了政策对企业技术创新重要作用。例如，澳大利亚通过两个步骤对企业进行研发税前抵扣，具体为首先对企业研发实行125%的税前抵扣，而后对研发投入增长的部分再给予175%的税前抵扣。德国除安排税收优惠来鼓励企业进行创新外，还从政策层面上引入国际标准作为本国企业研发的技术指标，使企业研发产品更具销路。在波士顿咨询集团2009年公布的国际创新国家和地区排行榜中（如表5-1所示），排名前10位的国家和地区的政府部门普遍采用的激励创新政策是非歧视性的研发退税和直接补贴，而几乎没有采用政府采购政策来推动创新的。基于来自其他国家的成功经验和我国增强科技创新能力的需要，我国出台科技创新政策的频率和力度呈增长趋势，但在政策导向中需着重通过非歧视性的税收优惠和多种形式的研发补贴来鼓励企业研发。

表 5 - 1 国际创新国家和地区排行榜

排名	国家/地区	总分	创新投入得分	创新表现得分
1	新加坡	2.45	2.74	1.92
2	韩国	2.26	1.75	2.557
3	瑞士	2.23	1.51	2.74
4	冰岛	2.17	2.00	2.14
5	爱尔兰	1.88	1.59	1.99
6	中国	1.88	1.61	1.97
7	芬兰	1.87	1.76	1.81
8	美国	1.80	1.28	2.16
9	日本	1.79	1.16	2.25
10	瑞典	1.64	1.25	1.88
19	德国	1.12	1.05	1.09
27	中国	0.73	0.07	1.32

资料来源：波士顿咨询集团，转引自上海贸促网. 国际创新鼓励政策经验借鉴［EB/OL］，http：//www. cpitsh. org/ccpit/gb/article_ detail. asp？pingdaodir = 6&xwlbbh = 27&xwlb = xinwen&id = 6508。

二、东北老工业基地国有企业自主创新政策要素优化的途径

在进入 21 世纪之前，我国的科技政策主要扶持对象在于科研机构，企业在技术创新中的主体作用并未得到充分认可。因此，对于在国民经济发展中处于重要地位的国有企业而言，大而全的企业发展模式使企业难以顾及技术创新。在东北老工业基地中，一些长期依靠规模经济发展的国有企业更是难以从原始层面上实现技术突破，以市场换技术和引进、购买技术的现象较为普遍。2003 年，我国正式确立了企业在技术创新中的主体地位和企业创新在构建国家创新体系中的重要作用，从此拉开了政策着力推动企业创新的序幕，财政、税收等政策措施直接与企业技术创新挂钩。例如，在税收政策中，对企业用于研发的仪器、设备设定新的税收优惠标准，对企业为研发而进口的零部件实施退税措施，对企业职工教育经费采取税收优惠，对高新技术企业降低所得税税率等。随着政策导向作用的发挥，东北老工业基地国有企业在自主创新中取得了一定程度的提高，但自主创新能力不足的问题依然突出。

目前，尚没有针对增强东北老工业基地国有企业自主创新能力的指导性政

策或措施。现有政策过于宏观和分散，不利于国有企业创新战略的实施，不利于国资委对企业的监督和绩效考评。在此方面上海市的经验值得我们学习和借鉴，2012 年 8 月 16 日，上海市国资委出台了《市国资委关于增强国有企业技术创新能力的意见》（在本节简称《意见》），《意见》归纳总结了各种政策措施和全国科技创新大会的精神，基于上海市国有企业的发展情况，提出了针对性较强的七条意见。《意见》首先明确了市属国有企业技术创新的战略目标，到"十二五"末建立起符合产业技术创新规律、产学研用紧密结合、具有自身特色和优势，自主创新能力强的技术创新体系。其次，落实创新职责，市属国有企业是技术创新的责任主体，积极对接争取一批国家和上海的重大专项，跟踪研究开发一批储备项目，重点培育一批具有核心技术、竞争力强的创新型骨干企业。再次，加大国有资本经营预算对企业创新的支持力度，每年在国资收益中安排不低于30%的资金，用于支持市属国有企业主业核心关键技术创新和能级提升。最后，《意见》还从如何实施资源集聚、强化考核导向、加大激励力度和营造良好环境几个方面对国有企业提升技术创新能力提出了更高的要求。①

为了提高东北老工业基地国有企业的自主创新能力，需要根据目前的市场环境、各种政策（尤其是《东北振兴"十二五"规划》和东北三省的开发区政策）和国有企业发展情况制定针对增强东北三省国有企业自主创新能力的可行性政策或措施。

在产业政策方面，应该开拓东北老工业基地的新产业，即由"老基地"向"新产业"转型升级，实现创新资源合理配置和高效利用。一方面，加快推动传统优势产业转型升级，延伸产业链，提高传统产业一体化和精深加工水平，特别是钢铁产业、汽车产业、非金属矿和煤炭产业的转型升级，发展循环经济，节能降耗，提高可持续生产水平。另一方面，应进一步出台政策发展战略性新兴产业，鼓励国有企业加快退出非主业和缺乏竞争优势的行业领域，鼓励国有企业发展或进入高端装备制造、新材料、新能源汽车、生物制药和新一代信息技术等产业。此外，为促进创新资源的高效流动，加大开放性市场化重组力度，支持国有企业收购兼并科技企业和研发机构；同时支持国有企业与高

---

① 上海市国有资产监督管理委员会. 关于印发《市国资委关于增强国有企业技术创新能力的意见》的通知［EB/OL］. 2012～08～17 http：//www. shgzw. gov. cn/gzw/main？main_ colid ＝22&top_ id ＝2&main_ artid ＝20660.

校、科研机构联合组建技术研发平台和产业技术创新联盟，加强科技成果转化，提高协同创新能力。

在创新资金支持方面，一是在国有企业绩效考评方面监督企业收益中的创新资金安排；二是在企业外部安排专项资金支持国有企业核心技术创新，特别是针对重点项目的资金支持，帮助国有企业推进重大技术研发项目和产业一体化项目；三是资助企业间创新联盟和各类技术中心、实验室的发展，用于提升各部门的协同创新能力。

优化科技政策的落实、跟踪和评价机制是提高东北老工业基地国有企业创新能力的一项重要手段。当前，我国为推动企业提高技术创新能力而出台的政策措施显著增加，政策措施涉及投入、采购、税收和人才等多个方面。对于国有企业的技术创新而言，创新所需的人、财、物力基本可以得到政策支持。那么，导致东北老工业基地国有企业自主创新能力不足的重要因素就在于企业创新积极性不高和创新压力不大，反应到政策要素上表现为政策落实不够彻底、实施过程缺乏跟踪监管和实施效果考评不严等问题。

在政策落实和跟踪监管方面，自 2006 年《国家中长期科学和技术发展规划纲要（2006～2020 年）》出台后，辽宁、吉林和黑龙江省各级政府都出台了相应的配套政策，围绕振兴东北老工业基地和加强企业自主能力建设做出了相关部署。但是，在政策措施得到丰富的同时，如何更好的落实各项政策，使企业能够享受到种种优惠则是操作层面的难点。在政策落实方面，政府部门有必要加强对政策的宣传力度，拓展政策的传播途径，使企业可以更早的知道和了解相关政策措施。政府既要通过电视、广播、报刊等传统媒体播报科技政策，同时也可以通过网络和手机等新型媒体发布相关政策。例如，可以通过建立国有企业科技网，或设立国有企业科技通讯群等方式有针对发布来保证国有企业科技人员在第一时间了解相关政策。同时对政策的了解情况进行反馈统计，掌握企业对政策的理解程度和存在的问题，为下一步开展科技政策培训提供资料。而在对科技政策进行跟踪时，政府和相关单位应重点发现政策实施中存在的执行问题，如对政策执行的抵触、僵化、滞后和折扣等。通过跟踪调查分析执行问题存在的根本原因，通过与企业的沟通和有效监管保证政策实施到位。在进行政策跟踪时，政府单位可设立专门的第三方机构，机构人员由政府、企业和其他非利益相关人员组成，从而保证跟踪过程的效率和公正。

在政策效果考评方面，科技政策具有不同于一般公共政策的行政价值、经济价值和社会价值，因此在考核指标的设计过程中应对以上三种价值赋予不同权重进行量化考评。① 而且政策评估不应将其理解为政策过程的最后阶段，即事后评估。应在实施过程中经常性的对其进行估计、评价和鉴定，以达到及时修正和调整的作用，即在事中进行政策评价。目前，对于东北老工业基地国有企业自主创新能力相关政策的事中和事后评估均存在需要改进的方面。首先，应着手建立符合东北老工业基地区域特色的事中评价体系，从政策开始实施便进行有计划的、有针对的、连续的和可操作的评价，并对相关评价工作给予专项资金、人力、制度和法治保障。并且，事中评价过程应尽量公开化、透明化，使被参与主体可以及时沟通相关信息。其次，应完善事后评价体系的奖惩制度，既要对达到政策目标的主体给予有效激励，更要对没有达到政策目标的主体进行公开且可执行的惩罚。为了保证事中和事后评价的公正性，需要增强参与评价主体的多样性，使更多非利益相关的专业人士有机会参与到评价体系中来。

在可持续发展方面，由于东北老工业基地的特殊性，资源型城市较多，由此催生的资源型国有企业数量庞大。这部分企业的转型升级与资源型城市的可持续发展关系密切，应进一步加大对国有企业和当地产业接续的发展支持，完善分类指导、滚动推进的支持机制。逐步完善资源枯竭城市转型工作机制，编制新一批资源枯竭城市转型规划，对资源枯竭城市转型进展情况进行年度跟踪考核，② 对资源型企业的接续发展单独建立考评体系。进一步增加产品的技术含量，实现产业一体化，努力同其他企业协同创新，减少能耗，发展循环经济。

除此之外，由于东北老工业基地国有企业多处于关系国计民生的关键行业，其原始创新能力的高低不仅决定企业的发展，而且关系到国家科技竞争力的国际地位。因此，在优化政策要素时，应加强行业政策与科技政策、区域政策与科技政策的结合，尤其突出政策对原始创新和集成创新的推动作用，以引导国有企业实现核心技术的提升。

---

① 赵峰，张晓丰. 科技政策评估的内涵与评估框架研究 [J]. 北京化工大学学报，2011（1）：25～31.

② 国家发展改革委员会. 国家发展改革委关于印发2011年振兴东北地区等老工业基地工作进展情况和2012年工作要点的通知 [EB/OL]. 2012～06～14. 发改东北〔2012〕1779 号 http://www. gov. cn/zwgk/2012～06/21/content_ 2166698. htm.

第二节　关于人才要素优化的分析

一、人才要素对东北老工业基地国有企业自主创新的影响

人才要素是关系企业自主创新能力的关键因素，也是关系企业自主创新效果的决定性因素。在企业人力资源中，创新人才的数量、质量、积极性和效率是影响人才要素发挥作用的重要方面。

企业中用于技术创新的科技人员的数量表现为两个方面，其一为科技人员的绝对数量，其二为科技人员的相对数量。科技人员的绝对数量是对一个企业中拥有科技人员数量的总体统计，它衡量了一个企业对科技人员的一般雇佣情况。科技人员的相对数量是对一个企业中科技人员数量占全部员工数量比重的统计，它衡量了一个企业对科技人才的相对雇佣情况。大型企业中实施技术创新的科技人员绝对数量一般高于中小企业，特别是处于传统行业中的大型企业因规模较大而雇佣了大量科技人员。但中小企业中科技人员的相对数量往往较大型企业具有一定优势，特别是高新技术行业中中小企业的科技人员所占比重更大。无论是绝对数量还是相对数量，科技人员在企业中的保有量都关系到企业的创新能力，数量的多寡决定了企业创新人才资源库的大小，是企业实现创新的基础条件

科技人员素质是决定创新人才质量的核心要素，也是形成企业创新能力软实力的重要依据。企业创新人才的质量一方面来自于科技人员已经具备的知识和研发能力，另一方面来自于企业对科技人员的再培养。前者主要表现为科技人员在进入企业之前所掌握的相关背景知识和能力，如学历水平、资质认证等，后者主要表现为科技人员在进入企业后于实际工作中对创新所需知识的再学习。对于企业创新活动而言，科技人员已经具备的知识和能力固然重要，但基于实际工作需要而进行的再培养对提高员工创新效率更为重要。因此，国际领先企业都不同程度的搭建起针对在职科技人员的培养平台，有目的性提高创新人才质量。

在企业优化创新人才要素工作中，激发创新人才的研发积极性和提高研发人员创新效率是更具难度和管理艺术的工作。由于创新工作相对复杂且创新过程比较曲折，一项创新成果的完成往往要经历长期、艰难的努力，所以创新工作对科技人员能力、耐心与热情的考验是相对较大的。创新工作本身的特殊性容易使科技人员的积极性和工作效率在长期艰难的研发活动中受到挫伤。另

外，创新收益的分配不均也可能打击科技人员的工作热情，使其放松或抵触接下来的创新任务。因此，企业需要通过有效的激励机制来激发科技人员的创新热情，同时也要通过科技的指标体系来考核员工的创新绩效。

二、东北老工业基地国有企业自主创新人才要素优化的途径

基于创新人才数量、质量、积极性和效率对企业创新能力和效果的重要影响作用，东北老工业基地国有企业可以从以下四个方面优化自主创新的人才要素。

1. 人才流动

东北老工业基地国有企业的经营历史相对较长且规模普遍较大，由于东北老工业基地在国民经济中的重要作用和国有企业在国家创新体系中的主体地位，使得其拥有的创新人才数量比较充足且质量水平也相对较高。对于优化东北老工业基地国有企业人才要素的数量方面，企业一方面需要尽可能的招纳适合企业发展战略需要的创新人才，同时应理性面对创新人才的流动和控制创新人才流失的问题。从组织寿命学说角度来看，科研人员在企业间的自由流动是保证工作成果的客观需要。过短或过长期的共事会降低科研人员之间的信息交流水平，而合适的共事时间会大大增强科研人员间的信息沟通，从而达到推动研发创新的效果。另外科技人员的创新能力可能由于所在环境的改革而受到激发，因此合理、适量的人才流动是有益于企业技术创新的。但是，超过合理水平的人才流动就可能导致人才流失。东北老工业基地国有企业在进行体制改革之前多面临程度不同的创新人才流失问题，企业经营效益不佳和员工待遇不高等问题曾导致一部分具备较强创新能力的科技人员跳槽或"下海"。近年来，随着国有企业对公司结构的治理、对人才重视和激励程度的提高，创新人才流失问题已有较大改善。从长期来看，招纳和留住更多高素质的创新人才还需要国有企业完善制度建设。第一，东北老工业基地国有企业应为科技人员搭建与国际接轨的硬件和软件平台，如建立高水平实验室或与国际领先科研组织建立合作联系，帮助科技人员从世界领先技术中吸取创新知识。第二，东北老工业基地国有企业应为科技人员创新可行的发展和学习空间，如打通科技人员的上升通道或支持科技人员参与在职培训，实现科技人员个人发展目标与企业发展战略的统一。第三，东北老工业基地国有企业应完善科技人员的薪酬与奖励机制，如将工资水平与岗位差别相挂钩、对创新过程和创新成果给予物质与精神双重奖励等，以增强科技人员对企业的归属感。第四，东北老工业基地国有企业应注重人才内部流动和外部流动的协调统一，避免国有企业人才流失的主要

途径是优化企业内部组织配置，统计企业总部和下属各类企业所需的岗位和职责，采取稳健竞聘上岗的方式，确保关键岗位的职责和人员素质、能力契合，对没有成功竞聘上岗的员工采取内部转岗或待岗学习培训的方式提高其业务能力，使企业内部人才资源优化配置；国有企业应充分与同行业的私企、外企进行交流或建立科技创新平台，与高校等科研院所签订协同创新协议，使本企业的科技人才在平台和协议框架内充分流动，拓宽科研思路，修正产品研发战略，提高协同创新能力。第五，东北老工业基地国有企业还应完善对科技人员的工作评价机制，加强对创新工作和结果的考评指标设计，从而达到量化科技人员工作任务的目的。

例如，加拿大企业与高校保持着频繁的人才流动。一方面，企业高管常任大学董事和顾问，学校利用企业高管丰富的社会实践经验与所教授的专业相结合，拓宽学生的视野和知识水平，不断修正和完善学校的专业设置、授课内容和发展方向。另一方面，学校鼓励教师到企业兼职，为企业带来先进的技术理论，与企业技术人员一起进行技术攻关，破解困扰企业发展的技术难题。学校还特别针对教师是否兼职作为评定教师提升的条件。加拿大高校的教授开展科研项目的经费均由教授与企业商谈，自行解决。此外，加拿大政府还出台了鼓励企业与高校人才流动的政策，企业对高校投资，政府会相应出资相同的金额支持企业和学校的人才合作，直接促进了企业和高校的协同创新，使之双赢。①

国有企业、跨国公司、私有企业等均认识到与高校协同创新使人员流动将不仅为企业带来技术创新的优势，而且还将产生一系列的外溢效应。中广核工程有限公司（下称中广核）与清华大学于2012年11月6日成立中广核科技协同创新联合实验室，中广核与清华大学将互派技术人员参与联合实验室的各项技术研发项目，使企业中的技术骨干在与清华大学科技人才的交流中进一步增强理论知识水平与研发能力。中广核此举借助清华大学人才与技术等优势资源，推动其在核电装备领域的科技创新，搭建了企业与高校协同创新的新平台。② 除国有企业外，跨国公司也积极建设人员流动的协同创新平台，2012年9月20日，英国电信与清华大学宣布建立联合研究实验室，主要是开发和演

① 邹静，李国民. 加拿大高校与企业界之间的人才流动［J］. 国际人才交流，2004（9）：37.
② 陈超群. 清华大学与中广核工程公司成立联合实验室［EB/OL］. http://news. tsinghua. edu. cn/publish/news/4205/2012/20121108134545966562689/20121108134545966562689_. html.

示新知识产权（IPR）和先进技术。① 在此之前，英国电信已经同世界30多所大学建立了合作关系，其中包括剑桥和波士顿大学，企业和高校间的合作可以提高英国电信的技术创新能力，对正在研发领域的技术创新更加深入，更易形成产品开发的全局视角。这对东北老工业基地国有企业的技术创新有了更进一步的启发，企业应该具有全球化视角，作为有海外分支机构的国有企业更应该走出国门同国外著名高校建立联合实验室或签订相关协同创新协议，以丰富自身的科技人才储备，提升技术创新实力。

2. 人才激励

科技人员创新积极性不高和创新效率不足是许多企业面临的通病，东北老工业基地国有企业面临的这一问题更为突出。其原因在于以往的企业制度缺陷使企业在改革之后仍难以建立起完整、有效的激励与评价机制，导致科技人员的创新热情和创新能力难以彻底激发出来。而且，历史与地域因素形成的创新惰性也制约了创新文化在东北老工业基地国有企业的建立。欲激发科技人员的创新积极性并提高其创新效率，东北老工业基地国有企业应从以下途径改善。首先，东北老工业基地国有企业应从岗位、薪酬和情感三个方面重点建立有效的人才激励机制。岗位激励主要体现在建立岗位上升通道和岗位培养机制两个方面。建立岗位上升通道就是要为科技人员在企业内部设计合理的职业生涯，使其可以明确了解未来发展方向，把科技人员的个人规划与企业规划相结合，达到员工与企业共同成长的目的。岗位培养机制就是对每一个岗位都设计相应的培养规划，增加在职科技人员的学习机会并降低其学习成本，在帮助科技人员自我完善的同时也有利于增强企业内部的良性竞争机制。薪酬激励主要体现在完善市场化的工资制度、灵活的福利制度和积极的奖励制度三个方面。市场化的工资制度要求东北老工业基地国有企业根据科技劳动资源的市场价格导向，以及研发工作的难度、风险和责任制定合理的和有差别的工资制度，使科技人员的能力水平能够与工资水平合理对应。同时，在合理范围内可以鼓励科技人员以知识、技术或创新成果作为资本参与企业股权分配。灵活的福利制度要求东北老工业基地国有企业在基本的保险与补贴制度之上，增加制度设计对技术创新的反应弹性，以形成对科技人员更具效用的激励措施。积极的奖励制度要求东北老工业基地国有企业对技术人员阶段性的创新成果和终结性的创新

① 英国电信与清华大学成立联合实验室［EB/OL］. http：//news.tsinghua.edu.cn/publish/news/4207/2012/20120921174246173416701/20120921174246173416701_.html.

成果给予合理奖励，既要重视对创新结果的褒奖，也要重视对创新过程的重视。通过对创新收益的公开奖励使科技人员明确创新收益，有利于提高科技人员攻克创新风险的热情。最后，情感激励主要体现在对科技人员归属感与荣誉感上的激励。东北老工业基地国有企业的文化积淀中具有独特的家庭感，企业进一步增强对科技人员工作、生活和精神状态的关注可以使科技人员形成更强烈的归属感，有利于在企业内部建立和谐的工作环境。另外，通过嘉奖、宣传和以员工名字命名等方式可以增强科技人员的荣誉感，满足其实现自我社会价值的需求，也有利于增强企业的创新活力。

例如，从政府角度，上海市国资委在 2006 年出台政策鼓励国有企业自主创新，专门划拨 5000 万元奖励取得自主知识产权的创新典型，具体额度的划分与项目的规模相关，根据项目规模的大小，自主创新对企业和本市经济发展的贡献度，奖励国有企业科技创新人才 5～50 万元，并规定被评为重大技术创新的团队和个人可从创新成果的净利润中获得相应比例的奖励，这极大地激励了国有企业的创新团队和相关负责人。除奖励机制外，上海市国资委近期还出台了一系列政策，从制度体系、产权体制、人才培养等方面多管齐下，推进国有企业科技创新，如国有科技企业的专利权、商标权、版权、技术秘密等，经资产评估后，可以作价入股。①

从企业角度，中石油吉林石化从 2009 年起设立了"十大金牌工人"奖，通过发放资金、组织体检和疗养以及参评省市级劳模等奖励方式，专门鼓励一线员工提高岗位技能和创新能力。自奖项实施三年来，有 30 位员工获得此奖，不仅使获奖工人得到了物质和精神上的鼓励，也在企业引领了岗位创新的热潮，使企业创新活力大大增强。2011 年中石油吉林石化"十大金牌工人"之一丛强在接受当地记者采访时曾激动地表达："当个技能工人真荣耀。公司给的荣誉高，还重奖。在这里当工人有奔头。"② 此外，中石油吉林石化还通过"十百千"工程，即每年培养博士、硕士和关键岗位操作人员各 10 名、100 名和 1000 名，使职工岗位技能得到显著提高，企业内部创新热情日益高涨。

然而，对国有企业自主创新人才不能仅仅通过短期激励发挥其最大优势，还需要中长期激励相配合从而吸引和留住人才。中长期激励主要包括现金激励

① 新华社. 上海市国资委出台系列政策激励国有企业科技创新［EB/OL］. 2006.6.7. http：// www. gov. cn/jrzg/2006～06/07/content_ 302826. htm.

② 周学成，张晓君. 吉林石化十大金牌工人走上领奖台［N］. 科技文摘报，［2009～05～06］, 349 期第 3 版.

和股权激励两大类，两者各具特点。自2009年12月开始，中央企业逐步酝酿实施中长期激励，国资委第22号文件《中央企业负责人经营业绩考核暂行办法》的出台使这项留住人才的基本措施得以初步实施。随后，国资委频繁地出台各种政策以保证中长期激励的顺利实施，直至2010年11月，国资委发布《关于在部分中央企业开展分红权激励试点工作的通知》时明确提出分红权或项目收益分红方式。2011年6月，国资委发布《关于加强中央企业科技创新工作的意见》，探索建立企业科技创新的中长期激励机制，在符合条件的科技型上市公司中开展股票期权、限制性股票等激励试点。① 这些激励政策的出台使全国各地的国有企业竞相探索人才激励的模式，大部分发达地区以股权激励为主。北京在2009年颁布了《中关村国家自主创新示范区股权与分红权激励实施办法》，以中关村国家自主创新示范区为试点，京仪集团、北京工业大学等14家单位先后采取了股权激励的措施；广州对于国有企业采取股权激励持谨慎态度，在充分考虑激励风险之后选择了模拟股权等形式对员工进行中长期激励，并完善企业内部管理人员的中长期激励方法；天津和浙江则以经营业绩为主要考察对象，建立年薪制与中长期激励相结合的方法鼓励人才创新，天津国资委在2010年1月出台的《直接监管单位负责人薪酬管理试行办法》明确对企业负责人实施任期激励和长期激励，浙江则进一步规范考核分配管理，落实《省属相对控股和参股企业经营业绩考核暂行办法》，研究制定资产经营责任考核制度。在中等发达地区，湖南国有企业的中长期激励实施较好，2010年1月湖南省国资委颁布了《湖南省国资委董事会试点企业高级管理人员薪酬管理指导意见》，《意见》规定公司要结合实际经营情况、发展战略和行业特点制定符合实际，可执行度高的中长期激励措施。同年4月和11月，湖南省分别出台了《湖南省国资委监管企业负责人薪酬管理办法》和《企业中长期激励计划审批制度》，将企业的激励措施分为上市公司和非上市公司两种情况：对于上市公司，符合相关规定并且内控机制健全的公司可以实施股权激励措施，对于非上市公司，实施股权激励的风险较大，可以探索其他形式的中长期激励办法。与此同时，湖南省还组织各监管企业和部分上市公司负责人参加了中长期激励培训班，并选择华天集团等八户企业启动中长期激励试点。② 河

---

① 近期国企中长期激励实施情况［EB/OL］. 2012. 1. 5. http：//www. shgzw. gov. cn/gzw/main? main_ colid＝97&top_ id＝9&main_ artid＝18670.

② 近期国企中长期激励实施情况［EB/OL］. 2012. 1. 5. http：//www. shgzw. gov. cn/gzw/main? main_ colid＝97&top_ id＝9&main_ artid＝18670.

北省从企业负责人与企业发展的长期利益关系角度出发，利用股权、期权等方式对具有较完善法人治理结构的企业实施负责人激励；湖北省继续扩大实施股权激励范围，并加强对经济增加值的考核；河南省和山东省则积极试行各种激励措施。在东北国有企业实施激励方面，辽宁省率先进行小范围试点，推行部分上市公司的股权激励制度和非上市公司的长期激励措施，并在此基础上制定更进一步的企业负责人专项奖励，将股权激励与专项奖励相结合，更好地激发企业自主创新潜力；相对于辽宁省，吉林省的激励措施相对保守，目前只针对个别企业进行股权、期权激励，尚未出台详细的文件加以引导。

3. 外部人才要素

以上方面主要探讨的是企业如何优化内部人才要素，除此之外，东北老工业基地国有企业还应从开放性的视角加强对企业外部人才要素的优化配置。企业外部的创新人才要素是指那些有助于企业提高创新效率和成功概率，但非隶属于本企业的科技人员，主要包括其他企业的创新人才、大学和科研机构的创新人才。东北老工业基地国有企业可能通过以下途径优化外部创新人才要素：首先，与其他企业共建技术创新联盟，沟通创新人才在企业之间的流通渠道，或将本企业技术创新任务拆分为若干环节，并将其中非核心部分外包给上下游产业链企业。其次，与大学和科研机构进行人才合作，利用"产－学－研"模式优化配置大学与科研机构的知识人才，通过共同完成课题项目的方式将企业创新任务分散给知识机构。

例如，意法半导体与哈尔滨工业大学建立的联合实验室于2012年7月3日正式启用。该联合实验室设在哈尔滨工业大学校内，主要是支持大学师生研究和开发创新的电子应用（医疗电子、电源管理和多媒体融合），联合培养创新人才。联合实验室所需的样片、技术资料和相关项目的培训等由意法半导体提供，而哈尔滨工业大学提供设备并进行日常维护。实验项目主要围绕智能传感器的创新与应用，一方面，联合实验室的启用使全校师生能够使用先进的设备和原材料进行智能传感器的设计；另一方面，更重要的是，意法半导体可以利用哈尔滨工业大学雄厚的研发实力和高素质学生开发MEMS，联合培养MEMS工程师，研发出领先于行业标准的新型设计。意法半导体通过与高校协同创新，联合培养企业外部人才，为他们转入企业内部做人才储备。这一要素尤其适合那些需要基础研发的东北老工业基地国有企业。基础的技术研发的投入－产业不成比例，如何将基础研究转变成创造价值的生产力，与高校等科研院所协同创新可以很好地解决此类问题。

第三节　关于技术要素优化的分析

一、技术要素对东北老工业基地国有企业自主创新的影响

18 世纪末的法国科学家狄德罗曾给技术做出了简短而明确的定义，认为"技术是为某一目的共同协作组成的各种工具和规则体系"。① 从这一定义中可以看出，技术本身具有目的性、复杂性和综合性等基本性质。同时技术不仅包含了以工具为主要表现形式的物化技术，也包含了以规则体系为表现形式的知识技术。具有技术层面的企业自主创新是一项多层次的、复杂的工作，其原因在于技术所包含的具体形式不同，加之其本身所固有的基本特性，使得优化技术要素的途径具有多样性。

技术的目的性要求其在未来能够解决某一具体问题，随着人们对技术研究的深入，以技术预见理论为代表的一些思想逐渐将技术的目的性本质提高到了战略性层面。20 世纪 90 年代以来，技术预见理论成为许多世界组织、国家和企业推动技术进步的思想根基。技术预见是对未来较长时期内的科学、技术、经济和社会发展进行系统研究，其目标在于确定具有战略性的研究领域，并选择那些对经济和社会利益贡献最大化的通用技术。② 这一理论强调通过预见而非预测的手段选择那些具有导向性的技术，从而实现对战略性领域的发展。从企业层面来看，技术预见要求企业在预见之前协调参与者以达成共识，并形成技术预见的决定。正式进行技术预见的过程中，需要企业对实施过程进行设计，合理评估各参与要素的能力和各种成本，进而考虑参与者和其他投入要素的合理分配，在确定优先发展领域后对可能的结果和收益进行预见。在正式的技术预见阶段完成后，企业将进入项目的具体实施和应用阶段，成功的预见结果会使企业实现预见目标，在战略性技术领域中实现某种进步或创新。

技术的复杂性和综合性对实现技术目的的主体和所运用的知识、方法更加多样，特别是现代科技的发展要求技术进步更具交叉性和跨学科性。由于技术的复杂和综合，使得企业实现技术层面的自主创新难度逐渐增大，尤其表现在原始创新层面。因此，企业对技术要素的优化过程应该是一个循序渐进的过

---

① 杨青. 技术经济学 [M]. 武汉：武汉理工大学出版社，2007：1.

② Ben R. Martin. Technology foresight：a review of recent government exercises [J]. Science, Technology, Industry Review, 1996（17）：15～50.

程，首先学习和掌握难度较低、复杂性较小的技术，通过单项核心技术的突破实现单一新产品的市场突破。随着掌握技术水平的提高，企业可以通过自主以及联合的方式攻破难度较高、复杂性较大的技术，通过对一系列核心技术的掌控实现企业在战略发展和经济效益上的双重目标。

另外，技术包含了物化技术与知识技术两个方面，这要求企业在自主创新中从两个主要渠道分别实现相关要素的优化。例如，通过购买、研制选择机器、设备和实验仪器等方式实现物化技术的优化，通过学习、开创新的工艺规程、制造技术和管理技术等方式实现知识技术的优化。而在两个途径分别进行技术优化的同时，还要加强物化技术与知识技术的协调发展。因为物化技术的优化过程通常更容易实现，特别是对于规模较大的企业而言，购进先进生产工具的资金实力相对较强。但是，与物化技术相匹配的知识技术也同样需要达到合理水平，否则将导致物化技术难以发挥效力，甚至导致物化技术背离设定目标引发生产失败的危险。因此，实现物化技术与知识技术的协调发展是企业进行自主创新过程中需要格外重视的重要工作。

二、东北老工业基地国有企业自主创新技术要素优化的途径

（一）引进消化吸收再创新

东北老工业基地国有企业虽然多处于传统产业部门，但生产过程中对技术复杂性和综合性的要求同样非常高。特别是当今绿色、环保指标的不断升级对传统技术提出了更大的挑战。东北老工业基地国有企业需要在原有技术水平，快速实现技术升级，进而推动创新产品向全球市场供给。在这一过程中，要求东北老工业基地国有企业对自主创新的推进过程遵循整体上循序渐进、阶段性跨越式发展的有序进步。作为在技术水平与经营管理水平都总体处于后发地位的东北老工业基地国有企业而言，首先应基于现阶段的技术水平对相关产品的单一核心技术进行突破，由点及面的推动技术水平的稳步提升。例如，通过引进消化吸收国外先进技术实现技术的追赶。随着企业掌握核心技术的增多，东北老工业基地国有企业应加强原始创新与集成创新模式的开发。一方面将企业发展战略与技术进步目标相统一，加强对原始创新能力的投入和培养，逐渐形成世界领先水平的高端技术。另一方面以企业自身为主导，加强与其他企业和大学、科研机构的技术合作，集中攻关企业的技术难点。现阶段，东北老工业基地国有企业正在从最初的学习、模仿向原始与集成创新阶段转变，这一过程是实现阶段性技术超越的关键，企业应从战略发展层面上予以重视和推动。

在这种创新阶段的转变过程中，引进消化吸收再创新是一条捷径，通过利

用外商直接投资方式或合作经营等方式获得国外先进技术，在运用过程中逐渐消化吸收，并根据企业发展战略进行符合产品规范技术改造，实现自主创新。此种技术模式能够大幅缩短企业原始创新的时间和减小风险，东北老工业基地国有企业尤其要利用好该技术创新模式。

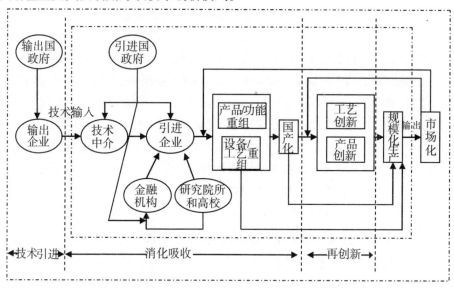

图 5 - 1　技术引进消化吸收与再创新流程图

资料来源：天津促进引进技术消化吸收再创新政策研究［R］.2011.3 http：// wenku. baidu. com/view/7f2048ede009581b6bd9eb6a. html。

　　日本和韩国在引进消化吸收再创新方面值得我们国有企业学习。日本机械产业在 60 年代中期的研发费用用于技术引进的占 16.9%，由引进导致的技术创新投入为 68.1%，该产业技术引进带动了近四倍的科技研发投入，其他产业如电子产业的技术引进同样带动了两倍的研发投入。到 20 世纪 80 年代，每一日元的技术引进费用带动 14 日元的技术消化和创新支出。① 这与日本政府主导的技术引进政策直接相关。日本政府将国外符合本国产业发展的技术引进到最需要它的企业，并确保该项技术的开发会促进本国技术进步，同时还通过优惠的税收和金融政策，技术改进培训，指导企业利用现有技术条件对引进的技术进行消化吸收再创新。此外，日本政府还出台了一系列法律法规构建国家

---

　　① 天津促进引进技术消化吸收再创新政策研究［R］.2011.3 http：//wenku. baidu. com/view/ 7f2048ede009581b6bd9eb6a. html.

创新系统。韩国技术引进的领域包括精密机械工业、电子工业、化学工业等，与日本做法类似，韩国十分重视现实经济需求下引进的技术与产业发展、经济发展方向的统一。与日本不同的是，韩国政府并没有过多的参与企业内部的技术创新，而是由几大财团根据市场需求制定商品生产计划与更新换代的创新，政府将注意力集中在教育对技术引进的配套方面，认为教育是唯一能消除员工创新能力不强引进吸收与消化的障碍。

通过分析日本和韩国技术引进吸收再创新的经验，东北老工业基地国有企业应该以市场需求为导向，遵从技术引进的三个原则：技术的先进性、经济性和避免重复引进，做好技术消化吸收后的再创新工作。国有企业可以通过以下模式加强自主创新技术要素的优化。

表5-2　国有企业将引进技术进行消化吸收再创新的模式

模式一	企业可以实施以获取先进技术为目标的跨国并购
模式二	制定优厚政策吸引高层次留学人员回国创新创业
模式三	企业要把握市场需求，进行集成创新
模式四	通过官产学研合作，建立广泛的协同创新机制
模式五	联合攻关关键技术，设计生产，建设相互联动的再创新机制

资料来源：北京市技术引进消化吸收与再创新的典型案例研究。

http://wenku.baidu.com/view/bae38f1414791711cc7917f6.html。

在此方面，北京的企业自主技术创新层次较高，这与北京出台相关政策具有密切联系。北京市发改委、商务局和工业促进局等于2008年4月3日颁布了《北京市鼓励引进消化吸收与再创新实施办法》，《办法》为引进消化吸收再创新制定了新的含义，规定了技术引进范围，制定了初步的奖励支持企业再创新。同时还提出了引进消化吸收再创新重点项目的评比条件等。《办法》使北京产业技术创新水平整体上有了较大提高。具体地，至柔科技公司，依靠留学人员携带技术归国创业，引进了加拿大未来技术公司的技术，并作价入股，随后对引进技术进行消化和吸收，进行二次创新。在此期间，中关村管委会为企业提供了"创业专项资金"，支持企业走再创新之路。还有很多企业依靠引进消化吸收再创新实现了产品在技术上的革新，企业创新团队能力的提高。例如：华旗资讯、北京航天中兴医疗公司等企业均实现了良性的技术创新循环。

（二）战略发展、项目推动技术创新

从战略发展层面上对技术的选择、推动和应用正是技术预见理论所阐述的主要内容。东北老工业基地国有企业所处的行业属性和在国民经济中的地位都要求企业不能单从经济效益本身出发，而应从社会效益和国际竞争力的角度制定技术发展战略。在技术预见的选择上，东北老工业基地国有企业应遵循关键性、先导性、基础性和安全性的原则，将那些中小型企业和私人企业能以承担的高成本且具有核心作用的技术引入战略发展规划中来，以国有企业的先导作用带动其他企业的技术进步。例如，在绿色制造技术的研发与创新中，东北老工业基地国有企业可以依托国家的政策与资金支持，凭借在行业中的优势地位，重点突破减少资源消耗和环境负荷的关键生产技术。同时借助东北地区、国内和国际科研机构的智力资源，优化企业的知识技术要素，完善物化技术与知识技术的匹配。将物化技术与知识技术相结合是东北老工业基地国有企业在自主创新中容易忽略的方面，也是以往制度与固有文化在企业中遗留的一种表现。因此，东北老工业基地国有企业应着重处理两种技术的结合与匹配问题，避免因规则、方法、制度和管理等知识技术的落后而拖累物化技术的进步。最后将创新成功的先进技术以转让等方式扩散到行业中的其他企业，在实现本企业经济效益的同时推动国内同行业企业的技术升级。

例如，在东北老工业基地装备制造业的国有企业中，一部分企业通过科学的战略选择和有步骤的技术进步已经实现了对技术要素合理优化。沈阳机床集团就是通过优化技术要素，实现核心竞争力提升的成功企业之一。2004 年，沈阳机床利用参与国家重大科技攻关项目的创新机遇，以引进国外领先技术配合企业自主研发的方式，成功研发出了具有自主知识产权的国内首个数控系统，填补了国内同行业在该领域的技术空白。这项数控技术的研发成果，是沈阳机床在分析国际机床行业未来发展趋势和国内企业竞争弱势的基础上，科学制定出的战略选择。伴随着技术成果的批量化生产，沈阳机床也从原本主要生产普通机床产品的企业逐渐转型为以中高级数控机床产品参与市场竞争的优质企业。可见，对技术要素的战略性规划和选择，以及对技术要素的合理化改进有助于企业落实自主创新，更能推动企业核心竞争力的提升。

我国程控交换机的发展也是依托战略发展和项目推动技术创新的典型案例，其中包含了技术引进消化吸收再创新的理念。随着我国经济的快速发展，通信需求大幅上升，由于国产程控交换机的负载量有限，造成通信的供需矛盾。进口设备价格昂贵，而且技术更新速度快，只有生产具有自主知识产权的国产程控交换机才能够彻底解决通信供需问题。1983 年 7 月原中国邮电工业总公司与比利时 BTM 公司达成合营协议，成立上海贝尔电话设备有限公司，完成了中外合资企业运营下的首台国产程控交换机。随后便成立了 S1240 项目组，对程控交换机技术进行消化吸收，国产化率达到了 76%。与此同时，二次创新的项目也紧锣密鼓地展开，1991 年 12 月由解放军信息工程学院与邮电工业总公司联合开发的 HJD04 万门数字程控交换机研制成功，标志着我国已经具备研发生产大型程控设备的能力。随后大唐、中兴和华为等国内各大企业纷纷研发出质量更好、功能更强的程控交换机。可见，依托于引进消化吸收再创新的研发模式，根据产业发展战略和项目推动能够大幅提高企业的科研实力，东北老工业基地国有企业在发展新兴产业的同时，应进一步完善技术创新的良性循环机制。

第四节　关于资金要素优化的分析

一、资金要素对东北老工业基地国有企业自主创新的影响

资金要素是企业实现创新发展的基本条件。国有企业自主创新中资金要素的优化主要包括两个方面：一是国有企业资金的管理，二是国有企业科技投入强度。在资金管理方面，东北老工业基地国有企业中有部分企业刚刚改制完成，尚未建立健全完善的现代企业制度；部分企业虽然形式上具有以财务为中心的企业管理体系，但资金管理的实施还未标准化；部分企业虽然资金总量充裕，但还存在资金紧张和占用较多的问题，其运作效率有待提高。国有企业应该对资金实行统一、有效地管理，使其能够准确、及时地掌握资金的分布、存量、流量和流向，从而有效地支撑国有企业的财务分析和战略决策。在国有企业科技投入方面，国有企业要进一步加强科技投入，国资委出台的《关于加强中央企业科技创新工作的意见》中强调：到 2015 年，中央企业科技投入占主营业务收入的比重平均达到 2.5% 以上，其中研发投入的比重达到 1.8% 以上。2010 年，中央企业科技投入占主营业务收入的比重仅为 1.9%，研发投入比重仅为 1.2%。为实现目标，各中央企业科技投入年均增长要达到 16% 以上，研发投入年均增长要达到 20% 以上。然而，科研资金投入针对不同行业、不同水平的中央企业有较大差异，《关于加强中央企业科技创新工作的意见》中提出制造业企业科技投入占主营业务收入的比重要达到 5%，创新型企业研发投入比重达到国内同行业先进水平，部分创新型企业达到或接近国际同行业先进水平。

对于中小企业，融资难问题已经成为成长型中小企业发展的最大瓶颈制

约。要积极制定政策、加大引导性资金的投入，综合运用无偿资助、贷款贴息、后补助、偿还性资助等多种投入方式支持企业增强自主创新能力；进一步构建和完善多层次资本市场，发展风险投资，支持企业创新创业；建立完善的技术产权交易市场，为广大企业，特别是科技型中小企业提供有效的融资渠道；引导和鼓励各类金融机构和民间资金支持企业技术创新，发展面向企业技术创新的金融产品和服务。

二、东北老工业基地国有企业自主创新资金要素优化的途径

优化东北老工业基地国有企业自主创新的资金要素可以从以下四个方面进行实施：

第一，实行资金全面预算管理。全面的预算是国有企业资金管理的核心，资金预算直接关系到企业资源是否得到初步的配置优化，明确总公司和各子公司的权利和责任，减少摩擦，增强企业内各部门的凝聚力，并服务于国有企业整体战略目标。首先，要建立和完善企业结算中心制度；其次，推行全面预算管理机制，把企业生产、科研资金收支纳入预算管理程序，针对资金的不同性质按需调拨，并监控整个资金链条的运转，对金额较大的资金流进行跟踪，确保资金的专用和安全；再次，对资金的预算管理进行事后分析，调整后续资金的使用范围和数额，确保资金的高效使用。

第二，规范资金管理运作方式。资金的运作离不开银行结算，有必要和银行签署银企合作协议，建立企业资金运营网络系统，利用银行结算的现代化网络技术提高资金流通效率。由于国有企业资金的运用分为几个层级，各层级资金的调拨和企业资金总账户之间的协同非常频繁、重要，可以委托企业资金总账户对指定银行账户和各级资金账户进行统一管理，避免了资源浪费并提高了效率。同时，在进行资金结算业务时，可以采用制度约束和科技手段，例如数字认证、权限设定、专用密码操作等保证资金安全，流转有序。

第三，加强技术创新投入力度。根据国有企业行业属性和自身科研实力，积极有效地组织资金加大技术创新投入力度。企业内部有研发部门的国有企业以突破现有产品或计划产品的核心技术为目标，增加资金投入，夺取产品的知识产权；同高等院校和科研机构合作研发的国有企业增加合作的深度和广度，使其尽快实现科技成果转化，为国有企业创造新价值。同时，应该展望产品发展前景，及时将资金投入到下一生产周期中去，积极争取新的知识产权，占领市场高地。此外，国有企业不仅要加强技术创新投入，更要加强对核心技术、管理人才的资金投入，技术创新归根结底是人的创新，通过合理的薪酬激励制

度激发人的创造力，实现产品价值增值进而使国有企业价值最大化。

例如，坐落在吉林省长春市的一汽集团就将资金投入额量化到企业未来技术创新规划中。一汽集团预计在 2016 年以前以 130 亿元的大投入对涉及产品技术、开发技术和制造技术的三大领域进行深入研发。在这三大领域中，共涉及整车平台、发动机、变速箱和车桥等 21 个技术专题，涵盖 229 项重点技术项目。对于 130 亿的资金投入，一汽集团拟将 88 亿元用于产品开发，25 亿元用于研发能力的软硬件设施建设，17 亿元用于 229 项重点技术研究。① 在资金要素的作用下，一汽自主创新成果已经有所表现，如 2009 年上市的高品质 J6 卡车就体现了国际领先技术，使"解放"品牌产品在国内市场的需求量大幅提升。

第四，加强资金利用的评估和审核力度，减少决策的盲目与草率。在国家出台振兴东北老工业基地政策后，国有企业普遍资金存量丰富，如何将这笔资金利用好，减少盲目采购与投资，把有限资金切实用于增强企业竞争力和实现企业战略中去。例如海尔集团在美国建厂的案例，海尔为了达到降低生产成本、交通运输费用和美国不确定的进口税等，在美国投巨资建立生产基地，但是海尔集团没有经过谨慎而周全的考虑和详细而科学的论证，最终该基地因美国劳动力成本过高和外国企业应缴的高额税收等因素被迫关闭。该案例说明国有企业应该增加资金利用的评估审核机制，特别是针对国有企业每一笔大额投资、重要的战略投资进行反复核查，比对所需采购原料或商品的市场价格，实行择优、择廉、择近采购，公开投标，合理压缩成本，节约费用，提高资金利用率。此外，还应该对国有企业日常经营成本进行必要的核查，以提高生产效率为前提尽可能地控制成本，提高收益。

---

① 一汽集团. 一汽集团公司中长期科技发展规划纲要［EB/OL］. 一汽集团主页，2007，ht-tp：//www. faw. com. cn/yjkf/yf01. jsp.

第五节　关于管理要素优化的分析

一、管理要素对东北老工业基地国有企业自主创新的影响

企业作为市场中配置资源的一种特殊组织，具有区别于其他组织的管理方法与模式，每个企业的管理方法与模式都会随着时间和环境的变化而改变，呈现出动态、柔性的特征。在市场竞争日趋激烈的环境中，创新能力体现了一个企业的核心和未来竞争力，因此针对企业创新的管理方法与模式也逐渐完善。随着企业创新经历了从单一创新、组合创新到全要素创新的转变过程，对创新的管理也从对单一要素的管理逐渐发展为全面创新管理。

近年来，基于全时创新、全流程创新和全员创新等创新管理理论的新发展，全面创新管理思想在国内外一些优秀企业中开始初步尝试。全面创新管理是以培养核心能力、提高企业竞争力为中心，以价值增加为目标，以战略为导向，以技术创新为核心，以各种创新的有机组合与协同为手段，通过有效的创新管理机制、方法和工具，力求做到全员创新、全时创新、全流程创新、全球化创新和全价值链的创新。① 全面创新管理强调通过制度手段将原本单一的、分散的创新环节协同整合起来，将创新实现在每一个生产经营环节、每一名员工和每一个相关组织之中。实施全面创新管理需要企业从制度体系上对其进行全面而细致的设计，并在实施层面上注重培养这种管理的能力。从制度设计层面来看，由于全面创新管理涉及的管理对象非常多、管理范围非常大，为了降低管理的难度，就需要企业事先对创新管理进行周密的设计，明确创新的主体、时间、地点、目标、任务、合作方式、分配方式和奖惩方式等。在实施过程中，企业全面创新管理能力水平的高低决定了其实施效果的优劣，这种能力包含将创新与战略发展目标相协调的能力、将创新与技术升级相协调的能力、将创新与市场需求相协调的能力和将创新与基本运营相协调的能力。

当前国内外许多优秀企业对全面创新管理的尝试已经逐渐推动企业成长为创新型企业，使企业在获得经济效益的同时也成为了行业技术的领跑者。例如，在产品与管理创新中走在前列的国内知名家电企业——海尔集团，海尔为东北老工业基地国有企业提供了学习的样本。20世纪90年代末期，海尔为适

---

① 许庆瑞等. 全面创新管理的制度分析［J］. 科研管理，2004（3）：6～12.

应激烈的市场竞争和满足日益多样化的消费者需求，推动了全员和全时空的创新改革。这种全面的创新管理包含了对技术创新平台、创新型文化建设和创新保障机制等多方面的设计与应用，使全面创新管理具有整体性、广泛性和主导性特点。① 在全面创新管理的引导下，海尔的每一名员工都是一个创新的主体，而他们创新的内容直接来自于消费者的需求。这种基于市场，服务市场的创新管理方式使海尔多年蝉联世界白色家电行业第一品牌，其研发的众多创新产品和新技术也使海尔品牌成为众多消费者的第一选择。

二、东北老工业基地国有企业自主创新管理要素优化的途径

提升全面创新管理能力是东北老工业基地国有企业优化管理要素的重要途径，具体体现在理念建设和制度建设两个方面。

理念建设是对东北老工业基地国有企业传统认识的一种转变。计划经济时期的东北老工业基地国有企业基本处于行业垄断地位，市场对新产品的需求很低，导致企业普遍缺乏创新意识。但是，随着市场经济制度的深入运行以及经济全球化引发的竞争加剧，使得国有企业面临的竞争环境更趋复杂。在政府对创新的大力推动下，国有企业逐渐意识到只有创新才能站稳市场。但是，长期形成的固有思维使国有企业对创新认识的转变相对较慢且程度不深，从而在理念上严重阻碍了国有企业的创新发展。提升全面创新管理能力首先要从理念上使东北老工业基地国有企业的每一位管理者和每一名员工都认识到创新的重要性，让创新成为企业员工共同的信念和准则。对全面创新管理能力的理念建设首先需要管理者认清创新对企业战略发展和市场地位的重要作用，督促管理层以创新的思想统筹日常管理行为，并将这种创新的理念有效地传递给每一名员工。同时，全面创新管理的理念建设要求企业对任何程度的创新都抱有欣赏与鼓励的态度，对于创新可能产生的风险和损失，需要企业以长远的思想和开放的胸怀予以包容，这样才能把创新理念贯穿于企业各层级之中。

制度建设是东北老工业基地国有企业实现全面创新管理的重要保障。制度问题是关系东北老工业基地国有企业转型与发展的关键因素，却也是国有企业普遍表现出的一个软肋。企业对创新需求的不断增加使国有企业在众多制度难题中再次面临创新管理的制度建设这一新问题。全面创新管理的制度建设体现在对适合企业自身发展的创新体系进行规范和约束，从而达到实现创新目标的

---

① 许庆瑞等. 全面创新管之道——海尔集团技术创新管理案例分析 [J]. 大连理工大学学报，2004（3）：6～10.

预期效果。东北老工业基地国有企业欲从创新角度考虑企业发展，尤其需要加强全面创新管理的制度建设。东北老工业基地国有企业实现全面创新管理的制度建设需要从两个方面入手，其一是按照市场机制完善相关基本制度运行机制，其二是通过管理手段、模式或工具的创新来推动全面创新管理能力的提高。前者着重于东北老工业基地国有企业对制度不足的弥补，例如通过完善市场化的激励制度、产权保护制度和人事制度使企业员工创新活动能够得到规范的、清晰的界定，而后者则是强调东北老工业基地国有企业需要结合自身特点进行管理方式的改革。通过以上两种途径可以使东北老工业基地国有企业的创新以制度化的形式固化下来，对提高企业创新效率将具有重要作用。

第六节　关于公共服务要素优化的分析

一、公共服务要素对东北老工业基地国有企业自主创新的影响

公共服务是企业实现创新发展的重要支撑条件，也是在市场经济条件下现代企业发展所必需的支撑平台。通过"官产学研金中"六方合作机制，将政府、企业、高等院校、科研机构、金融机构、中介机构紧密联系在一起，引导公共服务资源向企业集聚，构建企业创新的公共平台，形成创新产业体系，服务于各类型企业的技术创新需求。

将金融机构和中介机构引入"官产学研"结合的机制中，目的是为了更好地通过融资和中介作用使技术创新进行扩散。虽然当地政府、高等学校和科研机构能够筹措部分资金，但将技术创新用于生产创造价值产生效益，则需要大量的后续资金保驾护航。因此，以技术创新和创新成果转化为中心的六方合作体系的具体运作需要通过金融机构来解决，其中包括部分企业用于创新研发的资金也来自于银行和风险投资公司。此外，鼓励民间资本的积极介入，为了控制风险，可以将民间资本集聚起来建立创新投资基金，以风险共担，收益共享的原则参与创新产业体系。

加强社会化的科技中介服务体系建设。政府作用在于把握新兴产业发展方向，提供优惠政策和种子资金，以及六方结合机制的正常运作和完善，而技术转移、科技成果转化、技术投产等一系列核心要素的顺畅衔接、运行则需要科技中介强有力的支持。所以，加大对科技中介服务机构的扶持力度，例如技术市场、生产力促进中心、科技企业孵化器、科技咨询机构和创业投资服务机构等，为大型企业、国有企业和中小企业的技术创新提供更好的公共服务。

加强信息共享平台的建设，推进适应企业创新需求的社会化、网络化和多样化的信息平台建设。目前，我国针对中小企业已经出台《关于促进中小企业公共服务平台建设的指导意见》，将在三年内重点培育一批经营规范、支持力强、业绩突击、信誉良好的中小企业公共服务示范平台。对于大型企业而言，目前仅有国资委网站旗下的中央企业技术创新信息平台用以发布科技创新信息，缺少涵盖各种类型大型企业，例如非中央企业的国有企业、民营大型企业等其他所有制大型企业的技术创新信息平台。然而，技术创新信息平台的建设是公共服务的立足之本，加快对应类型企业的技术创新信息平台的建设，可以更好地为大型企业提供创新信息资源开发服务，促进企业自主创新和信息化建设。

二、东北老工业基地国有企业自主创新公共服务要素优化的途径

　　加强东北老工业基地国有企业自主创新的公共服务要素优化可以从以下五个途径予以探索：

　　第一，加强"官产学研金中"合作的制度化建设。要处理好"官产学研金中"六方合作的关系，建立并完善合作过程中相应的制度，使合作各方建立利益共享风险共担的信任关系。制度的建设和完善可以借鉴日本的经验，将重点地区的政府、国有企业、高等院校、科研机构、金融机构、中介纳入合作体系进行试点，尝试建立能够调动各方积极性并保障各方权益的制度，通过委托研究、培训制度、经费划拨与使用制度、研究权属保障制度等一系列行之有效的合作机制。在实际操作中，国外的实践经验值得我们参考。

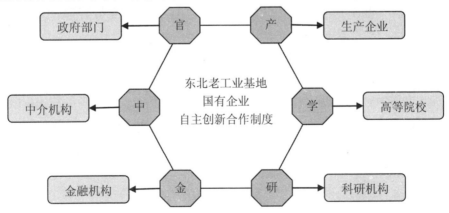

图5-2　东北老工业基地国有企业自主创新合作制度

　　例如，日本在推动企业技术创新中，设立了"专利授权顾问"这一专门

职务，这类职务由一批全职人员供职。专利授权顾问的职责在于为企业提供专利开发建议，通过将技术授权人与接受人相匹配的方式帮助那些未开发专利或处于"休眠"状态的专利引入到行业生产中。日本全国共有100余名专利授权顾问，他们被派往各地方政府部门和相关技术授权机构行使职责。1997～2004年间，日本专利授权顾问成功推进的专利授权数量显著提升，许多企业受益于此获得了有效的技术改进（如图5－2）。①

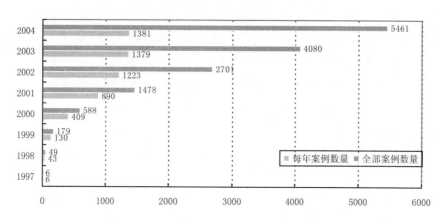

图5－3　1997～2004年日本由专利授权顾问成功推进的专利授权案例数量

数据来源：Guide to NCIPI's Measures for Encouraging Patent Licensing, quote from Korntham Sathirakul, A study on the patent exploitation and management best practice model for Japanese small and medium enterprises, Department of Science Service Ministry of Science and Technology THAILAND, 2006, p. 33。

第二，提高知识产权保护力度。在制度保障的前提下，要提高知识产权的保护力度，六方合作成果、成果转化收益的分配和成果知识产权保护是推动合作深入发展的必要保证。虽然合作各方对合作成果的分配和收益的获得可以通过自由谈判确定，但是国家宏观大环境和东北地区对知识产权的重视程度依然影响着知识产权的保护力度。知识产权不仅保护的是现有科技创新成果，而且它将激励国有企业、高等院校和科研机构的后续创新，提高"官产学研金中"六方合作之间的信任度。

第三，加强公共服务专业人才培养。不仅科技创新需要大量的高技术人

---

　　① 李俊江，范思琦. 从封闭走向开放－日本中小企业创新模式的转变［J］. 东北亚论坛，2010
（5），83～91.

才，公共服务要素的优化也需大量优秀的专业人才进行协调，提供高质量的公共服务，使科技成果快速转化成产业，提高经济效益。而东北地区教育资源丰富，高校林立，是优秀的人才培养基地和储备中心，而如何留住人才、吸引外来人才才是振兴东北经济，提高国有企业自主创新能力的关键。

第四，强化政府的引导作用。在公共服务要素中，政府对东北老工业基地国有企业自主创新的影响非常重要。广义的公共服务要素除了"官产学研金中"合作外还包括地区环境、交通设施、商业配套等一系列地区、城市综合体，这些方面政府的作用不言而喻，我们只针对"官产学研金中"合作中政府的作用进行分析。在此方面，根据实际情况，政府部门应该在研发项目的初始投入、新产品购买上发挥更多的作用。在科技项目研发初期，风险较大，一般商业性机构很难独自承担相应风险，且融资困难；而对于高等院校和科研机构来说，该科技项目不一定全部包含其研究的领域或专长，研究的投入和产出可能不成比例；对于国有企业更是如此，基于收益的考虑，国有企业可能不会具有投资兴趣。此时，政府可以在科技创新项目的初始投入上发挥引导作用，运用调拨的科研资金作为项目的种子资金积极运作，待项目渡过发展初期后，根据项目预期发展所需要的资金和技术攻关情况，合理地调配各种资源予以组合，推进项目进程。例如运用优惠政策引导金融机构和民间资本进行融资；利用企业、高等学校和科研机构的研究实力进一步分工推进；利用中介进行技术转移和交换等，使六方合作体系全面运作起来。在科研创新成果、新产品产生之后，根据实际情况，政府部门需要带头采购并使用，并在各种工程和项目招标过程中对使用该成果和产品的国有企业给予加分或优惠政策，实现科技成果转化的关键步骤。

第五，完善公共服务平台建设。公共服务平台主要包括信息交流、项目融资、风险投资等基础平台。目前，东北地区各类公共服务平台的发展程度不一致，没有相对统一的权威的服务平台将信息汇总并发布，且专业性不突出。建议建立一个以振兴东北老工业基地国有企业为主题的科技创新信息平台，并作为"官产学研金中"合作交流的信息基础和宣传门户，使合作各方和其他信息需求者能有效、便捷地获取信息，并保证信息的可信度。此公共服务平台可以政府部门全权负责，也可以由私人部门或商业机构运作，政府监管。商业运作服务平台的优势在于受利益驱动可以更深入地挖掘和拓展创新技术成果的识别率和应用空间，提高成果转化效率，实现开放式创新的重要步骤。当然，受利益驱动的商业机构也可能会带来负面效应，因此需要政府进行强有力的监管。

第六章

东北老工业基地国有企业自主创新模式典型案例

基于对企业创新模式的一般分析，本部分着重探讨东北老工业基地国有企业自主创新模式的分类及其对不同创新模式的选择依据，并从主要产业中选取具有代表性的汽车产业、装备制造产业和制药产业企业进行案例分析。

第一节 企业创新模式的分类

企业技术创新模式是随着人们对企业创新研究的深入而逐渐归纳所形成的普遍认识。创新理论在 20 世纪初提出后，引发了学者们对创新原因、过程、动力和作用等问题的研究，同时对于企业创新模式的研究也逐渐形成并随着现实经济的发展进一步深入和分化。

一、渐进性创新模式与突破性创新模式

熊彼特提出创新理论后，引发了人们对企业创新模式的探讨。早期的学者们通常将企业的技术创新模式分为渐进性创新模式（Incremental Innovation）和突破性创新模式（Radical Innovation）（Mansfield，1968；Moch 和 Morse，1977；Freeman，1982）。渐进性创新模式是指对现有技术相对较小的改变以及对已有设计的潜力的开发，以此巩固企业的优势地位（Nelson 和 Winter，1982；Tushman 和 Anderson，1986）。虽然在渐性进创新模式中企业没有引入新的科技，但是这种对已有技术的长时间的大量的开发也会最终形成显著的经济效益。与渐进性创新模式不同的是，突破性创新模式是建立在完全不同的一套技术与科学准则之上且开启了一个全新的市场和潜在需求（Dess 和 Beard，1984；Dewar 和 Dutton，1986）。突破性创新模式可以为企业带来巨大的变化，而这种变化也可能引发新企业的进入甚至使人们重新认识相关产业。

从人们对渐进性创新模式与突破性创新模式的不同定义可知，二者的主要差别在于新技术被应用于企业技术创新活动中的程度。虽然人们从直觉上对可

以很容易的区分渐进性创新与突破性创新，但是在实证研究中真正去定义或测量一种技术变化是属于渐进性创新还是突破性创新是存在一定难度的。有些学者尝试用风险来定义突破性创新，从而将其与渐进性创新进行区分（Kaluzny、Veney 和 Gentry，1972）。但是，从不同知识的使用程度、组织的复杂性和组织的知识资源深度等综合性角度来定义突破性创新则更加全面（Dewar 和 Dutton，1986）。人们通常会认为企业中存在越多的不同类型的知识、组织越复杂、知识资源的深度较大、管理者越偏好变化，则企业采用突破性创新的可能性就较大。例如，企业中存在越多的专家，其知识资源的深度就会越大，这时新技术和新想法就容易被大家所理解并运用到技术创新之中。

渐进性创新模式与突破性创新模式之所以会对企业产生如此之大的效用是因为它们对企业组织能力的要求是不同的。对于企业而言，组织能力的建立过程是比较困难的，而且对其进行调整是需要花费巨大的成本（Nelson 和 Winter，1982）。渐进性创新模式只是逐渐的增强企业的组织能力，而突破性创新模式则要求企业探寻新的技术和商业能力，并且引入新的解决问题路径（Burns 和 Stalker，1966；Tushman 和 Anderson，1986）。这两种技术创新模式的提出较早的概括了企业技术创新的最基本路径，而且能够从理论层面上对当时企业的创新活动做出较好的解释，同时能够在一定程度上指导不同行业企业的技术创新活动。因而，自熊彼特提出创新理论后到 20 世纪 80 年代，渐进性创新模式与突破性创新模式基本概括了这一阶段主流的企业创新模式分类。

二、模块创新模式与构架创新模式

亨德森和克拉克（Henderson 和 Clark，1990）在现实经济问题中发现，企业在技术上微小的改变而带来竞争力急剧增强的案例并不少见。于是他们对传统的渐进创新模式和激进创新模式进行了扩展（如表 6 - 1 所示），认为在企业创新的现实问题中还存在另外两种创新模式：模块创新模式（Modular Innovation）和构架创新模式（Architectural Innovation）。亨德森和克拉克认为模块创新模式是对技术核心设计概念的改变，而构架创新模式是对技术核心设计概念之间关系的改变。① 模块创新模式和构架创新模式的区别在于前者并不改变产品的结构，而后者则是在不改变每一个具体知识的前提下来调整知识或技术

---

① Rebecca M. Henderson and Kim B. Clark. Architectural Innovation：The Reconfiguration of Existing Product Technologies and the Failure of Established Firms［J］. Administrative Science Quarterly. Vol. 35，No. 1，Mar. ，1990：9～30.

之间的结构。相比较而言，模块创新实施起来是最容易的，例如只需对技术创新的某个组成部分中进行改革，就可以达到对产品的某种革命性创新（如以数字电话替代模拟电话）。然而构架创新模式的实施相对较难，因为它的实质是重新配置已经存在的系统，从而对技术创新中已经存在的那些组成部分进行新的排序（如微处理器）。构架创新模式并不意味着原有创新组成部分的原封不动，当构架发生变化时，原来的创新组成部分可能会在规模上或其他方面发生改变。但是即便创新组成部分会有许多方面的改变，它们的核心技术和知识并不会发生变化。

表 6 - 1　渐进创新、突破创新、模块创新和构架创新的区别

		核心概念	
		加强的	推翻的
核心概念和组成 部分的联系	不改变	渐进创新	模块创新
	改变	构架创新	突破创新

资料来源：Rebecca M. Henderson and Kim B. Clark. Architectural Innovation：The Reconfiguration of Existing Product Technologies and the Failure of Established Firms［J］. Administrative Science Quarterly. Vol. 35，No. 1，Mar.，1990，pp. 9～30。

　　模块创新模式和构架创新模式之所以存在，是因为企业生产过程中的技术改变方式存在多种形式。一种产品作为一个整体和它的每一个组成部分是存在显著区别的。组成部分虽然是产品整体的某一部分，却也包含着某种核心设计概念且发挥着重要作用。例如，电扇中的电机是其重要的组成部分，它为电扇提供动力来源而且电机的设计是使用了某种能量转化方式的。而产品作为一个整体它是各个组织部分的系统整合，例如电扇是包含电机、扇页等部分的整体。因此产品作为一个系统性的整体和作为不同组成部分的整体所包含的技术是不同的，由此所带来的技术创新途径也是不同的。当企业对产品的任一组成部分的核心技术进行改变，如对电扇电机的能量转化方式进行变革，但对各组成部分的连接关系不做改革时，就会形成模块创新模式。而当企业保持每一个组成部分的核心技术不变，仅仅改变这些技术的组合或连接方式时，就会形成构架创新模式。国外学者基于对 100 家企业的动态考察所得到的结论证明了构架创新模式和模块创新模式是许多企业的现行创新模式，而且这些新的创新模式在不同程度上为企业带来经济效益或市场地位改善（D. Charles Galunic 和

Kathleen M. Eisenhardt, 2001)。①

三、开放式创新模式与封闭式创新模式

纳尔逊和温特（Nelson 和 Winter，1982）较早的提出了整合来自企业外部的新技术对企业创新能力提高的重要性，这是从演化经济学角度对创新模式的新探索。此后，有学者分别从互补资产和外部知识的角度阐述了跨越企业边界的创新模式（Teece，1996；Cohen 和 Levinthal，1990）。随着这一理论分析的深入，亨利·切萨布鲁夫（Chesbrough，2003）从创新要素与企业边界的关系角度出发，首次提出了开放式创新（open innovation）模式的概念，并将其与封闭式创新（closed innovation）模式进行相对研究。切萨布鲁夫认为传统的封闭式创新模式是发生在企业边界之内，对于创新中的任一环节都由企业凭借自身能力来完成。在封闭式创新模式能够稳定运行时，会在企业内部形成一个创新的"良性循环"：即企业向研发活动追加更多的人力和资金等要素投入，使得技术水平可以从基础层面上得以突破性的创新进而带动新产品的生产或已有产品新性能的开发，通过现有经营模式的运营将新产品和新性能转化为企业销售收入和利润水平的提升，而利润的增加会促使向研发追加更多的投资，因此"良性循环"在企业中产生。虽然封闭式创新模式曾经在许多企业的创新活动中得到认可，但是当这一模式所依赖的"良性循环"遇到破坏性因素时，如创新投入的减少或新产品的市场接受度不高等，封闭性创新模式的良好绩效将无法实现。

开放式创新模式是企业在日益开放的现实经济中寻求到的一种更为高效的创新模式。以开放式创新模式组织创新活动的企业将不再以企业边界约束创新资源，而是会充分利用企业内外部资源共同实现技术创新（如图 6 - 1 所示）。例如，企业可从外部组织中获取技术研发所需的人才支持，或是从外部金融机构中获得技术创新所需的资金供给，甚至将创新活动划分为不同环节并分别外包给其他组织。在开放式创新模式中企业的边界被模糊化，围绕在企业价值链周围的其他企业、科研机构、中介组织和政府部门等都可能成为企业创新的合作组织。在这种开放式的合作平台中，企业的创新效率能够得到提升，创新所消耗的成本也会相应降低。研究显示，开放式创新模式已经在许多产业中得到了广泛的应用，其作为一种对企业内部研发活动的有效补充具有显著的外部有

① D. Charles Galunic and Kathleen M. Eisenhardt. Architectural Innovation and Modular Corporate Forms [J]. The Academy of Management Journal. Vol. 44, No. 6, Dec., 2001: 1229 ~ 1249.

效性，因而必将使这种创新模式在更多产业中发挥效用（Chesbrough 和 Crowther，2006）。有些学者认为开放式创新模式与企业所在产业的特性有关（Gassmann，2006），而有些学者则认为开放式创新与产业没有显著关系，但与企业规模存在正相关关系（Lichtenthaler，2009）。

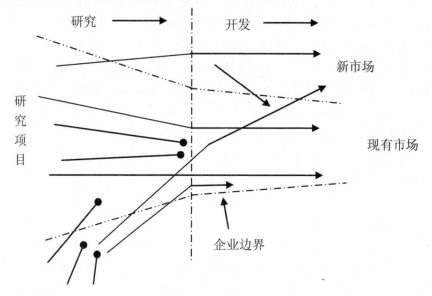

图 6 - 1　开放式创新模式中企业研发资源与企业边界的关系

资料来源：亨利·切萨布鲁夫著、金马译：《开放式创新：进行技术创新并从中赢利的新规则》，清华大学出版社 2005 年版，第 6 页。

四、原始创新模式、集成创新模式与引进消化吸收再创新模式

原始创新、集成创新和引进消化吸收再创新三种自主创新模式是我国在"十一五"规划中明确提出的企业创新模式，是符合我国企业发展现状的科学的路径选择模式，也是本文研究所采用的分类方式。

原始创新是指企业主要依靠自身的资源和能力，攻破前人未攻破的技术难关，并在此基础上完成其他创新环节，实现技术的商品化并获得利润的创新活动。国内外学者对原始创新的判断往往来自于对创新活动的内部性、根本性和首创性等方面的衡量，但学术界对原始创新的定义却无统一之标准。徐冠华（2001）认为，"原始创新意味着在研究开发方面，特别是在基础研究和高技术研究领域做出前人所没有的发现或发明，从而推出创新成果。它不是延长一个创新周期，而是干枯期的创新周期和掀起新的创新高潮。"陈雅兰（2005）

认为，"原始创新是指通过科学实验和理论研究探索事物的现象、结构、运动及其相互作用规律，或者运用科学理论解决经济社会发展中关键的科学技术问题的过程。其成果表征为重大科学发现、重大理论创新、重大技术创新、实验方法和食品的重大发明等。"虽然学者们对原始创新的定义存在细微差异，但对于原始创新的重要作用都给予了充分的肯定，如认为原始创新"孕育科学技术质的变化和发展，促进人类认识和生产力的飞跃，体现一个民族的智慧及其对人类文明进步的贡献（徐冠华，2001）"，以及"能改进人类的生存质量，推动社会发展进步（沈德忠，2006）"。

集成创新是指企业把各种创新要素（技术、战略、知识、组织等）优化组合，以最合理的结构形式结合在一起，形成具有功能倍增性和适应进化性的有机整体，从而提供新产品、新工艺、新的生产方式或新的服务方式的创新活动。随着人们对企业技术创新认识的加深，从生产、经营、管理和组织等多个方面综合推动企业技术创新的理论研究逐渐增多，集成的思想在企业管理研究中得到广泛认可。20世纪90年代末期，技术集成的概念在国外的企业技术创新研究中开始出现，并认为这种新的创新模式对提高企业研发能力有着巨大的推动力量（Marco Iansiti，1998）。对于如何构建集成创新模式，有学者认为需要企业在组织结构安排和工作流程设计中加入柔性化处理，同时在企业文化中构建创新型文化（Sadler，2001）。我国学者在20世纪90年代末也开始了对技术创新的集成管理研究，认为要素的简单罗列并不是集成，只有对要素的创新性融合才是企业集成管理的关键（李宝山，1998）。陈劲等学者（2000，2002）从企业内部和外部两个方面探讨了集成创新的机制问题，认为企业集成创新模式在内部包括战略集成、知识集成和组织集成三个方面，在外部包括与用户、供应商、高校和研究所的沟通等。

引进消化吸收再创新是企业在技术引进的基础上，通过对引进技术的消化吸收，掌握核心技术，并依据市场需求开发下一代技术，最终超越引进技术的创新活动。学术界对引进消化吸收再创新并无明确的定义，但这种创新模式的名称实际上已经定义了它的内容，即通过对引进技术的消化理解，从而吸收其精华之处达到支持企业再创新的目的。引进消化吸收再创新与原始创新和集成创新存在显著差别，它缺乏原始创新所强调的首创性、根本性和内部性，也缺乏集成创新所强调的优化与整合，而是从后发者的视角突出了技术升级的路径，是适应后发企业，特别是后发国家的一种重要创新途径。

原始创新、集成创新和引进消化吸收再创新三种模式对企业的要求和所能达到的效果是不同的。原始创新的难度较大且成功概率相对较低，因此要求企业具备相对较强的技术和资金实力，能够长期、持续的向研发活动投入人、财、物力，能够承担研发过程失败所带来的风险和损失。一旦企业实现原始创新，将使企业在市场竞争中占据某种技术垄断地位，有利于市场垄断和实现经济效益。集成创新对企业技术和资金实力的要求低于原始创新，但是由于集成创新需要集合企业内外部资源共同参与研发活动，因此对企业组织社会网络的能力提出了更高的要求。实现集成创新的企业会形成相对开放的研发与运营平台，使企业的开放性程度甚至全球化程度得到提升，从而巩固企业在市场中的竞争地位。引进消化吸收再创新是基于后发企业赶超先进企业的创新模式，它对企业初始核心能力的要求不高，但是实现这种创新模式需要企业有强大的学习能力，并要求企业能够从学到的技术中提炼出新的技术。引进消化吸收再创新模式可以帮助企业以相对较低的成本支出获得较大的技术收益，从而使企业可以从后发状态快速实现赶超。

第二节 东北老工业基地国有企业自主创新模式选择依据

我国东北老工业基地国有企业面临相对特殊的内外部环境，企业如何选择和安排自身的创新模式需要从内部的定位、战略和实力等方面进行充分考虑，同时也需要从外部的竞争、合作和网络环境予以充分考虑。

一、企业定位与经营战略

企业定位是企业对自身发展目标的设定，它对企业的长期发展方向和短期的生产计划都起到规划作用，决定了企业要生产哪些产品和提供哪类服务。企业定位主要包括三个方面的规划，即对市场控制程度的规划、对利益实现方式的规划和对社会责任承担内容的规划。企业在自我定位中，无论在哪一方面制定规划，都会直接或间接地影响到企业的技术创新活动。以东北老工业基地国有企业为例，这类企业多处于关系国家安全和经济发展的关键行业中，其在建立之初大都是为了填补国家和民众对某类产品的需求空白，因此这类企业在对市场控制程度进行规划时，通常主动或被动的定位为垄断市场。由于需要控制整个市场，这对企业的技术水平提出了较高的要求，特别是需要企业实现更多的原始创新以达到技术领先甚至技术垄断的目的。因此，东北老工业基地国有企业在创建初期多处于国内市场的技术和市场垄断地位。随着国有企业改革的不断深入，以粗放型增长方式实现企业利润的途径已经很难适应经济发展需要。在转变增长方式，即改变企业利益实现方式的重新规划中，对东北老工业基地国有企业提出了新的要求。企业只有做出更多的技术创新才能真正实现集约型的增长方式，因此，许多国有企业在转变利润实现方式时期加强了对引进消化吸收再创新模式和集成创新模式的使用，使企业可以快速实现技术赶超，并利用全国乃至全球范围内的创新资源帮助企业提升技术水平。而从对社会责任承担的内容规划方面来看，东北老工业基地国有企业担负着众多国家级技术创新任务，这些任务关系企业乃至国家在未来国际竞争中的地位和角色，因此也对国有企业创新模式提出更高要求，企业既需要加强在原始创新方面的努力以提高基础和核心技术水平，同时也需要加大对集成创新的应用以加速科技商业化的周期和实现一定程度的技术扩散。

与企业定位相类似的是，企业发展同样需要在科学合理的经营战略指导下实现有层次、有步骤的进步。迈克尔·波特将企业的总体经营战略划分为成本领先战略、差异化战略和集中一点战略。企业选择任意一种总体经营战略都需相应的技术创新模式做支撑。其原因在于，当企业选择以低成本获取竞争优势时，只有技术水平的提升才能从根本上实现成本的降低。而以低成本实现技术创新的途径以集成创新模式和引进消化吸收再创新模式为佳。当企业选择以差异化的产品和服务占领市场时，也只有技术创新才能使企业创造出更具市场竞争力的异质性产品与服务，那么原始创新模式和集成创新模式可以帮助企业更好地实现这种差异化。而当企业选择集中一点战略来控制某一细分市场时，技术创新是企业发现和满足这一产品市场的核心要素，原始创新模式和集成创新模式同样在这一战略中更具实用性。因此，企业经营战略决定了企业选择何种方式进行技术创新，而技术创新模式又保障了企业战略目标的实现。

二、企业规模与技术实力

企业规模与技术实力是对技术创新活动起到重要保障的物质基础与人才基础。一般而言，企业规模越大则能够支配的资源数量越多且资源质量越高，因而企业能够实现技术创新的可能性也越大。但是企业所处行业的不同也会形成规模与技术创新能力的背离。例如，在高新技术行业中，企业的创新能力可能只依托于少数研发人员和少量科研设备等，这类企业通过实现技术上的创新就可以形成强大的市场竞争力，而不需要待企业规模做大后才能占据市场。但是，在传统制造业企业中，企业的规模基本上决定了企业的创新能力。因为在传统制造业中，市场进入门槛相对较高，企业需要达到一定的规模才能形成规模经济进而在市场中站稳脚跟。而如果期望在传统制造业中实现技术创新，特别是原始层面的创新，更需要投入大量的资金、设备和人力进行研发，规模较小的企业是很难实现这种投入的，因而企业规模在传统制造业中对技术创新能力具有重要决定力，且规模的大小影响着企业对创新模式的选择。对于主要从事传统制造业的国有企业而言，规模较大的企业可以根据实际需要主要从事原始创新、集成创新和引进消化吸收再创新三种模式中的一种，也可以根据长短期创新目标的不同综合运用三种创新模式。而对于规模略小的企业，则可以先从引进消化吸收再创新模式入手，找准技术突破点首先追赶上国际领先技术，并在投入能力有限的情况下运用集成创新模式融合企业内外部资源实现技术上的超越。待企业规模增长且竞争能力增强后，加大创新投入，利用原始创新模式引领所在行业的技术走向。

企业技术实力一方面在于现有物质条件的组织能力，如检验测量仪器等，它是技术实力的硬件条件。另一方面在于拥有的研发人员数量与综合素质，它是技术实力的软件条件。在影响企业技术实力的硬件与软件条件中，前者可以通过购买的方式在短期内迅速配置完成，而后者则需要长期的培养与合理搭配才能发挥创新作用，因此研发人才是关系企业技术实力的关键环节。发挥研发人才的创新作用需要两个层面的工作，其一是实现人才的数量储备，其二是实现人才的再培养与合理调配。在东北老工业基地国有企业中，虽然受体制限制导致了比较突出的人才外流现象，但总体而言这类企业仍然在人才数量储备方面具有较大的优势。因此，东北老工业基地国有企业的人才再培养与合理调配能力在很大程度上决定了企业的创新模式选择依据。对于那些企业内部创新意识强，并建立起技术人员长期培养机制的企业而言，其实施原始创新模式的成功机率较高。因为企业对人才的培养可以满足对创新投入的需求，特别是针对企业需要的长期培养机制可以增强创新人员的技术攻关能力。而对于那些善于调配科技人员的企业而言，将现有人才的专业能力充分激发出来并将不同人员合理搭配可能形成更高的创新效率，因此这类企业实施集成创新或引进消化吸收再创新模式的成功概率相对较高。

三、组织结构与激励机制

组织结构与激励机制是影响企业技术创新活动的制度基础。组织结构实质上解决的是企业内部的分工和秩序问题，一个企业的组织结构并非一成不变，而是会随着企业发展或经营目标的改变而不断调整。不同类型的组织结构对企业内部资源的配置作用和产生的效果是存在区别的，因此对技术创新活动的推动力与作用也是不同的。例如，直线制的组织结构对企业内部技术创新活动具有较强的控制力，能够使研发人员形成统一的创新意识，并通过管理人员的直接管理达到提高创新效率的目的。正是由于企业组织结构的差异，其对不同类型的技术创新模式的适用性也不尽相同。原始创新与引进消化吸收再创新模式对企业组织结构的部门化和分权化要求较高，需要将从事技术创新的人、财、物力集中在某一部门内，并给予该部门充分的自主权来实验各种创新途径，从而达到集中力量办大事的效果。而集成创新模式则要求企业组织结构的专门化和正规化程度较高，在充分发挥创新人员某种专业才能的同时，能够结合其他组织中的创新要素共同完成新产品或新技术的研发。

激励机制实质上解决的企业分工之后的动力问题。企业创新活动归根结底依靠于科技人员乃至全体员工的创新工作，因此员工的创新意识和努力程度决定着企业的创新效率。在企业内部形成统一的共识是一项艰难的工程，因为每个员工所追求的目标是存在差别的，有些员工十分看重经济收益，而有些员工则更希望从工作中收获尊重和接受。企业的技术创新活动同样存在类似的问题，如何使员工形成统一的创新共识是企业提高创新效率的重要工作。特别是在大型企业中，由于组织结构相对比较复杂，企业高层的创新理念难以完全传递给全部员工，企业内部很难形成创新的普遍共识。对于国有企业而言，这些企业不仅规模较大，组织结构比较复杂，而且员工的职业诉求千差万别，在国有企业内部形成统一的创新意识是一项更为艰难的工作。

同时，创新活动是一种难以用具体指标进行衡量的工作，它包括大量的脑力思维活动，例如企业管理者很难判断一个正在思考的员工到底是在捉摸创新问题还是其他与工作无关的事情。由于创新活动往往只能从结果来判断其是否成功，而对创新过程难以实施固定的流程控制，因此企业制度对创新活动的约束力相对弱于其他工作。由于创新活动的特殊性，使得主要从事创新活动的研发人员也与其他员工存在较大差别，这类人员往往具有较强的成就感和自我实现动机，他们工作的自主性和自我管理性较强，职位权威和工作制度对他们的约束力和控制力相对较弱。因此，国有企业是否能够建立起对研发人员行之有效的激励机制是关系其创新活动能否成功的关键。特别是在原始创新模式中，其对激励机制的要求会强于集成创新和引进消化吸收再创新模式。

四、产业竞争环境

产业竞争环境是关系企业生存能力与发展趋势的重要外部因素，也是影响企业技术创新决策的主要外部力量之一。当企业所在产业处于非竞争环境中时，企业进行创新动力会相对较弱，安于现状和"吃老本"的思想容易在企业内蔓延。而当企业所在产业处于竞争环境中时，来自外部的生存压力会增强企业寻求技术创新的动力，从而督促企业能够以所有可能的方式完成新产品和新技术的开发。

在产业竞争环境中，当前的和未来的竞争状态会决定市场的竞争程度，同时供应链上方和下方的市场主体也会影响市场的竞争程度。从当前竞争状态来看，当市场中存在越多企业时，完全竞争的市场状态越容易实现，产业的增长空间也就越小。在这种激烈的竞争状态下，企业会面临日益突出的技术创新压力，从短期内迅速实现小规模的技术突破和从长期内探寻根本层面上的技术破空是企业不得不做出的创新选择。从未来竞争状态来看，当企业预期存在具有威胁性的竞争对手将要进入同一产业时，主动提高技术水平来增加本产业进入壁垒是企业的有效应对策略之一。从供应链角度来看，供给方与需求方的谈判能力会对企业在市场中的竞争地位造成不利影响，特别是当市场处于激烈竞争时企业对供应链的控制能力会大大降低，这时企业会主动寻求技术创新来增强产品的异质性从而达到垄断市场的目的。

从东北老工业基地国有企业的产业竞争环境来看，多数企业处于制造、能源、冶金、机械和原材料等传统产业中。这类的市场进入门槛相对较高，因而当前的国内竞争程度相对较低。但是从世界范围来看，随着我国参与国际市场的深入，国有企业面临国外优质企业的竞争日益激烈。特别是在中国加入世界贸易组织之后，国内市场的逐步开放使国有企业在本国市场的垄断地位遭到动摇。来自全球范围的激烈竞争要求东北老工业基地国有企业提高技术水平，这样才能在当前和未来的竞争中保持市场地位。因而，东北老工业基地国有企业需要大力推进技术升级和结构优化，特别在传统产业中加强绿色技术的创新实践，着重从信息化、智能力、数控化、专业化、标准化和绿色环保角度推进技术创新。而在创新模式的选择上，引进消化吸收再创新模式已经不能满足激烈的市场竞争需要，国有企业应从原始创新和集成创新模式中探求技术水平的升级。

五、区域合作与创新网络

随着世界经济一体的不断深入，区域合作与创新网络已经成为企业创新的重要外部条件。技术创新难度的不断升级使越来越多的企业难以凭借一已之力完成创新的各个环节，为了实现新产品和新技术突破企业会通过区域合作和创新网络分散创新环节，甚至外包创新环节，从而提高创新的成功概率。

加强区域合作是当今国家间进行交往的主要活动之一，区域合作不仅包括国家间的经济贸易往来，而且已经深入到技术合作的层面上来。区域技术合作的开展有利于企业利用国外创新资源实现企业技术进步。例如，许多来自日本的企业通过日本与东亚其他国家和东盟国家间的技术合作关系，把企业的技术创新活动拆分为若干环节并分包给这些国家的其他企业或研究机构，从而解决了日本国内创新资源不足和创新成本较高的问题，大大提升了日本企业的技术创新效率，这种区域合作的深入有利于企业通过集成创新模式完成新产品和新技术的开发。我国东北老工业基地国有企业在以往的发展中往往重视原始创新或引进消化吸收再创新，这两种模式的共同特点是可以保证企业对创新活动的控制权。然而，随着我国与其他国家经济合作的深入，集成其他国家创新资源进行技术研发的成本将大大降低。因此，在区域合作深入的前提下，集成创新模式在东北老工业基地国有企业的技术研发活动中将发挥更大的优势。

创新网络是企业关系网络的一种表现形式，它将参与创新的主体与企业联系起来，使创新要素可以在网络间流动，从而丰富创新资源并降低创新成本。以企业为中心的创新网络可以使企业掌握更大的控制权，有利于企业引导创新方向和控制技术的商业化节奏。以往，东北老工业基地国有企业的创新网络并不突出，由于企业规模过大使得很多企业将创新活动完全置于企业边界以内，甚至对外部主体的参与采取排斥态度。但是，随着企业经营方式的转变和市场开放程度的深入，单靠企业自身力量很难完成企业所需的全部创新任务，因此与其他主体共同研发创新的非关键环节或非商业化环节显得尤为必要。在创新网络平台的框架下，集成创新模式再一次显示出比较突出的优势，它与创新网络的科学搭配可以优化企业的创新资源，帮助企业降低创新成本，但却提高了创新效率。

六、政策导向作用

政府干预是解决"市场失灵"的有效手段，政策措施是政府实施干预的主要方式。企业的技术创新活动同样存在"市场失灵"的问题，其根源在于技术创新收益的剩余权分配不均所导致。技术创新活动通常是由科技人员通过艰苦钻研获得的知识上的突破，而知识具有公共产品的特性，它容易传播且可以重复使用，但所获得的收益却不能归科技人员独占。当技术创新转化为新产品后，所形成的企业利润更是会在企业各部门中广泛分配，而留给科技人员的剩余权则与之付出难以匹配。所以科技人员的创新热情容易衰减，直接的后果是导致企业创新效率的下降，特别是原始创新能力下滑。

尽管市场难以自我修复这种失灵现象，但政府政策措施的导向作用却可以在一定程度上进行弥补。例如，政府通过出台鼓励技术创新的财政支持政策，将部分资金直接用于科技人员工作条件的改善，或作为奖励措施颁发给做出创新贡献的团队与个人，从而达到激发科技人员创新热情的作用。同时，通过完善知识产权保护制度来维护科技创新人员的基本权利，也能够增强科技人员的创新积极性。除了直接激发科技人员的创新热情外，政府还可以通过税收优惠等政策扶持措施引导企业技术创新方向。例如，为了促进高新技术产业发展，国家从税收角度给予相关企业优惠政策，引导更多企业参与到相关产业中来，激发企业在创新活动中的调配作用。在引导技术创新向环保和绿色领域倾斜时，政府的税收政策和金融政策同样可以帮助企业降低技术创新成本，使企业更好的推动技术创新。技术创新活动的风险性较大，创新过程的不确定性使很多企业难以独立承担复杂的技术创新。而政府政策可以引导大学、科研机构、政府机构、中介组织甚至金融机构参与到创新活动中来，帮助企业营造开放性的创新平台从而提高企业创新的成功概率。

东北老工业基地国有企业是一群特殊而重要的社会主体，它们的生存和发展不仅关系一方人民的生产生活，而且也在一定程度上关系国家的稳定与发展。以往，由于促进技术创新的政策措施相对不足，使国有企业主要通过原始创新和引进消化再创新模式寻求技术进步。近年来，我国振兴东北老工业基地政策的出台为该地区国有企业发展提供了良好的政策基础，同时国家创新体系的建设也为国有企业发展提供了更具优势的创新平台，有利于东北老工业基地国有企业利用原始创新和集成创新模式引领行业发展。

第三节 东北老工业基地国有企业自主创新典型案例

东北老工业基地国有企业的技术创新之路反映了国有企业摆脱困境、寻求发展的艰难转型，多数企业通过引进消化吸收再创新模式走上了追赶国际领先技术之路，并在集成创新模式和原始创新模式的带动下实践着国际竞争力的提升。本文选取东北老工业基地中三个典型国有企业——中国第一汽车集团、沈阳机床有限责任公司和哈药集团有限公司为案例，探讨其对自主创新模式的选择和对创新道路的探索。

一、中国第一汽车集团自主创新的案例分析

汽车产业是一国经济发展的重要支柱产业，对解决居民就业、增加财政收入、推动相关产业发展和提高人民生活水平具有重要作用。因此，汽车供给国

家普遍非常重视提高本国企业的自主创新能力，以政策引导、科技推动、产业联合等不同方式增强本国汽车产业的国际竞争力。在东北老工业基地汽车产业中，中国第一汽车集团（简称一汽）是其中当仁不让的核心企业。一汽在50多年前以共和国长子的姿态为国家制造出第一辆解放牌卡车、第一辆东风牌小轿车和第一辆红旗牌高级轿车……而今一汽已经成长为中国规模最大的汽车企业集团，2011年主营业务收入达到2927亿元，居中国汽车工业整车制造企业第二位。

（一）一汽集团的创新成果

一汽建立之初时，由于国内基础薄弱，其产品和设备的设计、试制、试验和制造等流程几乎全部引自苏联或由苏联专家指导完成，因此企业完全处于引进和学习的状态，自主创新微乎其微。随着我国进入改革开放阶段，一汽在产品自主开发和设备自主安装调试等领域逐渐尝试自主创新，一方面通过原始创新将"三十年一贯制"的老车型进行改型升级，另一方面通过派出人员学习和引进国际领先技术、设备的方式追赶国际先进水平。随着一汽对技术创新的重视程度不断提高、投入水平不断增加和管理能力的不断改善，创新理念已经融入一汽的企业文化之中，为企业转型发展和国际竞争力的提升做出了重要贡献。

表6-2　近五年内一汽集团主要创新成果及意义

年份	创新内容	创新意义
2011年	"高品质J6重型车及重型柴油机自主研发与技术创新"项目获得2010年度国家科学技术进步奖一等奖。	J6重型车自投产以来，累计销售8.6万辆，产值208.7亿元、利税40.9亿元。
	一汽"红旗HQE检阅车及V12汽油发动机自主开发"项目获得2010年度吉林省科学技术进步特等奖。	一汽乘用车首次登上吉林省最高科技领奖台，开创了我国乘用车发展的里程碑。
	一汽无锡油泵油嘴研究所高压直喷泵系列化开发成果荣获中国机械工业科技一等奖。	该技术取得了多项发明专利，形成了全新的自主开发设计理念：整体结构强化理念、先缓后急喷油速率设计理念、大升程小柱塞直径设计理念。

续表

年份	创新内容	创新意义
2011年	悬挂中国一汽统一标识并首次搭载中国一汽自主成果－－D－Partner 驾驶者伙伴系统的 2011 款奔腾 B70 上市。	2011 款奔腾 B70 在原车型基础上，对外观、内饰、功能和车联网四大方面进行 77 项提升，新增 10 项越级功能。
	解放 J6 第 10 万辆暨"55 周年纪念版"上市交车仪式在长春汽博会隆重举行。	整车采用单层车架、前后双片簧、440 轻量化后桥、米其林 315 真空胎、铝合金轮辋，车重仅为 8.7 吨，达到国内最轻，节油效果提升 8～10 升/百公里，所有高端配置可更好满足国内高端物流运输市场的需求。
	中国一汽三款具有自主核心高技术的 CA3GA10、CA4GA13TD、CA4DH1 发动机在技术中心发动机楼成功点火。	标志着一汽低碳节能技术取得了新的成果，"蓝途战略"开启了新的征程。
	中国一汽新能源轿车下线，奔腾（PHEV）插电式混合动力轿车和奔腾（EV）纯电动轿车的下线，	标志着长春市正式推广私人使用新能源汽车，标志着中国一汽以汽车领域新兴产业的重大成果迈向了节能环保的蓝色征途。
2010年	一汽通用解放 501 系列轻卡全国同步上市。	解放 501 产品采用一次性锻压工字型前桥、优化板簧、局部双层大梁车架，提高了车辆的承载性以及可靠性；货箱优化处理，使货箱内部尺寸和容积更大；创新性超低重心底盘在不改变离地高度的前提下使车辆在高速重载行驶时更加稳定自如。解放 501 系列轻卡匹配了高品质、高节能、高效率自主发动机产品，全方位满足用户要求。
	一汽客车公司的 50 辆气电混合动力公交客车正式交予长春公交集团投入运营。	首批上线的 CA6120URH2 型气电混合动力客车，是一汽自主研发的 12 米气电混合动力公交客车，它采用双轴并联结构，具有结构简单、成本低、使用维修方便等特点。该车按国家标准工况节油率达到 31%，与传统客车相比整车碳排放总量降低 30% 以上。目前，它的技术水平处于国内领先国际先进水平。
	10 辆解放 J6 自主共轨轿车运输车交付用户使用，标志着一汽在电控共轨燃油喷射系统的研究开发和产业化建设方面取得了又一项巨大进展。	该车型匹配的自主电控共轨系统，是一汽完全自主研发的具有国际同类先进技术水平的产品。在自主共轨系统中，一汽首创采用电控单体泵 EUP 作为共轨系统高压油泵，系统成本低于国外产品 30% 以上，提升了自主品牌的溢价能力。

续表

年份	创新内容	创新意义
2010年	解放J6奥威6DM（11L）系列重卡全国投放。	解放J6装配的奥威CA6DM（11L）发动机，为国内首家采用顶置凸轮轴四气门结构，节油性能遥遥领先。整机B10寿命达到了国际水平的100万公里，配套成熟电控共轨系统，确保高性能、低油耗、低排放。
	一汽奔腾氢燃料电池车交付上海世博会组委会，成为世博服务用车。	一汽奔腾氢燃料电池车是一汽基于奔腾B70轿车平台，应用燃料电池动力系统研制开发的新型高科技环保型燃料电池轿车。作为国家"863计划"、"节能与新能源汽车"的重大研发项目，该车型在安全性、可靠性、舒适性等方面均达到国际环保车型水准，是一汽奔腾埋首品质，"进取不止"的一款力作。
	一汽在北京车展发布最新研发的E-wing、E-coo两款纯电动概念车。	E-wing的仿生造型原理来源于海洋鱼跃的优美形态，具备家用充电和快速充电两种功能，采用了单体自适应电量平衡技术，对管理进行全局优化。先进的电控机管理系统，动能及控制系统，奠定了E-wing概念车的科技高度。E-coo以狮子为仿生原型，动能环保，外形刚猛，具备控制预计整车动力与安全控制、能量分配与管理、故障诊断等控制算法，完全体现了一汽研发能力和制造实力。
	一汽城市主战消防车在北京车展发布。	一汽城市主战消防车是一汽完全自主研发的具有国际先进水平的全新车型。整车拥有动力强劲、视野宽阔、驾驶室宽敞、通讯设备齐全、操作方便等明显优势，代表了国内消防车技术水平的全面提升。该车满载15吨时0~60km/h加速时间仅为15秒；大中冷器、散热器的应用保证了发动机长时间全负荷工作的冷却能力；前盘后毂式制动器，加大摩擦片直径及制动调整臂长度，更有效的减短制动距离，为驾驶安全提供保障。
	一汽专用小学生校车亮相北京车展。	该车是根据小学生的生理特点和行为特征开发的专用校车，整车采用发动机前置式的凸头结构，对安全和舒适进行了特殊强化。整车动力系统采用先进的DEUTZ四缸电控发动机和成熟的六挡变速器，并根据典型的使用工况，进行了针对性标定，充分发挥整车的动力性与经济性。优良的人机工程布置，精细的内外装饰，充分营造舒适的驾乘空间。

年份	创新内容	创新意义
2010年	解放混合动力商用车底盘、解放J5P天然气牵引车、解放J5M电动洒水车等一汽新能源商用车亮相北京车展。	混合动力商用车底盘采用双电机强混合构型及336V锂电池系统,具备纯电动、发动机Start/Stop、滑行制动能量回收、发动机工作点优化等功能;J5P天然气牵引车采用自主设计开发的三气瓶模块并创造性地应用了三气瓶液位显示切换模块,具备行驶里程超长、绿色环保以及低耗节能等多项优点;J5M电动洒水车以电能为动力来源,零污染排放。
	一汽自主研发的CA8GV、CA4GB汽油机在技术中心发动机楼成功点火。	这两款发动机的成功点火是继V12发动机研制成功后的又一自主丰硕成果,标志着以一汽为代表的国内中高端乘用车自主开发技术又迈上了新台阶。CA8GV发动机是为一汽红旗L平台量身打造的自主动力总成,符合节能环保需求,包括自然吸气和增压两种机型。CA4GB发动机具有1.6L和1.4L两个排量,满足奔腾系列轿车对自主先进动力总成的需求。
	一汽首批71辆CA6112URN31液化天然气(LNG)公交车(总数181台)交付大连市金州新区顺通公司中山公司营运。	开创了国内批量使用液化天然气LNG公交车的先河。
	"2011款奔腾B50上市发布会"在北京798艺术中心隆重举行。	相比旧款车型,2011款奔腾B50累计进行了多达171项商品升级,其中重点升级16项。
	一汽通用解放501新产品在长春举行了上市仪式。	解放501自今年1月在广东东莞正式上市以来,经过一汽技术中心、美国通用专家以及南北两个基地员工的共同努力,该产品在质量、性能、产能等方面得到较大提高,用户反应良好,并且在以长春为中心的北方市场销量增长速度较快。
	中国一汽威志品牌又一款充盈时尚、活力元素的经济型轿车威志V2在成都车展正式上市。	威志V2自身所拥有的先进技术和过硬品质,造就了它"好操控"、"好动力"、"好舒适"、"好安全"的突出产品亮点。其时尚雅致的外型、精准扎实的操控、以人为本的舒适、关怀备至的安全和高效节能的动力,也为经济型轿车树立了全新的标杆。

续表

年份	创新内容	创新意义
2010年	一汽技术中心和锡柴联合设计的CA6DN1 – 50E5 发动机在锡柴完成试制装车。	CA6DN1 – 50E5 发动机作为解放 J6 最高端动力，功率达到 500 马力，排放达到国 V 水平，采用SCR 技术路线、BOSCH 新一代电控共轨系统。延续了锡柴机优良的经济性、长寿命和高可靠性等特点。
	中国最大功率天然气发动机CA6SN1 – 42E4N2 在锡柴点火成功。	一汽通过潜心研究，在国内率先开发出了 F、L1、L2 系列化天然气发动机，功率范围覆盖 170 马力到 310 马力，具有技术领先、经济性优、低碳排放、可靠耐用的特点。
	中国一汽自主研发的 7 款城市主战消防车系列新产品亮相第 14 届国际消防设备技术交流展览会。	中国一汽自主研发的新型城市主战消防车，采用大功率发动机和散热器，匹配自动变速器，加速性能优越，高于国外专业消防车水平。驾驶室宽大，乘坐 8 人属国内首创，满足人机工程。
	国家重大科技专项——中国一汽无锡油泵油嘴研究所电控共轨柴油喷射系统制造技术与关键装备的研发及应用项目顺利通过高级专家组的评审。	这一项目是目前工信部支持的国家重大高档数控与制造装备专项中最大的项目，可与大飞机项目并驾齐驱。这标志着国家高档数控机床与基础制造装备最大专项在无锡泵所正式启动。
2009年	一汽奔腾 B50 在轿车公司正式下线。	奔腾 B50 与奔腾 B70 及 Mazda6 睿翼共线生产，并与奔腾 B70 采用相同的研发平台技术：共用底盘平台、相同的车身结构、相同的生产工艺、共用供应商资源。所不同的是，奔腾 B50 在内饰、外型等方面进行了全新研发设计。被称为"1.6L之王"的奔腾 B50，在确保小型车省油的特质外，还可以最大程度地超越 1.6L 级别车型，满足消费者对一款中高级汽车应有的需求。
	解放 CA6120URH1 型混合动力城市客车在上海车展隆重上市。	CA6120URH1 型混合动力城市客车的上市是一汽集团全面践行安全、节能、环保的社会责任，顺利完成国家"863"计划新能源混合动力客车开发的重要举措。此次的上市仪式标志着一款"集新技术、新工艺、新造型于一体"的混合动力客车正式投放市场。

163

续表

年份	创新内容	创新意义
2009年	天津一汽夏利40万台TA1发动机项目进入批量生产阶段,年底整个项目将全面完成。	这款由一汽集团自主开发的TA1系列发动机,对天津一汽夏利及整个一汽集团的小型车发展具有重要的战略意义,其升功率达到50kW以上,并且采用更为先进的VVT技术,该款发动机的顺利投产必将显著提升天津一汽夏利产品的综合竞争力。
	一汽两款自主研发的高技术含量的发动机——CA6GV汽油机、CA4DD柴油机在中国第一汽车集团公司技术中心成功点火。	这标志着我国中高级轿车用汽油机和高端轻型车用柴油机自主设计开发技术在一汽又迈上了一个新台阶。
	一汽自主商用车重型变速箱(CA10TA190)投产庆典在一汽解放变速箱分公司装配生产线举行。	CA10TA将与一汽CA6DM11升柴油发动机完美匹配,满足重型工程车辆的需求,为一汽解放重卡提供强劲、高效、可靠的动力传递。产品验证结果表明,CA10TA各项性能指标和可靠性指标超过设计标准,完全能够满足市场的使用要求。
	一汽森雅M80在北京上市。	森雅M80全系车型配备可变气门正时系统的DV-VT发动机,采用前置后驱设计及A型前麦弗逊悬架和多连杆后悬,具有碰撞吸能车身和高强度驾驶舱,此外强大的安全性能和宽敞空间也提高了产品竞争力。M80的发售标志着森雅从合作生产转为自主生产,并正式启用一汽标。
	"2010款奔腾B70上市会"在北京嘉里中心大酒店举行。	5款内外形象焕然一新的2010款奔腾B70正式与公众见面。2010款奔腾B70整车在09款基础上共进行了24项商品升级,搭配6速手动变速箱或者5速手自一体变速箱,这种配置使其燃油经济性非常出色。在TCS、DSC等电控系统帮助下,2010款奔腾B70在弯内表现出极高的稳定性。
	共和国建国60周年的国庆大典上,中共中央总书记、国家主席、中央军委主席胡锦涛乘坐一汽新型红旗检阅车检阅中国人民解放军陆海空三军。	胡总书记乘坐的新型红旗检阅车长6.4米,高1.72米,车上的每一个零件都是自主研发,一些技术达到国际先进行列,整款车也跻身世界顶级豪华轿车行列。

续表

年份	创新内容	创新意义
2009年	一汽全新微客换代产品——佳宝V70在一汽吉林汽车公司下线并上市发售。	佳宝V70依托一汽集团公司强大的研发实力和一汽吉林汽车的制造优势，在消费者最关注的车辆底盘、车身和动力方面，进行了创新性的技术革新；在空间、外形和舒适性上均有所突破。佳宝V70是一款真正满足广大城乡用户需求，具有卓越性价比和创新性的精品微客。
	天津一汽夏利N5上市。	夏利N5市场定位介于夏利N3和威志之间，搭载1.0升和1.3升发动机，其中全新1.3升CA4GA1发动机，采用了先进的VCT-i技术（智能可变气门正时系统），双顶置凸轮轴、16气门设计，最大功率67千瓦，最大扭矩120牛米，90km/h等速油耗百公里5.49升，尾气排放达到国IV标准。夏利N5的诞生凝聚了天津一汽人的创造力、智慧和勤奋，体现了"小车大师"的风范，标志着天津一汽夏利已从创业期步入新的快速发展期，极大地提升了天津一汽夏利产品的竞争实力。
	一汽院士工作站揭牌仪式在技术中心举行。	一汽院士工作站的成立，是一汽集团推进自主创新的重要举措，不仅能使一汽依靠国内顶级智力平台在未来越险而攀，更能为中国汽车在全球汽车技术战略布局中争得浓墨重彩的一笔。
2008年	中国一汽自主产品开发项目有序推进。	一汽轿车公司的奔腾09款、天津一汽夏利公司威志09款和夏利N3年型车，符合国III标准的中重型卡车、CA6371微型车，L501轻型车等相继推向市场。
	我国第一款自主研发的V型12缸发动机（CA12GV）在一汽技术中心点火成功。	CA12GV发动机是一汽为全新大红旗完全自主设计的国内顶级乘用车发动机，具有先进的燃油经济性、动力性及排放性能。CA12GV发动机研发成功，标志着一汽V型发动机平台建立起来，是一汽自主开发发动机的又一突破性成果。
	中国一汽为北京奥运会研发的6台奔腾混合动力轿车和12台混合动力公交客车运往北京试运行。	此次出征的乘用车为技术含量最高的强混合动力系统构型，节能和改善排放潜力大、综合指标达到国际先进水平。

年份	创新内容	创新意义
2009年	一汽自主研发的 CA6DM2（11L）重型柴油机在解放公司无锡柴油机厂成功下线并批量投产。	CA6DM2（11L）重型柴油机是国内第一台采用四气门顶置凸轮轴的重型柴油发动机，拥有自主开发的发动机制动技术和气缸双层水套设计等八项专利，采用集成式气缸，滤清模块化设计，功率覆盖350、375、390、420马力四个功率段，是重型卡车和豪华型大客车的理想动力，具有较高的可靠性和性价比。
2009年	奔腾轿车的换代产品进入道路试验，AO级系列产品开始试制；红旗 C601、HQE 加快研发步伐；轿车动力总成变速箱发动机研发取得突破性进展；天津一汽夏利公司启动了 5 款新车的研发。	这些新的关键产品，将使夏利、威志等经济型轿车在未来的市场竞争中形成团队合力。
	一汽 CA6DM 大马力重型柴油机，汽油直喷发动机、CA6DL 电控共轨柴油机的成功点火。	标志一汽在卡车研发核心技术领域取得了新的突破。
	一汽解放第 5 代奥威重型系列商用车及其重型柴油机自主开发荣获国家科学技术进步奖二等奖。	L501 系列轻型车升级产品的开发快速推进，品质控制、成本控制、产品验证和国"Ⅲ"车型已进入样车试验阶段。

资料来源：一汽集团网站。

（二）一汽集团对不同创新模式的选择与实践

一汽集团技术创新的发展历程显示，其创新模式整体上经历了由引进消化吸收再创新模式到集成创新模式和原始创新模式的转变之路。

1. 一汽集团对引进消化吸收再创新模式的实践

20 世纪 80 年代初期，改革开放政策的实施使中国企业深刻意识到与国外企业的巨大差距。特别是在技术创新领域的显著落后使担负重要经济与社会责任的国有企业纷纷意识到竞争能力的缺失，因此，一批重点行业的国有企业首先开始从技术领域追赶国际领先水平。作为中国汽车工业摇篮的一汽虽然实现过若干环节的技术创新，但却严重缺乏在核心技术上的突破。因此，随着改革开放的到来，一汽在培养自身研发能力的同时，通过大规模的实施引进消化吸收再创新模式将企业技术水平迅速拉升。上世纪 80 年代初期，一汽通过派出人员出国学习和引进国外专家参与生产的方式在技术创新的软实力上实现快速突破，解决了 6110 型柴油机耗油高和 6102 型发动机噪音大等问题。在解决技术创新硬实力方面，一汽通过引进先进生产设备和实验仪器的方式提升了技术创新的物质条件，如热风除尘冲天炉、阴极电泳涂装、内螺纹磨床和汽车道路模拟试验台等设备的引进使一汽获得了投资少、见效快的技术升级效应。20世纪 80 年代末，一汽开始与德国大众集团和奥迪集团接触，为引进德国先进的汽车制造技术铺垫道路。1991 年，一汽大众汽车有限公司正式成立（简称一汽－大众），以合资形式将国外先进技术带入中国最大的汽车生产企业，使一汽发展为中国第一个按经济规模起步建设的现代化轿车工业基地。这种建立在企业制度基础上的合作方式使一汽的引进消化吸收再创新模式得以在技术领域充分发挥，捷达、奥迪 A6、宝来等车型相继引进投产。虽然技术引进使一汽支付了巨大的成本，甚至背负了"以市场换技术"的责难，但是这种引进消化吸收再创新模式给一汽带来的技术提升效应也是十分显著的。特别是一大批科技研发人员通过技术引进接触到了国际领先知识，为一汽日后自主创新能力的提高积蓄了人才。另外，一汽技术引进过程中所产生的技术扩散也使国内同行业企业获得了间接的技术提升，对提高我国汽车产业的整体技术水平起到了重要作用。

2. 一汽集团对集成创新模式的实践

尽管引进消化吸收再创新模式是企业在发展初期实现技术进步的重要方式，但是当企业形成一定的技术积累后，需要在原始创新和集成创新方面有所突破，才能形成具有长期效应的核心竞争力。近年来，一汽加强了对集成创新模式的应用，依托国内外大学和科研机构共同研发了多项新产品和新技术。

2006 年以来，一汽集团就与同城知名高校——吉林大学进行了技术创新合作，双方通过共同研发汽车基础技术、攻克技术难关和合作申报国家重大项目等方式进行了创新的有益尝试。2009 年 7 月，基于以往的创新合作，一汽集团与吉林大学进一步签署了"产学研"全面合作的协议，推动两个单位创新合作走向长期的和更高层次的新阶段。协议中，一汽与吉林大学的合作领域包括人力资源的开发与利用、技术开发与应用和软课题研究与应用三个核心领域。其中，在人力资源合作方面，双方通过进一步推进博士后工作站建设和两院院士申请工作站等加强对汽车领域专业人才的培养和共用。在技术合作方面，双方通过联合组建汽车工程研究院和汽车零部件研发中心等机构搭建研发平台，通过联合申报国家、省、市级项目方式展开对新能源汽车等领域的研究，通过建立信息交流平台的方式达到信息共享的目的。在软课题合作方面，双方将利用各自在理论与实践领域的经验，共同研究与汽车发展相关的经营、管理和营销等领域，并定期交流相关领域的最新发展动态。一汽集团与吉林大学的"产学研"合作是集成创新模式的典型实践，使一汽集团可以充分利用大学及相关科研机构在理论研究与人才培养上的先进资源，既为企业降低了研发成本，同时也提高了企业的创新效率。

3. 一汽集团对原始创新模式的实践

近年来，一汽日益注重原始创新能力的提高。在物质基础建设方面，一汽相继建立了技术中心、国家重点实验室和研发与试验检测基地等部门，承担了一汽和国家众多自主研发任务，研发产品包括重、轻、微、轿、客、军和新能源等车型。科研能力水平的提高使一汽频频获得国家级技术进步奖项，专利和软件著作拥有数量显著提高，企业经济效益也相应提升。在人才基础建设方面，一汽近年来引进大量科技研发人员，其技术中心的博士研究生和硕士研究生所占比例分别达到 2.4% 和 22.8%。在管理与环境建设方面，一汽通过设立岗位技术竞赛、奖励科技人才等方式激励员工基于本职岗位探索技术创新。这种管理方式的转变使一汽员工的群众性自主创新热情显著提升，创新成果大量涌现。2009 年一汽员工在国家发明展览会上获得金、银、铜奖近 10 项，在为企业带来荣誉的同时也带来了效益的提升。

在一汽一系列原始创新的研发成果中，J6 重型车系列产品的研发和制造集中体现了一汽独立自主的创新能力。J6 是第六代解放卡车的简称，它的出现凝聚了一汽集团在解放卡车生产领域中 50 多年的经验积累，体现了一汽集团在近 30 年里对自主创新的执著追求。早在 1956 年，一汽集团成功试制了我国第一批解放卡车，它不仅结束了我国不能自制汽车的历史，而且以结构坚固、使用寿命长的特点在中国市场驰骋了 30 年之久。自 1986 年第二代解放卡车生产以来，一汽开始了对解放卡车的创新与升级之路，此后第三、四、五代解放卡车分别在上世纪 90 年代末和本世纪初走向市场。这些车型的研制成功使一汽解放卡车完成了在中、重型产品领域的生产总局，并形成了在高、中、低端市场的平台建设，解放卡车产品已经成为引领我国商用汽车的潮流产品。但是，一汽集团并未在成功荣誉中止步不前，而是面向未来市场和国际竞争着手研发第六代解放卡车。

2000 年起，一汽开始开启第六代解放卡重——J6 系列产品的研发项目。

在研发过程中，一汽没有引入其他国家的先进技术，而是独立完成了全部的研发、生产与制造过程。面对这一高难度研发项目，一汽提出了"五大体系"和"五大能力"，前者从自主研发流程与标准、质量保证与产品认证、项目管理与知识积累、人才培育与职能职责和自主创新的企业文化角度出发，为自主创新建立了全面的体系构建；后者从产品策划、性能开发、工程设计、试制验证和试验认证五个阶段确立了保障自主创新的能力培养方向。通过七年艰苦探索，投资耗近百亿元，以高骏博士为核心的研发团队攻克了整车、发动机、汽车电子、加强室和生产制造等五大方面的技术难题。J6 系列产品总载重量覆盖 18～100 吨的四大整车系列共计百余种车型。高品质 J6 重型车整车通过了德国莱茵 TüV 欧标认证和奥地利 MAGNA 欧洲 100 万公里耐久性试验，CA6DM 11L 重型柴油机噪声通过美国西南研究院认证和获德国莱茵 TüV 欧 V 排放认证。这些认证的通过表明我国重型车的研发能力已经达到世界先进水平，产品品质能够与国际接轨。J6 系列产品的出现填补了我国自主高品质重型车的生产空白，对高速物流、采矿、石油和大型水电等关系国计民生和国家安全的重要领域具有重要意义。2011 年，一汽以 J6 重型车及重型柴油机创新项目获得了 2010 年度国家科技进步一等奖。J6 产品投产后创造产值 208.7 亿元，创造利税 40.9 亿元。而且部分产品已经获得出口俄罗斯和伊朗的认证证书，国际竞争力得到体现。

（三）一汽集团的创新规划

为了实现在"十三五"末期成为世界汽车十强企业的远期目标，一汽集团结合企业发展战略、行业发展趋势和国家政策引导规划提出了《中国第一汽车集团公司中长期科技发展规划纲要》（2008 年～2020 年）。纲要围绕汽车生产的三大领域、21 个技术专题和 229 项重点技术提出了具体发展措施，涉及资金投入 130 亿元（如图 6-2 所示）。在 229 项重点技术中，乘用车技术、中重型卡车技术、轻型车技术和共性技术分别占比 106：45：8：70。在轿车研发与生产方面，一汽集团计划在纲要提出后的 8 年中打造 P1、P2、P3 和 P4 全系列轿车平台，并以此设计和生产共超过 50 款自主轿车。在卡车研发与生产方面，一汽在 J6 系列产品的生产中基本形成了"生产一代、研发一代、储备一代"的产品与技术分配格局，新型卡车领域将是一汽未来的增长点。可以预见，在自主创新的引领下，一汽——这个经历了辉煌与落寞的东北老工业基地的国有企业必将在未来的国际竞争中再现风采。

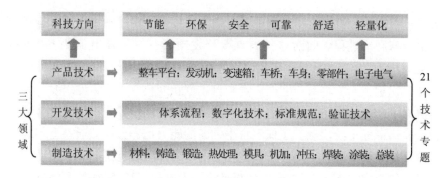

图6-2　一汽集团研发规划

二、沈阳机床有限责任公司自主创新的案例分析

装备制造产业是支持其他行业发展的重要物质保障，因而处于支持国民经济发展的重要环节之中。在装备制造产业中，高精尖机床的设计与制造是核心基础，关系到整个国家工业发展的水平和效率。东北老工业基地建有一批国家重点机床企业，如沈阳机床有限责任公司、大连机床集团有限责任公司和齐齐哈尔二机床集团有限责任公司等。这些机床企业多创立于建国初期，担负着支持我国工业发展和推动工业现代化的重要使命。基于机床企业在国民经济中的重要地位，以及此类企业对资金、资源和人力等要素的需求量较大，东北老工业基地中的大型机床企业多为国有企业。身处东北老工业基地的国有企业几乎都经历了改革开放之前的辉煌荣耀和改革开放之后的艰难转型，特别是在技术创新领域走过了从模仿、学习到集成与原始创新的转变过程。其中，沈阳机床有限责任公司（简称沈阳机床）是东北老工业基地机床企业中的典型代表，它的技术创新之路和对创新模式的探索推动了企业国际竞争力提升。

（一）沈阳机床的创新成果

20世纪90年代中期，沈阳机床由原沈阳第一机床厂、中捷友谊厂和沈阳第三机床厂进行资产重组而成。成立初期的沈阳机床暴露出东北老工业基地国有企业自主创新能力弱、人才流失大等突出问题。20世纪90年代末期，沈阳机床的产值数控化率不足10%。但是，经过十几年来在技术创新领域的不断进取，目前沈阳机床已经储备了一批高技术人才，企业产值数控化率已经接近60%。沈阳机床开发的中高端数控机床产品不仅支撑了我国核心制造行业企业的生产，而且历史性的实现了批量出口发达国家市场，其产品出口欧美市场的比重从10%左右增长到近60%。高技术产品也为企业带来了高收益，沈阳机床金切机床的产销量位居国内第一位，数控机床产销量居全球第一位。为了担负起国有企业自主创新的重任，沈阳机床每年对技术创新的经费投入占到企业销售收入的5%左右。同时，沈阳机床每年重奖在产品开发中具有突出贡献的个人和团队，资金金额可达几十万元。近年来，沈阳机床通过自主开发，在中高端数控机床领域中开发了350多种产品，其中六成以上产品达到国际先进水平。沈阳机床先后获得45项国家技术专利，参与完成了"863"项目等多项国家级科技攻关项目。

在沈阳机床研发生产的众多产品中，"飞阳"牌数控系统代表了沈阳机床在世界同行业中的先进水平和在国内的领先地位。数控是数控机床的核心部件，如同机床产品的"大脑"一样控制着机床的生产。以往，我国的中高档数控机床的数控系统配置全部依赖国外进口，相当于向国外厂商让渡了最终产品约1/3的价值。作为国内机床行业的领军企业，沈阳机床在2007年启动了数控系统的研发项目，力图打破国外企业的技术封锁。仅用三年的时间，沈阳机床终于设计和批量生产出了"飞阳"牌数控系统，它是国内惟一具备数字总线技术的数控系统，加工精度和效率都达到了国际先进水平。飞阳数控系统的成功研发很快应用到四轴、五轴联动卧式加工中心、立式加工中心和调整铣削机床等产品的生产中，使国产机床产品成功装上了"中国芯"。沈阳机床作为国内同行业企业的优秀代表，通过自主创新已经成为全球市场中新成长起来的卓越竞争者。

（二）沈阳机床对不同创新模式的选择与实践

1. 沈阳机床对引进消化吸收再创新模式的实践

引进消化吸收再创新模式是沈阳机床在企业重组建立之初时主要采取的创新模式之一，在上世纪90年代，沈阳机床通过从德国、美国和日本等行业领先国家直接购买全套图纸进行或进口机床产品等方式，将国外技术引入国产化生产。在早期的技术引进中，对于技术的再创新过程相对缺乏，导致沈阳机床生产出的一批产品虽有自主知识产权之名，却受技术与生产水平限制使得产品质量难以达到客户满意。在市场机制的激励下，沈阳机床意识到再创新是发挥这种创新模式的重中之中，特别是结合国内客户需求的有针对性的创新，才是开拓和稳定市场的核心要素。

新世纪初，借助完成"863"计划项目的创新机遇，沈阳机床在引进外部技术时加强了对技术的消化吸收和再创新研发，从而生产出了一批中高级机床产品。2004年，沈阳机床承担的"数控车床设计、制造与控制共性基础技术研究"通过了国家科技部验收，通过这一项目使沈阳机床掌握了电主轴的装配技术等八项数控机床产业化关键技术，实现动力刀架结构设计等 12 项技术创新点。

近年来，沈阳机床加强了对引进消化吸收再创新模式的应用，推动企业在核心部件的研发中取得了突破性进展。沈阳机床研发的中国首个数控系统就是在与意大利菲迪亚公司的合作中，通过引进消化吸收再创新而完成的突破性创新。在这一过程中，沈阳机床掌握了数控系统中关于实时控制技术、伺服控制算法和数字总线技术等核心技术，成功研制出了用于加工中心的 FOM 和用于数控车床的 FOT 两个系列产品。① 这些在数控系统领域的成功创新使沈阳机床摆脱了只能依托普通机床产品打开市场的不利局面，企业参与国际竞争能力得到提升。2009 年，沈阳机床围绕国家重点发展领域的生产需求，通过引进消化吸收再创新模式开发了高速车铣复合加工中心、五轴联动加工中心等 10 余个系列近 50 种不同规格的高档数控机床新产品，夯实了沈阳机床在国内同行业中的领先地位。

2. 沈阳机床对集成创新模式的实践

沈阳机床对集成创新模式的实践是比较全面的，其不仅注重与大学、科研机构等知识主体的合作，而且注重与其他企业和客户的合作，充分集合了市场中可以联合的各种主体。在与高校和科研机构进行合作创新方面，沈阳机床在上海和北京建立了研发分部和数控装备研发中心，以方便与当地知识主体紧密合作。而在企业总部所在地，沈阳机床与中科院沈阳计算所展开了深入的技术合作，使一批具有自主知识产权的产品成功下线。为了更好地与世界一流技术融合，沈阳机床还在海外建立研发中心，通过与德国机床设计院等科研机构联合，成功生产出一批具有国际先进水平的高档数控机床产品。

在与其他企业和客户合作中，沈阳机床通过与上下游企业的深入合作，使企业产品质量得到进一步提升。沈阳机床在努力为客户提供周到服务的同时，对客户提出的技术改进建议给予奖励，使客户这一最直接的产品使用者成为企业的外部技术创新顾问。同时，对于那些在行业领域处于领先的客户企业，沈阳机床也积极从客户身上学习先进的技术工艺和管理方式。例如，自 2006 年开始为德国舍弗勒集团供应轴承产品时，沈阳机床就在不断从对方企业中学习

① 振兴资讯. 沈阳机床研制成功飞阳数控系统并实现产业化［EB/OL］. 中华人民共和国国家发展和改革委员会东北振兴司，http://dbzxs.ndrc.gov.cn/zxzx/t20090811_295723.htm.

先进技术，特别是随着舍弗勒集团对轴承加工产品要求的不断提高，沈阳机床的生产工艺也相应得到了显著提高。双方良好的合作关系使双赢目标得以实现，沈阳机床供应舍弗勒集团机床产品70余台，合同金额共计6000余万元。而在与供应商的合作中，沈阳机床迈出了分享技术和效益共赢的合作步伐，使原本在理念和制度上阻碍集成创新模式的障碍得以逐渐消除。在技术创新等要素的共同推动下，沈阳机床摆脱了技术上的落后局面，打破了发达国家的技术垄断，市场销量跃居全球第二位。

3. 沈阳机床对原始创新模式的实践

沈阳机床对原始创新模式的实践是主观与客观因素共同作用的结果，一方面企业自身意识到原始创新能力在未来竞争中的突出作用因而积极推动原始创新能力的建设，另一方面企业在发展过程中经常遇到发达国家的技术封锁而不得不独立自主的搞研发。例如，沈阳机床为了更好的吸收到德国机床行业的生产技术，曾聘请德国国家应用技术研究院进行相关产品的研发工作。但是，当研发结果形成后，却因德国政府对技术转移的控制而无法将研究成果引入国内。因此，沈阳机床逐渐意识到，想要掌握技术创新的精髓，关键要靠企业自身的力量，特别是企业内部员工的研发能力。

近年来，沈阳机床对企业原始创新能力的培养非常重视，特别强调每一名员工的创新工作对企业技术提升的重要作用。为了推动员工在本职岗位中提高效率和进行技术创新，沈阳机床在分公司中推行目标化管理，由每一名党员员工率先提出和解决至少一项生产技术难题，使企业的创新活力和效率大大提升。为了将员工在单一产品的技术研发联合成为具有共性技术的重大突破，沈阳机床在上世纪末便着手研发人才的培养与激励工作，不仅派出人员亲赴海外学习，招纳大批具有高学历的技术人员，而且为研发人员设立研发大奖并设计了畅通的职业发展通道，使技术人才可以一步步成长为技术专家，避免科技人员追求行政级别"独木桥"现象的发生。同时，沈阳机床对人才的培养是长期性的，追求通过稳健的人才积累形成突破性的创新成果。因此，在沈阳机床中央研究院成立之初，企业将大批研发人员派出学习、培训，通过三年左右的时间形成充实的知识积累，而后这些研发人才才被真正应用于研发的实践领域，并且为企业带来了实质性的技术推进。此外，沈阳机床在原始创新模式的运用中非常强调精益管理对技术的协调作用，通过5S、TPM和SMED等精准管理方法的引入，使企业管理水平进入国际先进行列，企业技术创新效率和生产效率得到有效带动。

在实施具体创新手段的基础上，沈阳机床逐渐形成了集团内部三个层次的研发体系（如图6-3所示）。在面向未来的研发体系中，沈阳机床重点对基础共性技术进行研究，使企业整体技术水平得到提升的同时更能适应未来行业发展和竞争需要。同时，面向未来的研发体系还着眼于战略性产品的研发，例如，通过研发机器人等未来产品以奠定企业5～10年后的市场供给能力。在面向客户的研发体系中，沈阳机床将研发重点放在短期内对客户个性化需求市场的生产能力满足方面，突出产品的异质性和针对性。在面向企业内部的研发体系中，沈阳机床的研发思路是以制造技术升级带动产品升级，即通过提高制造技术使研发成果产品化。

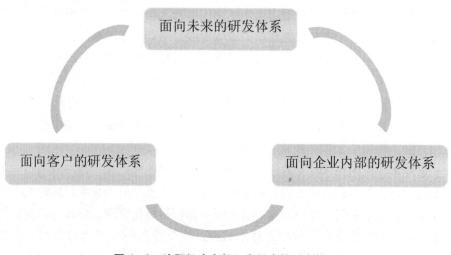

图6-3　沈阳机床内部三个层次的研发体系

（三）沈阳机床的创新规划

以往，沈阳机床的发展模式体现出东北老工业基地国有企业的通病——"大而全"，这种模式往往使企业背负过重的经济负担和社会责任，不利于企业集中优势拓展高新技术领域。沈阳机床意识到了"大而全"模式对未来发展的束缚，于是自2010年末开始进行"自我蜕变"，将生产与销售都已成熟的普通机床生产大规模转移向中小企业，从而集中力量攻克中高档数控机床。沈阳机床在2010年使经济规模达到200亿元，并进入世界机床企业前三名；计划到2015年，现实经济规模300亿元，成为世界机床排名第一位的企业。沈阳机床董事长关锡友将企业"十二五"期间的发展目标定位于转变结构和实现数控机床产品占销售总量80%两个方面。随着机床产业的全球性转移，中国已经成为承接机床产业发展的主要国家。沈阳机床目前已经成为国内同行业中的领先企业，其未来将在国际化和世界级两个方面一展雄风，自主创新将成为沈阳机床走向成功的坚实阶梯。

三、哈药集团有限公司自主创新的案例分析

制药行业是切实关系国计民生的重要行业，也是现代经济中创富能力极强的行业之一。早在 19 世纪 80 年代，制药行业就在发达资本主义国家开始创建，而到 20 世纪 20 年代时就已经基本完成了行业体系的建设。我国制药行业在 20 世纪 80 年代中后期才快速发展起来，但是国内大部分制药企业都走着一条"仿制 + 广告"的积累路线，即完全仿制国外已经公开发布且无自主知识产权的药品，而后通过大规模的广告获取市场的策略。这种价值积累方式虽然可以使部分企业在短时间内以较低的投入赢得可观的市场份额，并且缩短与国外企业的整体差距，但却抑制了企业的创新能力和远期竞争力，使企业只能在产业链低端获取较小的利润空间。因此，以自主创新摆脱低端竞争成为国内一批制药企业寻求发展的新路径，坐落在东北老工业基地的哈药集团就是其中具有代表性的企业之一。

（一）哈药集团的创新成果

总部坐落在黑龙江省哈尔滨市的哈药集团被誉为中国的"药业航母"，连续蝉联中国制药工业百强第一名，并在国内非处方药品生产企业中位居前三甲，更在全球制药企业 50 强中占据一席之地。目前，哈药集团无论在规模方面、业态方面还是辐射范围方面来看，都已经成长为国内顶尖的制药企业，而这一切都和企业不遗余力的自主创新密不可分。

哈药集团过去也曾经走过了中国制药企业普遍遵循的"仿制 + 广告"的成长之路，并且通过良好的市场策略长期领跑国内制药行业。但是长期缺乏具有自主知识产权的创新产品却使哈药集团越来越意识到成长的乏力，为了更好的参与国际市场竞争，哈药集团于 2004 年正式将自主创新确立为企业的新战略，并从此走上了从仿制药品向自主创新转变的道路。在哈药集团创新团队的努力下，一批科技攻关项目列入"国家重大科技专项"、"国家认定企业技术中心创新能力建设项目"、"国家知识产权局重点项目"等（如表 6 - 3 所示），以及省市重大科技专项 40 余项。仅 2005 年，哈药集团旗下的 37 项新产品获得了生产批文，94 个产品被认定为高新技术产品（其中包括消费者非常熟悉的丹参粉针、头孢替安、头孢替唑钠等药品）。也在这一年，哈药集团的技术中心被国家科技部认定为国家级企业技术中心。在 2011 年末召开的中国自主

创新年会上，哈药集团以管理和技术上的创新表现获得了"2011年度中国最具成长力创新型企业"的荣誉称号。目前，哈药集团累计共获得国家授权专利83项（含12项发明专利）、中药保护品种28个、39项科研成果分获省市科技进步奖。①

表6-3　近5年哈药集团先后实施的国家级科技项目

项目名称	项目来源
原位合成基因芯片技术研发	国家"863"项目
用基因芯片研究中药抗癌粉针机理	国家"863"项目
道地药材刺五加系统研究及系列产品研发项目	国家科技攻关计划
注射用刺五加研究	国家"十五"重大科技专项
真核细胞表达的重组蛋白技术研发创新能力	国家技术中心创新能力建设项目
中药制药过程及设备工程化共性技术研究——中药注射粉针中现代技术适宜性与设备工程化研究	国家技术支撑计划项目
中药注射剂的安全性评价研究中的注射用丹参和双黄连的安全性评价研究	国家技术支撑计划项目

资料来源：哈药集团网站。

（二）哈药集团对不同创新模式的选择与实践

1. 哈药集团对引进消化吸收再创新模式的实践

哈药集团制药总厂是通过引进消化吸收再创新而实现企业快速发展的典型实例。青霉素钠盐和钾盐长期以来是哈药集团制药总厂的主打产品，其生产工艺和菌种正是企业从欧洲引进的新技术，而对发酵液配方的调整则是企业对这项技术的消化和吸收。由于灵活采用了引进消化吸收再创新模式，哈药集团制药总厂成功的在保证产品质量的同时将生产成本降低近亿元，使企业在国内同类产品生产中遥遥领先。此后，哈药集团制药总厂再次将这种创新模式应用在头孢类五大抗生素品种的生产上。这类产品因生产工艺复杂、难度高、质量不易控制等因素使许多国内药品生产厂家望而却步，但哈药集团大胆引进了该项技术。通过改变原料配比、降低反应温度等一系列技术攻关，哈药集团制药总厂终于实现了产品质量稳定、生产成本降低、生产规模扩大的目标，也树立了

---

① 哈药集团网站。

哈药集团在国内抗生素生产领域的技术领先地位。正是引进消化吸收再创新模式使哈药集团能够在早期国内制药企业的激烈竞争中脱颖而出，部分产品的生产技术指标居国内领先地位，一步步走上了中国"药业航母"之路。

2. 哈药集团对集成创新模式的实践

为了更好的整合社会优质资源帮助企业进行药品创新，哈药集团先后共有25 个项目与清华大学、中国科学院、中国药科大学、沈阳药科大学等 23 个大专院校科研单位开展多方位的合作。2003 年末，哈药集团与哈尔滨医科大学（黑龙江省生物医药工程重点实验室）共建了哈医大哈药集团生物医药工程研发中心。① 2005 年，哈药集团所属的生物制品一厂与哈尔滨兽医研究所共同对禽流感疫苗进行研发和生产。通过利用哈尔滨兽医研究所的国际首创禽流感疫苗生产技术，结合哈药集团生物制品一厂的生产能力，哈药集团于 2006 年正式被批准为禽流感疫苗定点生产企业并对该疫苗的生产进行重组，使哈药集团在动物疫苗及兽药品种的开发与规模化生产中迈出了重要一步。近年来，哈药集团将集成创新模式运用得更加充分，不仅继续加强同高校科研单位和学科带头人的合作，而且积极拓展与其他制药企业的联合，使行业内资源得到进一步整合、提升。以哈药集团三精制药为例，其通过与北京上地新世纪生物医药研究所和哈尔滨健迪医药科技开发有限公司的共同合作，分别构建了新药原料药开发平台及中试生产基地和开发了枸橼酸舍曲林、伏立康唑胶囊等新产品。正是对集成创新模式的合理运用，使哈药集团的自主创新能力得到了显著提升，企业在国内及国际市场的竞争力与日增强。

3. 哈药集团对原始创新模式的实践

哈药集团对原始创新的渴求早在上世纪 90 年代初就已经表现得非常强烈，其下属的三精制药正是凭借着较早的自主创新才成长为资产近 30 亿元的国内领先制药企业。20 世纪 90 年代初，曾因推出了"向阳牌"人参蜂王浆而享誉全国的三精制药因为市场的恶性竞争和产品结构的单一而陷入了亏损、负债的境地。为了重振企业辉煌，三精制药开始了产品结构上的创新，一批新产品在无数次的试制、失败、再试制的过程中诞生。其中，被誉为"中国儿童补钙第一药"的三精葡萄糖酸钙口服溶液正是三精制药迈出原始创新的第一步，该产品目前仍占据中国口服补钙产品九成的市场份额。另外，哈药集团的原始创新能力还表现在对中药产品的研发与生产上。其下属的中药有限公司在中药

① 哈药集团网站。

粉针剂领域的创新不仅开创了中国粉针剂的先河，而且创造了巨大的社会效益和经济效益。随着原始创新难度的日益增强，哈药集团意识到必须要建立一套高水平的研发平台才能支撑起企业技术创新的梦想。于是2005年哈药集团投资上亿元建立起了"一个中心五个分中心"的创新科研体系，即以国家级技术中心为核心，以哈药生物为基础的生物制药研发中心、以制药总厂为基础的抗感染药物研究中心、以中药二厂为基础的现代中药研究工程中心、以三精制药为基础的药物制剂研究中心、以制药六厂为基础的OTC药品及保健食品研究中心、以省生物制品一厂为基础的动物疫苗及兽药研究中心。这六大技术创新平台使哈药集团的药品创新更具专业性、导向性和针对性，原始创新成果逐渐增加。

（三）哈药集团的创新规划

当前，全球制药行业正走在从产品生产到医疗健康绩效的转型之路上，突出表现在处方药的低速甚至负增长上。但是，我国医药产业却在近年来保持了平均两位数的增长速度，国内医药市场前景可观。面对正在转型的医药产业和广大的市场需求，中国医药企业需要更具创新的产品与服务赢得市场。为了增强企业长期的自主创新能力，哈药集团重点加强了专业人才队伍的建设。一方面，哈药集团利用东北地区优质的高校资源为企业培育高层次创新人才，先后与哈尔滨医科大学、东北林业大学、中医药大学共建人才培养平台。另一方面，哈药集团也密切结合创新需要在企业设立博士后科研工作站，为企业培养创新领军人物。强化自主创新是哈药集团实施产品战略，促进产品结构转型升级的重要手段，也是其实现研发、生产、营销国际化和50亿美元营业收入（2011～2015年间）的必要途径。未来，哈药集团将以创新能力为核心，实施研发体系建设，形成新的优势，依托与服务六大生产基地，实施专业化研发战略，加速推进各基地专业化发展，抢占核心业务产品、技术优势。

汽车产业、装备制造产业和制药产业企业对自主创新的探索历程体现了东北老工业基地国有企业技术创新的一般步骤，即在引进消化吸收再创新模式基础上逐渐实现原始和集成创新模式。这些企业对不同自主创新模式的采用是其在特定发展阶段的客观选择，反映了特定历史时期企业内部技术水平、体制、管理等因素和国内国际环境的客观约束。一汽、沈阳机床和哈药集团的自主创新过程是对东北老工业基地国有企业从初级自主创新走向高级自主创新的很好诠释，也必将引领中国工业产业自主创新的新发展。

第七章

东北老工业基地国有企业技术引进再创新研究

第一节　技术引进与自主创新

一、技术引进的含义、方式和主要领域

技术引进是指一个国家或地区的企业、研究单位、机构为提高引进国或企业的制造能力、技术水平和管理水平，通过一定方式从本国或其他国家、地区的企业、研究单位、机构获得先进适用的技术的行为。[①] 广义上的技术引进一般要包括"技术抉择——技术引进——学习模仿——消化吸收——二次创新——提高科学研究、生产技术、经营管理水平——市场化绩效"这样完整的技术引进再创新过程。技术引进的方式主要有以下几个方面：（1）从国外引进工艺、制造技术，包括产品设计、工艺流程、材料配方、制造图纸、工艺检测方法和维修保养等技术知识和资料，以及聘请专家指导、委托培训人员等技术服务；（2）引进技术的同时，进口必要的成套设备、关键设备、检测手段等；（3）通过引进先进的经营管理方法，充分发挥所引进技术的作用，做到引进技术知识和引进经营管理知识并举；（4）通过广泛的技术交流、合作以及学术交流活动、技术展览等，引进国外的新学术思想和科学技术知识；（5）引进人才。技术引进的远期目标是根本上消除本国、本单位与国外、其他企业在技术方面差距，提高本国、本单位的技术水平；近期的目标则是从生产需要出发，填补技术空白。我国技术引进的重要领域主要是电子通信、生物技术、民用航空航天、机械制造、石油化工、清洁发电、新材料、节约能源、环境保

[①]　凌丹．技术引进创新及其风险分析［J］．科学学与科学技术管理，2002（3）：16.

护等具有市场潜力且在未来竞争中将取得优势的或对国计民生具有重大意义的技术。

二、技术引进的重要作用

首先，技术引进有助于了解和掌握世界上先进技术。尤其是在经济全球化迅速发展、技术进步日新月异的国际环境下，充分学习借鉴发达国家已有的科学技术成果，认清自身技术差距和努力方向，可以帮助技术引进企业迅速取得成熟的先进技术成果，不必重复别人已做过的科学研究和试制工作，这也是世界各国互相促进经济技术发展必不可少的重要途径。其次，技术引进可以降低创新成本，提高创新效率和成功概率。目前，我国企业整体的开发能力与技术创新水平还不是很强，如果自己去开发所有先进的技术还具有相当的困难。引进国外先进技术不仅可以降低创新成本，节约产品进入市场的时间，同时能快速提高创新积累，降低技术研发投入和避免浪费，最终有利于创新取得成功。最后，技术引进、消化吸收再创新模式是我国企业实现技术追赶的一条重要捷径。从国际经验上看，日本和韩国能在较短的时间内追赶上美欧的技术水平，主要原因在于技术引进基础上的深入消化吸收，最终形成了自己的技术能力。因此，我们要缩小与发达国家的技术差距，必须将技术引进与消化吸收和再创新相结合，实行以我为主的自主创新战略，这是我国实现跨越式发展、赶超发达国家的必由之路。总之，技术引进的一个重要作用就是为再创新提供条件和必要准备。

三、技术引进再创新

技术引进再创新泛指一切技术引进基础上的技术创新，包括四个环节：技术引进、消化与吸收、再创新、技术扩散。作为一种开放式创新，企业的技术引进再创新是一项复杂的系统工程，再创新会受到社会需求（包括市场需求）和科技进步的影响，但是其内部环境和创新管理所决定的消化吸收和技术改造是再创新的关键，这也是一个技术积累进化的过程（见图7-1）。关于技术引进再创新的过程，国内学者蔡声霞、贾根良（2007）提出了一个"基于引进消化吸收的技术能力平台跃迁的链式理论"，即以从发达国家的技术引进为开端，到形成对技术的自主创新能力，再到最终达到该技术的国际领先水平的整个技术演化轨迹，表现为量变和质变的多轮交替发展，是一个阶段性的平台跃迁的演化过程。① 因此，通过技术引进再创新，不仅有可能实现消化吸收基础上的自主创新，还有可能实现技术跃升和技术突破，为获取国际竞争优势创造条件。

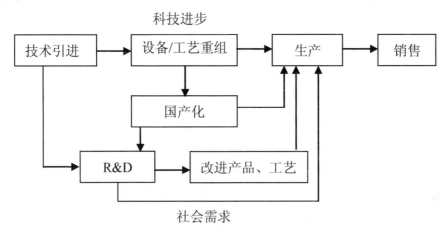

图 7 – 1　技术引进再创新的演进过程

资料来源：于丽英. 利用外资的技术引进与中国的技术创新 ［J］. 2004 (1)：22。

四、技术引进与自主创新的关系

首先，技术引进是我国自主创新的重要组成部分。自主创新包括原始性创新、技术的集成创新和引进基础上的消化吸收再创新三个类型。其中，技术引进、消化吸收再创新是指一个企业通过购买设备、购买技术、技术许可等各种技术获取途径，掌握了这种产品的关键技术和技术秘密，能够在学习的基础上对产品的设计、零部件设计、性能、用途等进行改进、完善，进一步开发和生产出富有市场竞争力产品的技术创新行为，这种技术创新模式也是我国自主创新的三种模式之一。② 其次，自主创新是技术引进的推动力量。这主要体现为良好的再创新能力可以提高技术引进效率，市场价值实现才可以保证持续的技术引进能力，另外，自身的技术突破往往是高端技术引进的重要"筹码"。例如，北京东方科技集团股份有限公司于 2009 年建设了六代线和 8.5 代线两条 TFT – LCD（薄膜晶体管液晶显示器件）高世代线，实现了国内中大尺寸液晶

---

① 蔡声霞、贾根良. 技术引进与自主创新研究 ［J］. 中国科技论坛，2007 (3)：25.
② 王乃静. 基于技术引进、消化吸收的企业自主创新路径探析 ［J］. 中国软科学，2007 年第 4 期。15～16.

显示屏制造零的突破，打破了海外企业对中国内地液晶显示产业高世代线的技术封锁，也推动了日本、韩国将部分高端 LCD 生产线向我国转移。最后，技术引进与自主创新要相结合，并且要以自主创新为主。两者相结合就是要既坚持技术引进支持的自主创新，也要坚持自主创新推动的技术引进，坚持引进国外先进技术与自主开发相结合，立足于掌握核心技术的知识产权和创新的主动性，否则就容易陷入"引进—落后—再引进"怪圈。

第二节　东北老工业基地国有企业技术引进状况

自建国起，东北就是全国技术引进的前沿阵地。东北通过引进前苏联的先进技术、设备和管理经验，建立起一大批企业和研究所，为我国工业体系建设作出了重大贡献。自 1999 年我国制定"科技兴贸"战略以来，我国大力支持高新技术产品贸易，加强技术引进消化吸收再创新，增强企业自主创新能力。在这一政策指引下，东北老工业基地国有企业把引进国外先进技术，实行以我为主的开放式创新作为自主创新的重要模式。在技术引进再创新过程中，东北老工业基地国有企业加大了技术引进力度，发展多元化的技术引进方式，通过多种渠道引进国外技术，将技术贸易与外商投资相结合，对东北老工业基地国有企业创新起到积极影响。从整体来看，东北老工业基地国有企业技术引进状况如下：

一、技术引进保持较快的增长速度

近年来，东北老工业基地技术引进合同数量明显增长，技术引进金额稳步上升。从 2002～2010 年间，辽宁省的国外技术引进合同数量从 187 项上升到 767 项，合同金额从 1.86 亿美元上升到 12.2 亿美元，上升幅度明显；吉林省的国外技术引进合同数量从 86 项上升到 400 项，合同金额从 0.66 亿美元上升到 4.5 亿美元，也有较大幅度的增长；黑龙江省的国外技术引进合同数量从 29 项下降到 23 项，但是合同金额从 0.31 亿美元上升到 1.07 亿美元，也实现了技术引进规模的增长（见表 7－1）。因为东北老工业基地国有企业比重较高，因此，在东北三省引进的技术和设备当中，很大比重是由国有企业完成的，国有企业的技术引进保持了较快的增长速度，具有较大的发展潜力，为引进技术的消化吸收和再创新奠定了较好基础。

表7－1　东北三省技术引进合同数量和合同金额

		2002	2003	2004	2005	2006	2007	2008	2009	2010
辽宁省	国外技术引进合同数（项）	187	245	287	296	355	423	516	617	767
	国外技术引进合同金额（万美元）	18566	34479	49940	26096	39796	114974	120943	68833	122063.6
吉林省	国外技术引进合同数（项）	86	100	104	206	232	303	327	299	400
	国外技术引进合同金额（万美元）	6558	10153	4776	26157	29552	28106	35028	44638	45486.58
黑龙江省	国外技术引进合同数（项）	29	29	53	31	28	18	22	13	23
	国外技术引进合同金额（万美元）	3052	12694	33418	5375	11493	4384	7196	2741	10728.21

数据来源：中国科技统计年鉴2003～2011。

二、技术引进质量明显提高

从东北三省技术引进经费的构成来看，技术引进费要远远超过设备引进经费。自2000年以来，东北老工业基地国有企业技术引进逐步从进口成套设备和生产线为主转向以专有技术和专利技术许可为主。根据《中国科技统计年鉴》的数据，2002～2010 年，东北三省技术引进合同中的技术费从 2.22 亿美元增加到 14.48 亿美元，年均增长近 70%，所占比重也从 79.0% 上升到 97.3%。以 2010 年技术引进的技术费和设备费为例，辽宁省分别为 121834.76 万美元和 228.87 万美元，吉林省分别为 45474.63 万美元和 12.02 万美元，黑龙江省分别为 7453.49 万美元和 3274.74 万美元，所以，专有技术、专利技术和技术咨询、技术服务是东北三省技术引进的主要部分，技术引进的质量有了明显提高。

三、各行业技术引进分布不均衡

根据《中国高技术产业统计年鉴》的数据，东北老工业基地技术引进的产业分布主要集中在医药制造业、航空航天器制造业、电子及通信设备制造业、医疗设备及仪器仪表制造业这四个高技术产业，而电子计算机及办公设备制造业在东北分布较少，所以该行业的技术引进也比较少。因为东北老工业基地国有企业主要集中在装备制造业，所以，东北老工业基地国有企业在汽车、轨道客车、机床、电机等产业方面引进的技术比较多。其中，航空航天制造业尽管技术引进合同数量不多，但是因为以国有企业为主并且单一项目合同金额较高，所以在东北老工业基地国有企业技术引进中占有较大比重（见表 7-2）。从技术引进的主体来看，尽管东北老工业基地国有企业比重较高，但国有企业在技术引进所占比重不断下降，而其他内资企业已经成为技术引进的主体。

表 7-2　东北三省技术引进的产业分布　单位：万元

年份	省份	医药制造业	航空航天器制造业	电子及通信设备制造业	电子计算机及办公设备制造业	医疗设备及仪器仪表制造业
2009	辽宁省	146	——	46305	——	605
	吉林省	500		120		44
	黑龙江省	197	3061	——	——	——
2010	辽宁省	1321	3270			500
	吉林省	706				
	黑龙江省	1035	25910			
2011	辽宁省	121		46551	10	205
	吉林省	663				
	黑龙江省					

资料来源：《中国高技术产业统计年鉴》2010-2012。

四、发达国家和地区是技术引进的主要来源地

发达国家是技术引进的主要来源地,而跨国公司是国际技术转移的主体。发达国家一方面控制核心技术,以多种方式向发展中国家转移成熟技术和过剩生产能力;另一方面在经济全球化的趋势下,在发展中国家大量设立研发中心。欧盟、美国和日本是我国技术引进的主要来源地。2010 年前三季度,我国技术引进的来源国家和地区达 67 个。其中,我国与欧盟签订技术引进合同 2171 份,合同金额 54.1 亿美元,同比增长 15.9%,占技术引进合同总金额的 28.3%,是我国技术引进的最大来源地。同期,自美国和日本技术引进金额分别为 45 亿美元和 34.9 亿美元,金额占比为 23.5% 和 18.3%,分列第二、三位(见表 7 - 3)。此外,自俄罗斯技术引进金额 16.7 亿美元,列第四位。与我国技术引进来源地基本相同,东北老工业基地国有企业技术引进的主要来源地也是欧盟、美国和日本。其中,吉林省的交通运输业技术引进主要来自欧盟和日本,辽宁省的装备制造、冶金、石化等重点行业的技术引进主要来自欧盟、美国和日本,而黑龙江省的航空航天、装备制造业的技术引进主要来自欧盟、美国、俄罗斯。

表 7 - 3　2010 年前三季度中国技术引进前 10 位国别地区　单位:万美元

序号	国别地区	合同数量	合同金额	技术费	金额占比(%)
1	欧盟	2171	540570.37	446267.23	28.27
2	美国	1404	450017.67	438451.05	23.53
3	日本	1855	349270.73	321612.98	18.27
4	俄罗斯	17	167418.89	23848.89	8.76
5	韩国	560	154240.73	153158.99	8.07
6	中国香港	873	76314.12	68027.46	3.99
7	瑞士	124	34568.3	29277.68	1.81
8	东盟	342	32580.75	32485.02	1.70
9	英属维尔京	62	31473.51	31473.51	1.65
10	中国台湾	280	23488.71	23488.29	1.23

资料来源:商务部服务贸易司。

五、消化吸收和技术改造相对技术引进不断提高

东北老工业基地国有企业在技术引进经费不断提高的同时,投入到技术消

化吸收和技术改造经费比重在不断提高。以 2009 年和 2010 年为例，东北老工业基地国有企业技术引进经费分别为 4.9 亿元和 3.2 亿元，而同期技术消化吸收为 2.7 亿元和 2.2 亿元，技术改造经费为 10.7 亿元和 9.7 亿元（见表 7 - 4）。其中，尽管从绝对额上看有所下降，但是技术消化吸收的比重略有提高，技术改造比重则由原来的 54.7% 提高到 61.6%，而技术引进的比重则从 25.2% 下降到 20.2%，说明国有企业与原来相比，在引进技术的同时更加注重后期的消化吸收和技术改造，这有利于国有企业提高自己的创新能力。

表 7 - 4　东北老工业基地国有企业高技术产业技术获取和技术改造情况 单位：万元

年份	省份	技术引进经费支出	消化吸收经费支出	购买国内技术经费支出	技术改造经费支出
2009	辽宁省	46050	545	981	55877
	吉林省	——	165	——	8389
	黑龙江省	3061	25811	11485	42311
2010	辽宁省	4590	121	2083	37137
	吉林省	401	——	——	32
	黑龙江省	26946	21627	4844	60085

数据来源：《中国高技术产业统计年鉴》2010～2011。

第三节　东北老工业基地国有企业技术引进再创新的主要成就和问题

一、东北老工业基地国有企业技术引进再创新的主要成就

（一）技术引进使自主创新能力显著增强

关键技术的引进提高了企业自主创新的起点，对引进技术的消化吸收，提升了企业的自主创新能力。近年来，东北老工业基地的一大批国有企业在引进技术基础上进行再创新，在核心技术周围形成自主创新的包围圈，然后突破核心技术，形成一大批拥有自主知识产权的新项目和新产品，增强了企业的自主创新能力和国际竞争力。哈尔滨电气集团公司（简称"哈电集团"）是我国最大的发电设备、舰船动力装置、电力驱动设备研究制造基地和成套设备出口的国有重要骨干企业集团之一。在 50 多年的发展历程中，哈电集团始终把科技领先作为核心竞争力，按照自主研发、引进消化、博采众长、创新跨越的技术

路线，发挥企业技术创新的主体作用，以市场为导向，坚持产学研合作，加大洁净高效发电技术的开发与应用，在发电设备生产与进步的关键技术上实施重点突破，实现了企业的跨越式发展。哈电集团是在不断的引进、消化、吸收、再创新的过程中，提升自己的核心竞争力、知名度和影响力。

成功引进消化国际先进技术，是再创新的前提和基础。哈电集团利用三峡工程建设中"以市场换技术"的有利机会，在三峡工程左岸电站机组面向国际市场招标采购时，通过与国外企业合作，引进国外先进技术，提高企业技术研发水平。按照招标规定，外国制造厂商在三峡工程中答应并承诺"三个必须"：投标者必须同意与中国制造企业联合设计、合作制造；必须向中国制造企业全面转让核心技术，培训中方技术人员；中国制造企业分包份额不低于合同总价的25%，14台机组中的最后两台必须以中国企业为主制造。在1997年三峡左岸机组招标中，哈电集团只能作为分包者，与法国阿尔斯通公司、挪威KEN公司一起获得三峡左岸14台机组中八台的制造合同。然而，在2003年三峡右岸招标时，哈电集团便用自主开发的转轮与国际巨头同台竞争，并以其高效率和高稳定性获得四台整机制造合同，用七年时间完成了由承制商向制造商的角色转变。

2003年，在国家组织的燃气轮机第一轮捆绑招标中，共有10个项目23台机组，要求国外公司必须和中国一个制造企业组成联合体参与投标。哈电集团历经一年多的艰苦运作，最终与美国GE公司结成联合体，并战胜竞争对手，一举签订了13台机组六个项目。在燃气轮机电站项目合作中，美国GE公司承诺将燃气轮机制造技术转让给哈电集团，联合生产、国产化制造。美国GE公司是跨国公司中的"龙头老大"，在燃气轮机领域中，其技术成熟度最好，市场占有率最高，在美国本土燃气轮机市场占有率为70%，全球市场占有率为50%。这次引进燃气轮机技术，国产化制造成功，也是中国发电设备制造史上的又一重要里程碑。哈电集团这次成功签订13台燃气轮机项目，也是哈电集团构筑新世纪高新技术平台的一次历史性突破。燃气轮机项目的签定也标志着哈电集团进入了一个新的产品升级换代阶段，哈电集团以燃气轮机、60万超临界、60万空冷、百万千瓦级核电等机组搭建了企业高新技术产品发展平台，实现了技术突破。

（二）技术引进使创新产出成效显著

近年来，东北老工业基地一些国有企业在引进技术基础上进行再创新，不断突破核心技术瓶颈，形成一大批拥有自主知识产权的新项目和新产品，增强了企业的自主创新能力和国际竞争力。依靠引进技术消化吸收再创新，东北老工业基地国有企业专利申请和专利授权与技术引进之前相比有了一定增长，专利申请和专利授权数量保持在较高水平（见表7-5）。例如，中国一汽集团"高品质J6重型车及重型柴油机自主研发与技术创新"项目获得了2010年度国家科学技术进步奖一等奖。J6重型车获国家专利193项，发明专利15项，软件著作权两项；自投产以来，累计销售8.6万辆，产值208.7亿、创利税40.9亿，开创了中国汽车史上前所未有的大规模自主开发模式，代表了当前中国商用车行业的最高水平，打破了世界汽车强国对重型卡车的技术垄断。长春轨道客车股份公司是通过技术引进实现技术创新的另一个典型案例。早在改革开放初期，长客股份公司先后多次引进了国外的先进技术，通过这几次成功的技术引进，增强了长客股份公司的新产品研发能力、加工工艺和制造水平，实现了产品的更新换代，使公司的产品质量和档次全面提升，极大地缩短了产品的开发研制周期，增强了公司的技术实力，提高了产品的制造技术水平。目前，长客股份公司累计拥有授权专利516项，其中发明专利20项、实用新型389项、外观设计107项，通过引进吸收国外先进技术，提高企业技术创新能力一直是长客股份的战略选择。

表7-5　东北老工业基地国有企业高技术产业专业情况 单位：件

年份	省份	专利申请数	发明专利	拥有发明专利
2009	辽宁省	540	215	344
	吉林省	106	51	42
	黑龙江省	120	35	110
2010	辽宁省	412	195	130
	吉林省	16	7	21
	黑龙江省	217	69	132

数据来源：《中国高技术产业统计年鉴》2010～2011。

（三）技术引进使创新活动更加活跃

东北老工业基地国有企业在技术引进过程中，把技术进口和增强企业的研发能力结合起来，在进口中加强消化、吸收提高工作，增强企业的核心竞争力和自主研发能力，客观上刺激和推动了国有企业加强企业自身的研发等技术创新活动。2009～2010年，东北老工业基地的国有企业研发人员和研发经费投入都有所增长，研发经费由 2009 年的 31.27 亿元上升到 2010 年的 41.48 亿元，上升了 32.65%，保持较快增长。其中，国有企业数量和比重较高的辽宁省，无论是从研发活动的企业数量、人员投入还是经费投入，在东北三省中都具有绝对优势（见表 7 - 6、表 7 - 7）。

表 7 - 6　东北老工业基地国有企业高技术产业 R&D 活动人员情况

年份	地区	有 R&D 活动的企业数（个）	R&D 人员（人）	全时人员	研究人员	R&D 人员全时当量（万人年）
2009	辽宁	23	4551	3055	2392	3830
	吉林	5	288	133	194	213
	黑龙江	15	3288	2135	2620	3103
2010	辽宁	14	6114	5259	3763	2911
	吉林	5	391	168	233	221
	黑龙江	8	5003	3118	3324	4445

数据来源：《中国高技术产业统计年鉴》2010～2011。

表 7 - 7　国有及国有控股企业高技术产业 R&D 活动经费情况 单位：万元

年份	地区	R&D 经费内部支出	人员劳务费	仪器和设备	政府资金	企业资金	R&D 经费外部支出
2009	辽宁	180612	19252	6468	60998	118320	25064
	吉林	2064	720	102	202	1862	——
	黑龙江	91151	10174	599	44941	46032	13785
2010	辽宁	237173	23180	10331	77469	133690	10435
	吉林	3768	980	224	32	3587	9
	黑龙江	143783	27592	4081	43588	99947	19650

数据来源：《中国高技术产业统计年鉴》2010 - 2011。

（四）推进产业结构升级，优化出口商品结构

首先，传统产业通过引进技术并进行消化吸收，技术水平和劳动生产率大大提高，经济效益明显提升。其次，东北老工业基地的技术引进也加快了重点产业的技术跨越。近年来，我国企业引进了大量先进适用技术，通过进行消化吸收和再创新，掌握了一批关键技术，提高了技术装备水平。例如，通过消化

吸收再创新，中国已掌握了世界先进的动车组和大功率机车等铁路机车车辆制造技术，运用这些技术生产的时速 200 公里及以上动车组和大功率机车的国产化率达到 70% 以上。哈电集团的技术引进和吸收，使中国企业掌握了水轮机的转轮和推力轴承等核心技术，发电设备的制造和装备水平大大提升。再次，东北老工业基地的技术引进推进了配套产业的发展。随着外资企业相关业务的本地化，国内与其配套的产业也得到了相应发展。技术引进及技术溢出不但促进了国内的技术进步，推动了产业结构升级，还提升了国内产业的技术水平及配套能力。例如，长客股份公司在技术引进和国产化进程中，阿尔斯通公司不仅要把其拥有的系统集成、转向架、车体技术向长客转让，并且也将牵引变流器、牵引电机技术向中国北车永济电机厂转让。同时阿尔斯通公司也协助将变压器技术向中国北车大同电力机车有限公司，制动系统向铁道部科学技术研究院转让。在长客股份公司掌握动车组技术的同时，其他相关企业也将大幅度提升现有的技术水平，从而使国内制造企业全面掌握动车组各项技术，缩小与国外企业之间的差距。最后，东北老工业基地的技术引进优化了出口商品结构。东北老工业基地通过引进消化吸收再创新，优化了企业产品出口结构，增强了高新技术企业竞争力。例如，辽宁省机电产品出口占出口总额的比重由 2005 年的 34.4% 提高到 2009 年的 42.9%；高新技术产品出口额占出口总额的比重由 2005 年的 11.1% 提高到 2009 年的 11.3%。

（五）提高企业经济效益，增强企业综合实力

通过引进技术并进行消化吸收，一批具有自主知识产权的重点企业不断做大做强，提高了老工业基地国有企业的设计制造能力，带动了传统产业的技术改造，使老工业基地国有企业技术水平和劳动生产率大大提升，经济效益明显提高。据《中国高技术产业统计年鉴》显示，辽宁、吉林和黑龙江三省的国有及国有控股企业高技术产业，在 2010 年实现主营业务收入分别为 581.5 亿元、29.6 亿元和 277.4 亿元，实现利润总额分别为 39.2 亿元、5.3 亿元和 25.4 亿元，实现利税总额分别为 47.6 亿元、6.8 亿元和 40.3 亿元，引进消化吸收再创新使国有企业抗风险能力显著增强。其中，辽宁省的特变电工沈阳变压器集团有限公司、三一重型装备有限公司、瓦房店轴承集团有限公司、沈阳远大集团、大连重工·起重集团有限公司，吉林省的一汽集团、长客股份公司、吉林化纤集团，以及黑龙江省的一重集团、哈电集团、哈轴集团等企业已成长为行业排头兵。

以长客股份公司为例，2004 年长客股份公司与阿尔斯通共同制定了技术

引进和国产化的方案，通过联合设计、合作生产、技术培训、技术支持提供技术图纸文件的方式，在少量引进整车、部分散件组装、大规模国内生产的过程中，使长客股份公司具备系统集成的能力，全面掌握时速200公里动车组的设计制造技术，同时具备独立完成动车组速度提升的持续研制和开发能力。一方面，长客股份公司能在较短的时间内掌握和消化动车组技术，为下一步的加速发展奠定坚实的基础；另一方面，通过技术引进也使长客股份公司在设计理念、管理思想、装备能力等方面加速与国际先进水平接轨。在引进设计技术、制造技术的同时，长客股份公司引进了国外企业先进的管理方法，并由此全面提升了企业的综合实力，增强了企业的国际市场竞争能力。

二、东北老工业基地国有企业技术引进再创新存在的问题

（一）技术引进结构有待于进一步优化

首先，东北老工业基地技术引进主要分布在医药制造业、医疗设备及仪器仪表制造业、航空航天器制造业以及交通运输制造业等部分产业，其他产业技术引进比重相对较低。有的企业忽视了企业自有的技术水平，引进的技术与企业自身的技术水平相互不匹配，从而对一些引进的设备不能得到合理有效地运用，增加了技术改造费用，造成了资源设备的浪费。有的企业引进技术的技术含量不高，甚至是国外过时和淘汰的技术，这不利于技术引进再创新。其次，技术引进主要方式是专有技术的许可或转让及技术咨询、服务费，而专利技术、高端技术引进比例较小，产品开发、工装、设备等部分核心技术不能直接得到或代价很大，在一定程度上限制了技术引进吸收再创新能力。再次，重视"硬件"的引进而忽视"软件"的学习。重视成套设备、关键设备、生产线等硬件技术的引进，专利、图纸、工艺流程和管理经验等软件技术的引进较少。最后，重视技术引进中显性知识的转移，而忽视了人才、管理经验等隐性知识的转移，技术引进的人才培训需要加强。

（二）消化吸收能力有待于进一步提高

首先，用于引进技术消化吸收方面的资金投入不足，多层次、多元化的创新投入机制尚未形成，用于引进技术消化吸收再创新的资金远低于其他类型企业。根据《中国高技术产业统计年鉴》按地区和登记注册类型统计的高技术产业技术获取和技术改造情况，2010年东北老工业基地技术消化吸收经费内资企业为21686万元、港澳台投资企业为37万元、外商投资企业为47万元，而国有企业则没有相应的消化吸收经费支出，说明国有企业在技术引进消化吸收方面投入不足。其次，重引进而轻消化吸收，技术引进与消化吸收脱节的现

象仍然存在。例如，多年来合资企业的轿车占据了中国90％的市场，但我们却没有掌握汽车制造的核心技术，换来的都是外国公司即将淘汰的成熟技术，形成了技术引进过程中的"引进—落后—再引进—再落后"怪圈，汽车产业"以市场换技术"的技术发展战略因为缺少消化吸收能力而广受批评。最后，消化吸收能力不足也影响了技术引进后的再创新。目前，东北老工业基地部分国有企业技术研发能力薄弱，在一些重点技术领域还受制于人，对一些具有相当技术含量的核心技术引进后消化吸收不理想，一些产业发展所需的核心技术、关键零部件和工艺装备严重依赖进口。因为很多引进的技术一般都是处在产品生命周期的成熟期或衰退期，所以要求技术引进企业必须提高消化吸收能力，及时创新以避免"购买落后技术"的尴尬。

（三）技术引进后的自主研发活动不积极

目前，尽管东北老工业基地的国有企业创新活动不断上升，但是，国有企业与其他类型企业相比创新的积极性仍然不是很高。一是国有企业主要将投入放在技术引进形成的规模扩张上，而忽视技术创新可能实现的内涵式增长。二是国有企业片面追求短时间获取最大利润，对于风险较高、周期较长的技术创新活动不积极，尤其是产品复杂、产量较大的以软件为主的大型引进项目的消化吸收再创新更是如此。国有企业内部的管理模式也决定了企业负责人不希望进行不确定性较高的创新活动。三是国有企业在部分行业内的垄断地位决定国有企业更愿意坐享技术引进后的市场利润，而不愿意冒更大风险。四是国有企业受到管理者任期、产值、利税等硬指标的约束，对投入大、时间长、困难多、风险大的消化吸收和创新发展项目不感兴趣，注重短期行为，对技术消化吸收和再创新的资金投入偏低。另外，地方政府技术引进鼓励政策少，企业缺乏自主研发的动力和政策的推动力，也会妨碍国有企业技术再创新和研发工作。从表7-8可以看出，2010年东北三省企业R&D活动经费支出，内资企业为43.7亿元，港澳台投资企业为0.7亿元，外商投资企业为2.87亿元，而国有企业为0.45亿元，在四种类型其中所占份额最低。其中，虽然有国有企业数量较少和比重较低的原因，但更主要的原因是因为国有企业缺乏技术研发活动积极性。从表8-9可以看到，东北老工业基地中，辽宁省国有企业新产品开发和生产情况相对较好，而吉林省和黑龙江省的新产品开发和生产情况则相对较差，国有企业自主研发活动不积极将加大技术引进后在创新中的难度。

表7-8　2010年东北老工业基地国有企业高技术产业R&D活动经费情况 单位：万元

地区	内资企业		国有企业		港澳台投资企业		外商投资企业	
	内部支出	外部支出	内部支出	外部支出	内部支出	外部支出	内部支出	外部支出
辽宁	250660	10893	1677	1	5636	187	2350	——
吉林	19327	1322	2820	——	——	——	——	——
黑龙江	132909	22099	——	——	1111	20	24860	1500

注：内部支出包括人员劳务费、仪器和设备、政府资金和企业资金等方面的支出。

数据来源：《2011中国高技术产业统计年鉴》。

表8-9　2010年东北老工业基地国有企业高技术产业新产品开发
和生产情况　单位：万元

地区	新产品开发项目数（项）	新产品开发经费	新产品产值	新产品销售收入	出口
辽宁	338	163252	2130336	1991695	73427
吉林	14	1626	12253	19425	
黑龙江	672	142104	240163	211005	

数据来源：《2011中国高技术产业统计年鉴》。

（四）技术引进中知识产权和人才培养等问题重视不足

知识产权保护是技术引进消化吸收再创新的重要环节，但是东北老工业基地国有企业在技术引进过程中对知识产权问题重视不足，既有因为侵犯国外合作方知识产权而被起诉的现象，也有因为不注意保护自己获得的知识产权而被侵权的现象。例如，2012年7月，德国《商报》报道称，德国大众汽车公司质疑一汽集团仿造MQ 200变速箱及EA 111发动机主要部件，共涉及四项专利，一汽集团在没有获得大众授权许可的情况下将大众生产技术应用在一汽自产的车型中，并计划将安装MQ200变速箱的自主品牌车型在俄罗斯市场销售。另外，由于缺乏对引进技术的知识产权保护，造成进一步引进技术的困难，或者企业缺乏知识产权的自我保护意识，失去了进一步吸收创新的权利。同时，技术引进过程中激励优秀人才、鼓励创新的机制还不完善，各方面科技力量自成体系、产学研相脱节，分散重复，整体运行效率不高。

第四节　东北老工业基地国有企业技术引进再创新的对策

一、要坚持技术引进支持下的开放式创新

当今科技发展的趋势主要表现在科技更新速度加快，各学科、各技术领域相互交叉和融合，科技成果应用和转化速度加快，科学技术特别是高技术已成为经济社会发展的主导力量，技术创新能力成为国际市场竞争中的决定性因素。因此，必须要坚持开放式创新的自主创新模式，及时学习借鉴世界上一切优秀的先进技术为我所用，积极利用好全世界的科技资源，同时遵守国际知识产权保护法，保护和鼓励创新活动。通过这种国际间的技术引进和合作研发，一方面可以得到具有先进性、可靠性的技术产品，另一方面培养了科研骨干，使其较好地掌握先进的开发手段和开发过程。这种开放式的创新过程，既降低了企业研发成本，缩短了开发周期，也为企业自主研发打下了基础，赢得了与竞争对手抗衡的先机。

二、在引进技术时要坚持创新主动权

学习借鉴国外先进技术不等于放弃创新主动权，否则容易陷入"引进—落后—再引进"的怪圈。中国第一重型机械集团公司（以下简称"一重"）在引进国外先进技术的同时，坚持以我为主，自主创新，逐步掌握了冷连轧工艺的核心技术，实现了冶金设备的国产化，使我国在高端冶金设备的核心技术研制上走在了世界的前沿。一重集团秉承开放包容的科技创新理念，立足自主开发，吸纳国内外先进技术和优秀人才为我所用。上世纪 90 年代，一重为提高企业研发能力的提升，缩小与世界的差距，开始了通过引进国外技术、与国外联合设计、合作生产等方式提高企业研发总体水平的新探索，为一重自主研发积累了经验，夯实了技术基础。进入新世纪，一重在不断消化、吸收国外先进技术的基础上，在产品的自主研发方面取得了历史性突破和跨越性发展。一重集团按照"构思一代、研发一代、试制一代、生产一代"的思路，构建了一重独有的技术创新体系，即"科学研究层、工程化研究层、批量化生产层"。在引进国外先进技术同时，始终保持着比较完备的技术创新体系，一直重视对人才和技术资源的积累。他们先后成功组建了全国百家技术中心之一的一重集团技术中心、大连设计研究院等，具备了较强的科研开发能力；1999 年人事部批准建立了一重企业博士后科研工作站。多年来，企业博士后科研工作站在

培养企业跨世纪高层次人才，提高企业技术创新能力，推进企业技术进步等方面发挥了积极作用。为广招技术精英，中国一重不断完善识才、用才、重才机制，用发展的事业吸纳高科技人才，用高科技人才牵引高新技术产品开发。坚持以我为主，自主创新使一重登上了研制高端冶金设备的高峰。尤其在我国由国外进口核电锻件受阻，我国核电站建设受到严重影响的关键时候，一重扭转了我国核电重大技术装备所需关键设备和大型铸锻件受制于人的局面。如今，一重已成为全球最大的重型容器供应商，产品打入伊朗、印度等国市场。

三、要强化技术引进与消化吸收的有效衔接

东北老工业基地国有企业实现"引进技术—消化吸收—创新开发—提高国际竞争力"的良性循环，要恰当处理技术引进和消化吸收的关系。首先，要把大力引进先进技术和优化引进结构结合起来，强化技术引进与消化吸收的有效衔接，注重引进技术的消化吸收和再创新，使企业在核心产品和核心技术上拥有更多的自主知识产权；其次，要把发展高新技术产业和改造传统产业结合起来，选择重点领域和产业，扩大引进规模，实现传统产业结构优化和技术升级，把整体引进和重点扶持结合起来，培育技术引进和消化创新的载体；再次，要把提高引进外商投资高新技术企业发展配套产业，延伸产业链，培育和支持出口型企业的发展；最后，要逐步建立以企业为主体，以市场为导向，政府积极引导推动、各方科技力量支持的技术引进和创新促进体系。克服国有企业创新管理中的不足之处，引入市场机制，实行项目负责制，再造新产品研发流程，以提高国有企业的技术引进能力、消化吸收能力和自主创新能力。

四、要重视技术引进再创新中的人才工作

人才是技术创新过程中的核心要素，因此要充分发挥人才在科技创新中的关键作用。做好技术引进再创新过程中的人才工作，主要注意以下几个方面：一是推进人才引进和选拔机制改革，大力引进国内外高端人才和创新型团队，采取持股、技术入股、提高薪酬等更加灵活的政策措施，吸引国外高水平专业技术人才。积极利用各种"人才工程"选拔专家型、复合型、应用型人才，以满足技术引进、消化吸收再创新过程中的人才需求；二是推进人才培养机制改革。利用国内、国际两种资源开展新技术、新工艺、新材料等相关知识和技能培训，并通过研发攻关、企校合作等活动开辟多种高技能人才培养途径，充分利用技术转让方围绕技术咨询、技术服务等内容开展的培训活动，快速提高企业技术人才的研发实力，另外要加大对技术贸易专业人员的指导和培训；三

是完善人才激励和约束机制。要推行科技人员职称改革，实行评聘分开，完善技术人才的选聘和评价体系，重奖科技创新成果，完善创新激励约束机制，并建立有利于再创新的分配激励机制，深化企业收入分配制度改革，将创新活动纳入技术人员薪酬考核体系中，将技术专利、专有技术、科研成果作为要素参与分配。总之，要建立健全有利于再创新的用人机制，完善技术人才的选聘和评价体系，使人才在技术引进再创新中可以发挥更大作用。

五、要做好技术引进再创新过程中的相关服务工作

首先，要根据国家科技发展规划和产业政策要求，结合当地产业发展方向和实际情况，重点支持企业引进具有市场潜力且在未来竞争中将取得优势的或对国计民生具有重大意义的技术。其次，要积极推进企业知识产权管理和保护工作。积极为企业提供专利和知识产权法律服务，引导企业运用专利检索分析和专利申请等手段，自觉保护知识产权，提升运用知识产权制度的能力和水平。再次，要为技术引进再创新提供必要的金融税收服务。既要为企业技术引进和消化吸收提供必要的金融支持，也要研究技术获取过程中的税收减免工作，合理利用税收抵扣、减免和加速折旧等政策鼓励企业再创新，促进外资企业技术外溢，还要研究建立完善创业风险投资机制，利用社会资金支持企业和科研机构引进前沿技术成果，以利于企业掌握国外最新技术成果和核心技术，提高企业自主创新能力。最后，要做好技术引进中的业务咨询、技术信息、市场调研、技术评估、专利检索、法律咨询等公共服务鼓励企业引进符合国家产业技术政策的专利技术、专有技术和先进管理技术，推动与大公司或发达国家技术先进企业建立战略联盟关系，加速高新技术研发领域的国际化进程，进一步优化技术引进的质量和结构。

第八章

东北老工业基地区域创新体系建设研究

东北老工业基地国有企业的自主创新，表面上看来似乎只是国企自己的问题，但实际上，与整个东北地区的区域创新体系建设状况是息息相关的。这是因为，知识经济时代的企业创新模式出现了十分重要的变化，传统的依靠企业内部研发所进行的封闭式创新已经无法满足当前对创新速度的要求，而区域创新体系的建设则会大大促进区域内企业的创新进程。

第一节 区域创新体系与自主创新

20世纪70年代中期以来，世界经济发生了根本性的转变，知识与技术替代资本和劳动力成为经济增长的主要推动力（Romer，1986），经济发展由此步入了一个崭新的发展时代——知识经济时代。在知识经济时代，自主创新不仅出现了新的特点，同时也使得区域创新体系的建设成为自主创新获得成功的前提条件。

一、知识经济时代自主创新的特点

在知识经济时代，创新成为经济发展的核心要素，经济发展实践已经一再表明，产业竞争的实质就是创新能力的竞争。然而，在知识经济时代，创新的本质也发生了很大的变化，以前那种认为创新是基础科学进步的线性累积过程的观点已经过时，它已不再适合揭示当代创新的内在机理，随着科技的飞速发展，创新知识的数量不断累积、创新的复杂性日益增加、产品生命周期日益缩短等一系列因素的影响，当代的创新模式已发生了深刻的变化，创新的内在作用因素和发展实践不断证明，如今的创新已不再是一个孤立的过程，"创新的直接来源是科研、商业、教育和公共管理机构之间不断的相互作用"，所以，创新活动已经不是单一的企业内部的活动，而是一种系统性的活动。如果我们进一步将创新这种系统性的活动进行分解，那么至少可以分解出两种不同类型的创新，自主创新与模仿创新。而无论是哪种形式的创新都会包含以下几种共同的特征：

第一，所有的创新活动都具有风险和不确定性，区别仅在于风险的大小不同；

第二，传统的创新活动可能很大一部分还依赖于经验的累积，但当代的创新活动主要依赖于科学知识的进步；

第三，随着创新竞争的日益激烈，创新的速度就显得尤为重要，而与此同时，创新的复杂性也不断增强，因此，由相关的创新型企业以及相关的研究机构系统组合起来的群体创新，或者说构建创新系统显然要优于个体创新；

第四，在创新体系中的企业可以在学习和积累的过程中，通过"干中学"和"用中学"来加速创新的进程；

第五，创新或者说技术进步是一种知识的积累活动，不是所谓的"灵光一现"。

可见，创新并不是靠天才的灵感，它是一个知识积累的过程，既然创新需要积累，因此，创新往往是从模仿开始的，这也是一个十分常见的现象，发展中国家的科学技术的进步往往是通过模仿发达国家而实现的。

二、区域创新体系成为自主创新获得成功的前提条件

既然创新最初往往是通过模仿，那么，怎样才能实现从模仿创新到自主创新的突破呢？总体来说，应该满足以下一些基本的条件：

第一，实现企业家的主体地位，使企业真正的成为企业家的企业。企业家的这种地位之所以重要，根本原因在于创新是企业家的本能。只有企业家才会有创新的冲动和压力。而资本所有者是没有创新冲动的，因为资本所有者是风险规避型的，他们只希望能够低风险的获得较为稳定的投资回报，会尽量避免风险较大的创新活动。而企业家却不会这样，企业家所拥有的不是资本，而是经营企业的知识，因此，企业家要想获得自身的增值只能使企业通过创新在竞争中获胜，否则的话就会导致企业因为缺乏创新而陷入破产的境地，从而导致企业家的"人力资本"损失殆尽，因此，企业家必定会积极地开展各种创新活动。

第二，使企业进入到市场竞争。实现企业家的主体地位可以看成是实现企业创新的内部条件，而使企业积极参与市场竞争则是创新活动的外部条件。企业进行的市场竞争总体上可以分成两种方式：成本竞争和技术竞争。成本竞争大多是在一国经济比较落后的时候比较常用的竞争方式，但是随着经济的发

展，成本竞争的空间将被挤压得越来越狭小，技术竞争则会成为市场竞争的常态。因此，具体到国有企业的自主创新，一定也要把国有企业引入到市场竞争当中，防止出现国企垄断的现象，要放松市场准入，使得国有企业可以和私营企业共同竞争，这是增强企业创新的一个十分重要的举措。

第三，鼓励金融创新。创新的风险一般都是很大的，失败率很高，而世界上大多数的人都是风险规避型的，那么如何降低创新的风险是一个社会能否成为一个具有活跃创新氛围的很重要的因素。但是，什么样的金融创新才能适应科技创新的这种高风险活动的资本需求呢？传统的存贷款银行是无法承担这种功能的，因为传统的银行是风险规避型的，运作的理念是要稳定的获得适当的金融收益，虽然收益率不高，但是风险也很低。因此，一定要建立真正的、市场化运作的风险投资体系，给科技创新提供与之相适应的资本支持。

然而，除了上述的基本条件外，要想获得自主创新的成功，还需要一个必要的前提条件，那就是建立区域创新体系。这是因为，当代的创新已经不是单纯的企业内部行为，而是越来越具有群体性的互动行为。特别是创新活动的溢出效应越来越强，可以给整个社会带来很大的外部正效应，在这种情况下，政府积极地参与创新活动就成为一种责任。但是，关键的问题是政府该如何参与，政府的参与与企业的行为是有本质区别的，企业是直接创新，而政府的作用则在于为企业的创新活动提供一个友好的环境，也就是说提高创新的效率，降低创新的风险和成本。而政府所采取的方法就是建立创新体系，把所有的有利于创新的要素组合并动员起来，最大限度的释放当地的创新潜力，在最短的时间内把知识转化为能直接带来经济利益的新技术与新产品。这也是在创新竞争日益激烈环境下的一条必经之路。

通过上述的分析，我们发现，今天中国之所以创新能力不足，特别是自主创新能力的低下，根源不仅仅在于我们的企业自身，很大程度上还因为企业所必须的外在环境或者说创新体系有很多的不足。因此，提高我国东北老工业基地国有企业的创新能力，其实不是国有企业单方面的事情，而是一种包括企业改革和政府转变职能在内的区域转型。对于一个区域来讲，要促进本区域内部企业的创新能力，就一定要打造好区域创新体系，因此，东北老工业基地国有企业的创新问题与东北区域的创新体系构建密切相关。

第二节　区域创新体系中各结点及其作用

区域创新体系理论是借鉴国家创新系统的理论和方法，针对一国内部特定区域研究其创新活动。区域创新体系作为国家创新系统的一部分，其基本结构是由区域内构成创新连接的各个结点组成的，这些结点也就是创新活动的行为主体，包括企业、大学、科研机构、各类中介组织和地方政府。每个主体在这个体系中，都有其特定的作用。

一、创新体系中的企业

在区域创新体系中，企业是最重要的结点，企业在创新体系中处于核心位置。传统的创新观念认为，创新是一种线性过程，是企业通过内部的研发、实验，再推出市场的这样一个循序渐进的过程，也就是认为创新是企业内部封闭的事情，创新的知识全都是来自于企业内部的研发。但实际上，今天的创新已经不是这样了，当然企业自身的研发是很重要的，但是很多新知识都是来自于企业之外的各种交流，这种交流可能是正式的，也可能是非正式的，这些来自于企业之外的知识甚至达到了企业创新知识的40%，通过自身知识的创造以及与外部知识的融合可以大大提高企业的创新速度，并且，不同思想的碰撞反而更可能产生创新。

因此，从企业创新来讲，企业一定需要做开放式的创新，要不断的与各种知识主体发生联系，不断的获得外部资源，这些资源可能是知识，也可能是人才，还有可能是资金或者各种专业的服务，而为了获得这一切，企业一定要积极主动的展开与外界的联系，这种联系越紧密，能够获得的外部援助就越多。所以，对于东北老工业基地的国有企业来说，国企的创新绝对不能采取传统的封闭式的创新，而应该积极的构建开放的创新网络，积极吸引外部的知识，提高创新的速度和质量。

二、大学与研究机构

大学与研究机构是创新体系中十分重要的知识创造机构，是区域创新体系中不可缺少的一环。大体来说，大学与研究机构的作用主要体现在以下几个方面：

第一，不断创造新的知识。大学中产生的知识既包括基础研究方面的知识，也包括技术应用的知识。基础知识的社会效益是十分巨大的，但是企业是不会研究基础知识的，因为它短期内无法带来效益，并且具有很大的不确定性，但基础研究在长期来看作用是十分巨大的，甚至可能改变世界。因此，从这个角度来说，大学与科研机构是必不可少的。另外，在科研过程中，大学与研究机构还会产生很多的应用技术，经过与企业的合作，可以很快的投入市场，获得利润。所以，总的来说，大学的作用是累积知识，提高知识的存量。

第二，培养人才。社会的发展终究靠的是人才，国与国之间的竞争归根结底是人才的竞争。那么社会上所必须的各类人才，比如，科学家、工程师、企业技术人员、金融服务人员等等，是从哪里来的？都是通过大学的培育产生的。因此，大学人才的培养可以为当地的发展提供源源不断的人才支持，大学不仅可以通过自身的培养向当地输送人才，还可以通过本地的"极化效应"吸引外界人才的加入。

第三，孵化高科技企业。除了创造知识、培养人才这种间接的支持创新的方式外，大学与研究机构还可以通过直接的衍生、孵化高科技企业的方式，为区域创新提供最直接的帮助。大学衍生、孵化企业的作用可以是十分巨大的，目前世界上最伟大的创新集群，美国硅谷最早的高科技企业都是通过斯坦福与麻省理工学院衍生的，英国的剑桥大学更是通过衍生、孵化高科技企业而创造了世人瞩目的"剑桥现象"，大学与研究机构的这种衍生企业的行为不仅可以在当地形成创新集群，吸引其他地区的创业者的加入，同时还对当地创新、创业文化的培养有着十分重要的作用。

三、地方政府

与企业、大学以及研究机构不同，政府既不能产生新知识，也不能创造新的企业，那么，为什么政府是区域创新体系中不可缺少的一环呢？其根本原因在于市场会经常处于失灵状态，因此需要政府的介入。特别对于区域创新体系来说，由于区域创新体系的核心理念在于创新产生于群体的互动行为，依赖于企业、大学、科研机构等不同创新主体的交流与碰撞。但是，如果市场失灵，这些行为主体之间的关系就会受到影响，会影响到这些主体之间的合作。在这个时候，政府就可以发挥作用，出面协调。

此外，政府还可以通过出台一系列的激励措施，采取倾斜性的税收、金融政策，为高新技术企业的创业降低门槛，促进整个区域的互信，减少不同主体交际网络中的障碍，这都会对区域创新体系的运行起到重要的推动作用。

四、区域金融机构

创新行为是一种高风险的行为，创新的主体往往是有着很好想法，但是缺乏资金的人。正是由于这种禀赋的不对称，因此，金融对创新的支持就变得十分重要。区域金融机构有很多种类，如国有银行、地方银行、风险资本、各种形式的借贷资本等。很多人认为，当今时代已经进入了资本全球化的时代，企业融资的资金越来越不受到空间的限制，所以，创新企业可以通过很多渠道在外地融资。但是，实际情况并非如此，根据相关研究显示，区域创新体系中的高科技创业企业更多的还是与本地金融合作，其根本原因就在于本地金融与本地企业之间存在更多的信息对称性，因此，本地的金融机构更愿意贷款给当地的企业，这样可以减少更多的风险。正是基于上述原因，当地金融机构在促进本地创新体系构建的过程中有着十分重要的作用。

第三节 东北老工业基地区域创新体系建设的现实基础

在我国经济整体发展面临转型的这一背景下，东北老工业基地的调整与改造又被推到了历史的前沿，并且，东北老工业基地的改造也被推到了全球竞争的这一大背景下，这对东北来说面临着一种机遇，但更多的可能是挑战。那么，如何构建起能适应全球竞争的区域创新体系，就是东北的当务之急。东北老工业基地经过多年的发展，已经聚集了一系列的有利资源，为区域创新体系的建立有了一定的基础储备，但是同时也面临着很多的不足，在此，我们分两个方面论述。

一、东北区域创新体系建设的有利基础

（一）良好的科教与人力资源

东北的科教资源比较丰裕，东北三省科研机构为 2075 所。其中高等学校 182 所，占全国的 10.51%，校属研究与发展机构 524 所，占全国的 14.24%。现已建立国家工程研究中心 17 家，企业技术中心 313 家，国家认定的企业技术中心 38 家，工程技术研究中心 109 家，重点实验室 127 个，企业技术开发机构 447 家。此外，科技活动人员 27.8 万人，占全国 7.9%，其中分布在自然科学技术领域的科技活动人员和科学家工程师占科技活动人员总数的 95%。专业技术人才达到 210 万人，受过专门训练、有较高技术水平的工人超过 1000 万人。此外，国有企事业单位专业技术人员 265.13 万人，大中型工业企业中技术开发人员有 16.08 万人，分别占全国的 11.01% 和 11%，大幅度高于东北地区人口在全国的比重（8.4%）。同时，东北的劳动者素质近年来也出现了一定的改善（见表 8 - 1），从全国劳动者素质排名来看，虽然黑龙江省

在 2010 年的排位比 2002 年有所下降，但是和 2004、2005 年相比，却有较大的提高，吉林省进步较大，辽宁省排位未变。总之，在劳动者素质方面，东三省处于全国上游水平。

表 8 - 1　2002~2010 年东北三省劳动者素质排名的变化

	2002	2003	2004	2005	2006	2010
辽宁	7	5	12	7	7	7
吉林	14	7	8	8	9	9
黑龙江	9	11	17	28	11	11

资料来源：中国科技发展战略研究小组：《中国区域创新能力报告 2010》，科学出版社 2011 年版。

（二）高技术产业产值连年增加

在高科技领域，东北近年来也有了较大发展，高科技产业产值连年增加，特别是辽宁省，2009 年，辽宁省高科技产业产值达到了 1314 亿元人民币，与 2007 年相比，增长了 29%。此外，吉林省与黑龙江省的高科技产业产值虽然不高，但是增长速度也很快，与 2007 年相比，吉林省与黑龙江省高科技产业产值分别增长了 71% 和 26%。

表 8 - 2　东北三省高科技产值（单位：亿元）

地区	2007	2008	2009
辽宁	1019	1177	1314
吉林	314	426	538
黑龙江	246	285	311

资料来源：中国科技统计网。

（三）广阔的产业前景

东北地区是我国最早形成的，内在联系最紧密而且工业体系比较完善的经济区域。在建国初期，东北的工业体系就被列为我国重点建设对象，经过几十年的发展，东北已经成为了工业体系门类比较齐全，以国有企业、重工产业为主体的经济发展区。目前，东北已经成为我国最大的钢铁生产基地、石油化工基地、汽车工业基地以及粮食生产基地。在中国走向现代化过程中，东北地区一直都起着十分重要的作用。尽管与东部沿海地区相比，东北的经济比重或者说经济地位有所下降，但是，东北仍然属于工业基础雄厚、人才资源丰富且交通比较发达的地区。并且在东北内部也形成了各具特色的产业分工格局，吉林省在汽车、基本化工、农机以及粮食深加工等领域占有一定的优势。黑龙江省在石油、煤炭、机械以及大豆等农产品领域具有优势。而辽宁省在钢铁生产、有色金属冶炼、石油化工、建材、纺织等领域具有优势。总之，东北三省都形成了各具特色又紧密联系的区域工业体系，东北的未来有着十分广阔的发展前景。

（四）特色鲜明的产业基础

经过改革开放 30 多年的发展，东北目前已经形成了自己鲜明的产业基础，与国内其他省区相比，有着自己独特的比较优势。目前，东北的汽车制造能力在国内排在了首位，石化工业也在稳步的推进、绿色农业发展较快，依赖于高新技术，一批新兴的产业也在东北迅速兴起，如软件产业、光电产业、新材料产业等。在装备制造业方面，东北更是走在了中国的前沿，特别是自东北老工业基地振兴计划开始实施以来，一汽重工、哈电、哈空调、长春客车厂、沈阳机床、北方重工、大连船舶重工等等一系列重点国有企业的技术水平、产品质量与创新能力都有了一定程度的提高，并且在自主创新方面也是成果显著。如，长客在地铁车辆生产、高速动车组自主化研究等方面成为国内的领军企业，并且很多产品销往海外；沈鼓集团在多个技术领域打破外国公司长期垄断国内市场的局面，为国家重大技术装备国产化和国民经济的发展做出了重要的贡献；哈空调百万千瓦级空气制冷系统水平位于国际领先地位，并占领了国内市场；此外，沈阳机床、大连机床、齐重数控、齐二机床等企业成功研制了一批高档和重型数控机床，在很多方面，填补了国内空白。除了传统的这些产业外，近年来，东北地区在一些新兴产业方面也有了很大的发展，如航空航天、高端装备、海洋工程、生物医药、软件外包等。总之，目前东北已经形成了有着十分鲜明的产业基础。

（五）不断提升的科技创新能力

东北不仅有着较为丰富的科技存量，在科技创新能力方面，近年来也有了长足的进步。在此，我们仅以东北发明专利的申请数据，以 2009 年的数据与 2002 年相比可见，无论是专利的申请受理量，还是授权量，都有了大幅的增长。其中最能表现创新含量的发明申请的授权量的增长率更高。可见，东北地区的科技创新能力有了很大的提高。

表8-3　2002~2009年东北三省三种专利申请受理量和授权量的比较

项目	申请受理量					
	2002	2009	增长率	其中: 2002年发明申请	2009年发明申请	增长率
辽宁	9851	25803	161.90%	1619	7125	340.10%
吉林	3413	5934	73.90%	1004	2166	115.70%
黑龙江	4392	9014	105.20%	939	3384	260.40%
项目	授权量					
辽宁	4551	12198	168.00%	385	1993	417.70%
吉林	1507	3275	117.30%	157	719	357.90%
黑龙江	2083	5079	143.80%	138	1142	727.50%

资料来源: 唐国华等:《"东北老工业基地振兴与区域高等教育一体化关系的研究"总报告》,《现代教育管理》2011年第9期。

（六）快速成长的科技服务体系

科技中介与科技服务是区域创新体系中十分重要的一环,在科技服务中介方面,东北地区也获得了很大的发展。科技服务的发展主要体现在三个方面,一是生产力促进中心的建立,主要从事咨询服务、信息服务、技术服务、培训服务、人才和技术中介及培育科技型企业等工作;第二是企业孵化器,为新生高科技企业提供一个帮助、培育的系统服务;第三就是科技成果的转化方面,也就是技术市场的发展,从2001年至今,东北整体的技术交易增长率超过了15%,2007年甚至达到了30%。

二、东北区域创新体系建设的不利条件

（一）东北区域创新能力较低

由于东北是传统的老工业基地,因此,区域创新能力还是比较落后的。在2010年全国各地区的创新能力排名中,吉林、黑龙江都比较靠后,虽然辽宁排名略好,但也只是第12位而已。更为重要的是,东北区域创新能力排名还出现了下降,与2009年相比,辽宁的区域创新能力下降了三位,吉林持平,但黑龙江下降了两位。

表8-4　2010年各地区创新能力排名变化及指标调整的影响

地区	2010排名	2009排名	变化	地区	2010排名	2009排名	变化
江苏	1	1	0	山西	17	20	3
广东	2	2	0	河北	18	19	1
北京	3	3	0	黑龙江	19	17	-2
上海	4	4	0	广西	20	25	5
浙江	5	5	0	吉林	21	21	0
山东	6	6	0	江西	22	18	-4
天津	7	7	0	海南	23	27	4
湖北	8	10	2	宁夏	24	29	5
四川	9	8	-1	云南	25	22	-3
重庆	10	13	3	内蒙古	26	26	0
湖南	11	15	4	新疆	27	24	-3
辽宁	12	9	-3	甘肃	28	28	0
安徽	13	11	-2	贵州	29	23	-6
陕西	14	14	0	西藏	30	31	1
河南	15	16	1	青海	31	30	-1
福建	16	12	-4				

资料来源：中国科技发展战略研究小组：《中国区域创新能力报告2010》，科学出版社2011年版。

（二）创新潜力未能得到充分发挥

东北三省虽然具备了一定的知识创造基础，但是这些基础并没有得到充分的发挥。其中，很重要的原因就在于高等院校以及科研机构对于与企业之间的合作激励不足，同时，对科研人员的考核也不尽合理，无法有效的调动科研人员的积极性，无法充分的发挥当地的知识创造潜力，使得东北在全国范围内，仍然处于落后地位。虽然近些年来东北的专利申请有了较大的发展，但是通过对比来看，无论是所占比率还是在全国的排位，整体上东北是更加落后于其他的省份了，整个东北的区域创新能力仍未充分发挥。

表 8-5　2002~2009 年东北三省及若干发达省份"三种专利授权量"比较

项目	2002 年			2009 年			2009~2002 年相比较	
	授权量（件）	占全国%	全国排位	授权量（件）	占全国%	全国排位	占全国比重变化	在全国排位的升降
全国	112103	100%	–	501786	100%	–	–	–
辽宁	4551	4.06%	7	12198	2.43%	8	-1.63 %	-1
吉林	1507	1.34%	8	3275	0.65%	19	-0.69 %	-1
黑龙江	2083	1.86%	14	5079	1.01%	18	0.87%	-4
广东	22761	20.30%	1	83621	16.66%	2	-3.64 %	-1
江苏	7595	6.76%	3	87286	17.39%	1	+10.63 %	+2
浙江	10479	9.35%	2	79945	15.93%	3	+6.58 %	-1
山东	7293	6.51%	4	34513	6.88%	4	+0.37%	持平

资料来源：唐国华等：《"东北老工业基地振兴与区域高等教育一体化关系的研究"总报告》，《现代教育管理》2011 年第 9 期。

表 8-6　2002~2009 年东北三省及若干发达省份"发明专利授权量"比较

项目	2002 年			2009 年			2009~2002 年相比较	
	授权量（件）	占全国%	全国排位	授权量（件）	占全国%	全国排位	占全国比重变化	在全国排位的升降
全国	5868	100%	–	65391	100%	–	–	–
辽宁	385	6.56%	2	1993	3.05%	7	-3.51 个百分点	-5
吉林	157	2.67%	13	719	1.10%	18	-1.57 个百分点	-5
黑龙江	138	2.35%	16	1142	1.75%	13	-0.60 个百分点	+3
广东	352	5.60%	3	11355	17.36%	1	+11.76 个百分点	+2

续表

项目	2002 年			2009 年			2009～2002 年相比较	
	授权量（件）	占全国%	全国排位	授权量（件）	占全国%	全国排位	占全国比重变化	在全国排位的升降
江苏	334	5.69%	5	5322	8.14%	4	+2.45 个百分点	+1
浙江	188	3.20%	10	4818	7.37%	5	+4.17 个百分点	+5
山东	322	5.49%	6	2865	4.38%	6	-0.11 个百分点	持平

资料来源：唐国华等：《"东北老工业基地振兴与区域高等教育一体化关系的研究"总报告》，《现代教育管理》2011 年第 9 期。

（三）企业尚未确立创新主体地位，创新动力不足

东北是传统的老工业基地，重工业国有经济占主导地位，企业对创新的敏感度较低，积极性也很小，企业在治理结构上缺乏创新激励的机制，导致企业对创新重视程度普遍不够，企业的封闭性较高，与当地的大学、科研机构的互动不够密切，没有积极的吸收外部的知识为己所用。此外，就企业本身来说，拥有研发机构的大中型企业比例偏低，进行技术改造的投入也不足。

（四）区域创新的支持力度不足，缺乏一个良好的创新环境

在区域创新体系的宏观支持方面，东北三省也是相对落后的。与发达省份相比，东北无论是在人才、资金，还是教育方面的投入，都有着不小的差距。同时，在创新环境与创新基础设施方面，东北也处于不足的状态，支持企业创新、创业的政策力度不足，风险资本也十分匮乏，对创新型人才的吸引力也较弱，进而造成了本地人才的大量流失。因此，东北的当务之急是要分析清楚自身的差距，尽快做出弥补，加速创新环境的改善与创新体系的建设。

表 8－7　2001～2010 年东北三省创新环境排名的变化

	2001	2002	2003	2004	2005	2006	2010
辽宁	2	10	7	7	8	7	8
吉林	3	20	19	23	19	22	24
黑龙江	4	13	14	16	21	17	17

资料来源：中国科技发展战略研究小组：《中国区域创新能力报告2010》，科学出版社2011年版。

表8-8　2001～2010年东北三省创新基础设施排名的变化

	2001	2002	2003	2004	2005	2006	2010
辽宁	14	9	4	10	6	4	19
吉林	16	22	20	21	13	20	9
黑龙江	15	14	17	13	14	11	22

资料来源：中国科技发展战略研究小组：《中国区域创新能力报告2010》，科学出版社2011年版。

（五）没有形成创新文化

东北地区创新氛围仍然不强，缺乏这种创新型的文化。创新主体的创新观念陈旧落后，小富即安，循规蹈矩，风险意识差。对新思想、新技术、新工艺、新设备持观望态度，对科学技术、机制体制和管理等先进生产力要素认识不足。部分企业自主创新热情不高，"等靠要"思想普遍存在，致使地区性创新活动不活跃，经济发展和科技进步缓慢。此外，有的科技工作者科学价值观存在着不同程度的偏离，经济功利性强，追逐个人名利、职称、待遇等物质层面，而放弃了对科学探索价值的认同，精神追求和社会责任感不强。

第四节　东北老工业基地区域创新体系的发展战略与机制建设

区域创新体系包含很多的重要结点，那么如何使得这些结点之间产生化合作用，顺利地使整个体系高效的运行，那就需要采用行之有效的发展战略，并且要建立起支持其正常运转的运行机制。

一、东北老工业基地区域创新体系的战略定位

具体到东北老工业基地区域创新体系的发展，我们应该采用什么样的发展战略呢？根据知识经济时代的特点，采取创业型经济模式与创新集群发展战略是一种最好的选择。

（一）创业型经济模式

区域创新体系的构建需要有与之相适应的文化体系及经济模式，仅仅有相关的服务机构是不足的，如果没有形成能够有效促进区域创新体系顺利运行的内核文化及行之有效的发展模式，区域创新体系的各个结点就不会发挥出其应

有的作用。西方发达国家区域创新体系发展经验表明，创业型经济模式，是与区域创新体系相辅相成的一种经济发展模式，也是未来的经济发展方向。

创业型经济的概念是在 20 世纪 80 年代由彼得·德鲁克作为"新经济"提出的，他是在对美国经济发展模式转变进行敏锐观察和深入研究的基础上提出的。与管理型经济（managed economy）以经济均衡的稳定性、专业化、产品同质性、规模经济、确定与可预测性为特征不同，创业型经济（entrepreneurial economy）主要体现为经济均衡的变动性、灵活性、产品多样性、创新性、集群性。在理论上，创业型经济不仅关注新增长理论所强调的知识要素，而且强调管理型经济所忽视的创业资本（entrepreneurship capital）的作用。创业型经济体系从制度结构、政策和战略上支持并保证经济创新，促进企业的不断创生与成长。如果说，传统经济的增长模型为 $Q = \alpha K\beta L\Phi$，新经济的经济增长模型为 $Q = \alpha K\beta L\Phi R\eta$，创业型经济的经济增长模型则为 $Q = \alpha K\beta L\Phi R\eta EE$，其中的 E 表示企业家的创新与创业活动。也就是说，驱动创业型经济发展的主要不是传统资本、劳动，甚至不是科技研发，而是企业家的创意、创新与创业活动。

总的说来，创业型经济主要有以下几方面的特征：

第一，生产要素以企业家禀赋为核心是创业型经济的基础。在本质上，企业家是拥有创意、管理技能、营销网络等关键性资源的中心签约人（central contractor）。依据自身拥有的关键资源，企业家与经理、供货商、银行、工人等签订协议，在支付给他们契约规定的报酬后，最终获得剩余收益或者承担损失。在传统的以资本、劳动力和土地作为生产要素的管理型经济中，企业内的生产和企业外的市场是相对稳定的。在创业型经济中，除了以上要素之外，知识（knowledge）或者技术（technology）作为一项新的生产要素也进入到某些行业的生产过程，并且成为经济增长的重要解释因素。然而，知识在本质上与传统生产要素不同，它具有高市场风险性、高信息不对称性和高交易费用的特点。知识作为生产要素进入生产过程，必然对企业家准确把握市场、准确识别知识的市场价值、有效管理和领导团队以及风险承担能力都有更高的要求。在这个意义上说，企业家在创业型经济中比在管理型经济中发挥着更为核心和持续的作用。企业家在创业型经济中的核心地位还体现为以下事实：有相当一部分新企业是由雇员转变为企业家创立的。具有企业家潜质的雇员在企业内工作一段时间后，学习到企业运营的相关技能之后，就可能离开雇主自行创业。据统计，全球增长速度最快的 500 家小企业中，71% 都是由那些从大型企业辞职的雇员创办的，其创意则大多来自原企业，或者直接复制原企业的生产方式。这在美国半导体和硬盘驱动行业的发展历程中尤为明显。该行业几乎 80% 的企业都是由从某个公司辞职的雇员创办的。

第二，以知识经济为主要框架的产业结构是创业型经济的重要支撑。在经济发展的模式中，产业结构是一个非常重要的标志。传统的大工业经济中，产业结构是以钢铁、水泥、房地产、汽车、机电工业为主要结构的传统经济模式。而创业型经济是以创业、创新为龙头，以知识产品、技术产品、信息产品、创意产品为主体的高新技术产业作为创业型经济的主体产业结构。

第三，以创新集群的模式存在是创业型经济的企业产生和发展的基本形态。创业型经济模式下，企业的萌生、发展、存在的基本形态是众多的大大、小小的创新集群，其中中小型企业在创业、创新中起着十分重要的作用。他们生生不息的创业活动成为促进经济发展的主要动力，掀起一个一个的创业浪潮，实现了区域性的创业革命。

第四，扁平化、综合型的创新服务体系是创业型经济的孵化器。在管理型经济模式下，传统的大工业生产侧重管理和规模生产。一切都按照严格的规范和严格的管理制度，按部就班地进行。这是由于大工业和传统生产方式的需要，在保证质量和安全中发挥了重要的作用，但是它同时也束缚了人们的创造性，在创业型经济模式下，这种强化管理体制已经不能适应各种创新的需要。而创新才是创业型经济的灵魂，任何单一方面的创新都不能满足创业型经济发展的需要，只有建立一个综合型、全面的创新服务"体系"，才有可能保证创新的持续发展和全面推进。因此包括理论创新、制度创新、机制创新、体制创新、文化创新在内的综合创新体系是发展创业型经济环境的保证。为了适应创业活动的不断发展，各种管理机构都应该建立扁平化的、服务型的管理体制，从而形成一种天空任鸟飞、海阔凭鱼跃的创新、创业环境。一切围绕着促进创业、创新、创造和科技转化。

第五，先进的、开放式的创新、创业文化是创业型经济的灵魂。创新型的经济一定伴随着创新型的文化，一个先进的开放式的创新文化是发展创业型经济重要保障之一，因此必须创造包括鼓励创新、允许冒险、容忍失败、海纳百川、永不放弃、永不言败的创业文化氛围。

第六，投资者、运营者、劳动者的就业方式、生活方式及人生理念是创业型经济发展的社会保障。在计划经济条件下和管理型经济模式下，人们处于被动型、消极型、依赖型、苦渡型的消极生活状态，人们习惯于按部就班、严格规范、循规蹈矩，缺乏足够的创新、创造、创业能力。一旦失业就会呼天抢地，等待国家救济或者是谋生式的被动就业。创业型经济模式下，人们的生活状态以及人生理念发生了根本的变化，转化为创造型、自立型、主动型、激情型生活状态。以创业带动就业，社会风貌和精神状态将会发生根本变化。

第七，以创业教育为主体的教育模式是创业型经济发展的人才源泉和先导性要素。教育是培养人才的源泉，一个应试性的教育是不会产生创业型经济的，在应试教育下，人们为了证书、职称和学位而努力。要想培养真正的创业型人才，造就千千万万创业英雄，就必须进行教育改革。彻底改变人才观，把培养创业意识、创业能力、创业技能、创业型人才作为教育的基本目的，才有可能真正地实现教育改革，才能彻底改变应试教育为能力教育和素质教育。这是发展创业型经济先导型基础。

由此可见，创业型经济发展模式是一种能有效调动区域创新活力的经济发展模式，当代的创新是一种开放式的创新，即使国有企业的自主创新，也要源源不断地从外部吸取创新元素，而创业型经济发展模式能够构建一种充满创新活力的经济发展环境，也是实现区域创新体系有效运转的最优选择。

（二）创新集群发展战略

创业型经济发展模式是实现东北老工业基地区域创新体系顺利发展的宏观经济战略，而具体到微观的运作模式，采取创新集群发展战略是一种理想的选择。创新集群实际上就是一个特殊的创新系统，创新集群与区域创新体系之间存在着密切的关系。实际上，区域创新体系我们可以把它更多的看成是一种相对宏观的制度上的建设，而创新集群可以把它看成是一种微观的创新系统，能够更有效率的产出创新。也就是说，区域创新体系是一种宏观上的服务，而创新集群通过真正的实践，获得创新这种产出。同时，两者之间还有着很紧密的联系，它们是一种相辅相成的关系：

第一，两者都是以特定区域，或者说特定地理空间为研究范围，同属于地理经济学与创新研究的交叉范畴。

第二，两者都以当代创新的非线性内涵为基础，在文化环境上具有相似的要求，创新与创业型的文化都是两者共同的追求。而在创新主体的构成，两者又有着很多的交叉，如，企业、大学、科研机构、政府、金融等中介机构。此外，创新集群内部特有的文化氛围，知识要素，人才资源等本身又是区域创新体系的必备要素。

第三，在功能上，区域创新体系与创新集群彼此相互配合。区域创新体系为整个区域在知识流动、技术扩散、合作创新等活动提供一个宏观的、制度上的保证。而创新集群则是通过更加直接有效的网络效应，促进创新产品的直接产出，所以，在功能上，两者是相辅相成的。

第四，在目标上，两者是和谐统一的。区域创新体系的目的是创造一种高效的创新资源的配置方式，使得区域内的创新资源能够更好的整合与利用，促进整个区域创新能力的提高。而创新集群则体现了特定及相关产业之间以及与各种知识机构之间在创新方面的配合，通过集群内部的"创新空气"、知识流动、外部经济以及竞争效应等，提高创新的效率，以适应日益激烈的全球竞争。

可见，区域创新体系与创新集群在地域范畴、结构模式、功能目标方面有着多种联系，因此，建设区域创新体系的关键就是要积极促成创新集群形成和发展的制度条件。根据东北的实际情况，要着力构建以大型国有企业为中心的创新集群，也就是卫星式的集群，以大型国有企业为核心，附属的是为之提供配套零部件服务的企业，这不仅可以促进东北国有企业的创新，还会给众多的新创高新技术企业提供生存的空间。因此，东北各省政府应该本着区域创新体系与创新集群培育相结合的原则，制定合理的制度框架和发展政策，优化东北的创新、创业环境，提升东北整个区域的创新能力，进而为国有企业的创新提供这样一种完善的条件。

二、东北老工业基地区域创新体系的机制建设

创新体系的顺利运行，离不开保证其运行的机制建设，东北老工业基地在以创新集群为发展战略的基础上，要着重建设三方面的机制：创业机制、创新网络机制和集体学习机制。

（一）创业机制

当代的创新，很多都是通过高新技术企业创业来直接实现的。因此，创业机制是东北老工业基地区域创新体系发展机制中很重要的一个机制，因为它直接关系到东北高新技术企业的产生，关系着区域创新体系的微观基础——创新集群的增长与活力。但是，东北的创业水平却比较低，特别是辽宁省与黑龙江省，根据 2010 年的数据，这两省的创业水平排在了全国的中下游水平，比 2001 年的排名水平还大幅下降。吉林省的创业排名近年来虽然有了较大的提升，但是仍然不稳定。因此，东北一定要构建好区域创业机制。

表 8 - 9　2001 ~ 2010 年东北三省创业水平排名的变化

	2001	2002	2003	2004	2005	2006	2010
辽宁	9	9	4	10	6	4	19
吉林	13	20	20	21	13	20	9
黑龙江	16	7	17	13	14	11	22

　　资料来源：中国科技发展战略研究小组：《中国区域创新能力报告（2006 ~ 2010)》，科学出版社 2007 ~ 2011 年版。

　　那么，什么是创业机制呢？创业机制是企业形成和成长机制，创业机制大体上可以分为以下四个方面：风险投资机制、企业孵化器机制、企业家教育机制以及创业企业的退出机制。

　　1. 风险投资机制

　　所谓的风险投资是指在创业者拥有技术但在缺乏资金的情况下，风险金融主动与技术进入结合，创立有高科技含量的企业，在企业获得成功以后，通过某种方式退出收回利润，这一机制可以称为风险投资机制。风险投资机制是地区创新网络的重要支撑。其中，风险基金体系可分为三类：风险资本、公司风险投资以及天使投资。

　　(1) 风险资本。风险资本是一种正式的风险投资，在风险投资的过程中，一般需要遵循以下三个方面的原则：第一，公司是多样性的，不同的公司之间具有相当大的不同，因此，不能采用同一模式来对待，必须具有针对性。并且，为了获得最大的回报，他们应该做好几年内进行持续投资的准备（平均来说是 7 年)；第二，应该对知识产权保护的质量投入更多的关注，并且还需要有充足的资金来对它进行保护——或许可以针对保护知识产权提供贷款；第三，早期分红的压力可能会起到反作用，导致企业出现短视的行为。并且还应该意识到，如果企业是成功的，那么可能还需要进一步进行风险投资使企业进一步扩张。

　　(2) 公司风险投资。除了上述那些正式的金融资源，风险投资还包括相当多的直接投资行为，公司风险投资就是一种很独特的风险投资。公司风险投资 (CVC) 是指公司对没有上市的科技型中小企业进行的权益投资 (Kevin McNally, 1995)，它是以风险资本形式进行的投资。公司风险投资为新创高科技风险企业的创立提供了充足的资金来源，可以极大地促进地区风险投资业的发展。虽然公司风险投资也属于风险投资范畴，但是与独立风险投资相比，它能更有效地满足投资与融资项目的需要，并具有较强的社会责任（Sykel，1990；Rind，1994）。在当前世界市场一体化程度日益加深、技术升级速度日益加快以及传统消费方式发生重大转变的环境下，大公司为了应付来自外部的竞争压力，不得不积极的利用外部资源来寻求合作，而公司风险投资就是大公司与中小企业进行合作的一种重要方式。在这种合作方式下，一方面，中小科技型企业可以在资金、人才、管理、产品、技术咨询与营销等方面获得大公司的有力支持，而另一方面，大公司也因此获得了技术创新的另一种渠道和窗口。因此，可以说，公司风险投资为企业的开放式创新提供了一个非常好的环境与机制，提高了技术、资本与市场融合程度，在中小企业的融资结构中起着非常关键的作用，并对一国技术创新水平的促进与应用水平的提高起了非常重要的作用。而在引入公司风险投资方面，西方国家总结出了如下经验：第一，公司投资者除了投入资金外还应投入精力来关心被投资的企业，并且任何税收机制都应鼓励扩大投资上限，还不能限制投资下限；第二，至关重要的是，通过税收措施来鼓励公司风险投资行为，并不只是意味着，把像通用电气这样的企业变成银行家；第三，企业最好可以拥有多个外部投资者，这样他们可以互相监督。例如，风险资本家可以和公司投资者一起，后者可以帮助抑制贪婪的风险资本家；第四，所有的公司投资者都能带来规范的商业行为；第五，对于很多高技术企业来说，一个美国的公司投资者可以打开通往主要的技术和服务市场的大门，并且美国的公司投资者看起来可以更加迅速的处理交易。在某种意义上说，这些观点挑战了这样的假设，即如果更多的公司风险投资主要是来自本国的公司而较少的是来自海外的公司，那将是更好的。实际上，对那些不可避免的要卷入全球经济的企业来说，拥有一个海外公司投资者对于公司的发展前景来说或许是一个好的迹象而不是一个坏的迹象。

（3）天使投资。前边我们介绍了风险资本和公司风险投资。实际上，除了上述两种金融资源外，还有一种非常重要的融资方式——天使投资。天使投资是权益资本投资的一种形式，指具有一定净财富的个人，对具有巨大发展潜力的初创企业进行早期的直接投资，属于一种自发而又分散的民间投资方式。天使投资是上述两种投资方式非常有益的补充。天使投资实际上也是一种非正式的风险投资，正式的风险投资对资金收益率往往过分强调，在运作规范上十分严格苛刻，因此，随着资金供应量和单位项目投资最低限额的增加，那些充满潜力的小型项目经常会被忽略，得不到投资的机会。由此可见，正式的风险投资是很缺乏灵活性的，不能满足不同层面的市场需求，在这种情况下，那些非正式的风险资本家便应运而生了，并且在风险投资领域起着非常重要的作用。天使投资就是非正式的风险投资中极为重要的一种，在风险资本中起着非常关键的补充作用。发达国家的经验表明，新创企业只有最初获得天使资本的资助，才更有可能从更加正规的风险资本市场得到融资。对美国天使资本系统（ACE‑net）的调查表明，该系统中的风险资本家只对提交的融资方案中的1~4%提供融资，而没有经过天使投资人推荐的企业，几乎得不到被投资的机会。由此可见，天使资本对于风险资本市场的繁荣是极为重要的。

与风险投资那种投资金额较大、且逐步投入模式不同的是，天使投资的金额一般较小，且多是一次性投入。正规的风险投资对被投资企业的审查是十分严格的，它是一种专业化、正规化、系统化的商业行为，经常是几家投资机构联合投资；而天使投资则是一种基于个人的行为，一般是由富有的个人（经常是一些成功的企业家个人）出资，具有决策程序简单、时间短、效率高、方式灵活、交易成本低等诸多优点。天使投资最大的特点在于它所投资的企业大都是处于种子期或者创业阶段，尽管对这一阶段的新创企业的投资不需要太大的金额，但是由于其具有较高的风险，且规模较小，投资周期长，还需要花费很多的时间进行管理，因此，正规的风险投资公司极少涉足。大多数风险投资主要投资于成长期、上市阶段的项目，即使是最激进的风险投资机构对种子期的投资也不会超过6%，而天使投资则恰恰弥补了正规风险投资的不足，它为那些构思独特的发明创造计划、创新项目的启动提供了巨大的帮助。

尽管天使投资只是一种非正式的、并且单次投资规模较小的风险金融，但是它所起的作用绝对不能低估。在西方发达国家，天使投资者们曾经缔造了一系列的商业传奇：闻名世界的贝尔公司、福特汽车公司、苹果电脑、亚马逊网络、宝帝商店等众多国际知名公司最初的启动资金都来自天使投资人。西方发达国家的实践及经验表明，在企业创立的初期阶段，非正式的风险投资要远远高于正规的风险投资。其中天使投资的贡献特别大，活跃的天使投资人的数量也在迅速增长。根据美国权威天使协会的统计，自1996年开始，美国天使投资人所投资企业的数量，每年以35%的速率增长。2000年，天使投资人对新创企业投资额达687.56亿美元，远远超过正式的机构风险投资行业的投资总量。当前，全美每年有400亿天使资金投入到5万家初创公司，大约有300万人有过天使投资经历，其中大约有40万人为稳定的天使投资人。

由此可见，风险投资是区域创新体系成败的十分关键的因素，如果把区域创新体系比作一个身体的话，那么风险投资就是这个身体里流动的血液。然而，我国东北地区的区域金融环境却是比较落后的，风险投资资本引进很低，并且发展不成熟，至于公司风险投资，以及至关重要的天使投资更是微乎其微，并且多年来也几乎没有多大进展。就东北地区总体的金融环境来看，东北地区发展是十分缓慢的，与 2002 年相比，2010 年的排名中，辽宁省没有变化，吉林省上升了仅一位，而黑龙江省不仅没有上升，还下降了四位。可见，完善风险投资机制对东北老工业基地来说，是十分紧迫的。

表 8 – 10 2002～2010 年东北三省金融环境排名的变化

	2002	2003	2004	2005	2006	2010
辽宁	19	8	10	6	4	19
吉林	10	16	21	13	20	9
黑龙江	18	17	13	14	11	22

资料来源：中国科技发展战略研究小组：《中国区域创新能力报告 2010》，科学出版社 2011 年版。

2. 企业孵化器机制

企业孵化器机制是创业机制中的另一个非常重要的机制，它对新生的高新技术企业的建立创造了一个进行全方位支持的良好环境。企业孵化器（Business Incubator）又被称为企业创新中心（Business Innovation Center）或企业创业中心，它为新创企业发展提供一系列管理上的以及资源网络上的支持，是帮助和促进新创企业成长和发展的一种经济发展手段或企业运作模式。

根据不同的分类标准，孵化器可以被分成很多种类型。最常见的是根据孵化器内部的在孵企业来划分的，如，专业孵化器（对在孵企业类型有明确规定）、混合孵化器（对在孵企业类型没有明确规定）以及国际孵化器。除此之外，还可根据服务对象的不同把孵化器分成社会孵化器和企业内孵化器；根据创办主体的不同分成企业主办的孵化器、政府或社区主办的孵化器、学术机构主办的孵化器以及多元主体混合的孵化器；根据经营目的不同分为盈利性孵化器和非盈利性孵化器等。此外，近年来又出现了反向孵化器、虚拟孵化器、衍生孵化器等一系列新的孵化器类型。

企业孵化器的成功离不开五大要素：孵化空间、在孵企业、共享服务、管理体制、优惠政策。因此，企业孵化器的功能主要定位在以下几个方面：第一，为在孵企业提供综合性服务和必要的共享设施。孵化器为在孵企业提供创业咨询、创业教育、培训和管理支持等一系列的综合性服务，并提供一个有公共服务设施的场所；第二，提供良好的创业环境，为企业之间的交流提供机会、简化高新技术企业的创办程序、为企业的创建提供优惠政策；第三，提供资金。为企业的创办提供部分融资，或者协助企业进行融资以及提供价格较低的设备、办公场所等。

企业孵化器和风险投资的出现对于高新技术成果的转化起到了非常大的促进作用，为创新型高技术企业的建立提供了非常大的支持。并且，近年来，孵化器和风险投资逐渐的开始出现互相融合的趋势。企业孵化器正不断地引进风险投资以加快其成长，而风险投资也正积极地联合企业孵化器来完善服务，因此，简单的探讨一下孵化器和风险投资之间的关系是很有必要的。首先，企业孵化器与风险投资虽然都是对新创企业的建立进行支持的有效机制。但孵化器存在的假设前提是新创企业能力不足，孵化器所创造的优化环境则更有利于新企业的发展和成功。在新企业刚刚创立的时候，一般都有一个比较新颖的技术。但是，仅有技术优势对一个企业的创立和发展来说是远远不够的，它还需要很多其他方面的资源，例如高级管理人才、国际营销人才、企业发展资本、运营经验等，企业孵化器就是通过一系列的运作机制来帮助新创企业获得必需的各种资源。而风险投资机制的产生则是基于信息不对称和资本市场的不完善。信息的高度不对称会导致信贷市场产生道德风险和逆向选择等问题。在这种情况下，好的贷款者将会被银行拒绝，而剩下的则是风险较高的贷款者，这就是所谓的"柠檬效应"，它会导致创业信贷市场失灵。但风险投资却可以通过一定的审查程序和监督等手段来缓解或消除信息不对称，最终解决新创企业的融资问题。可见孵化器和风险投资企业的理论前提是不同的。

尽管理论前提不同，导致了两者无论是从目的、功能以及组织形态上都有着根本的差别，但是孵化器和风险资本并不是割裂的，他们之间具有很强的互补关系，各有各的优势。孵化器的优势主要有以下几点：第一，多年积累的经验使企业孵化器在挑选被孵企业方面具有相当的专业和信息优势；第二，孵化器提供的多种共享设施和服务为众多新创企业使用，会产生一定的规模经济，降低单个企业的使用成本；第三，一系列优惠政策，有利于新创企业健康成长并增加投资回报率。以上这些优势都是风险投资所不具备的，这些优势对风险投资成功率的提高具有重要的作用。与此同时，风险投资者投资的权益资本性质以及较高的风险承受度，可弥补企业孵化器所存在的不足。风险投资和企业孵化器的结合，将使资本与技术、管理、政策顺利融合，从而推动新创企业快速成长，形成一个"三赢"的完美结局。

东北三省在企业孵化器的发展方面在全国来说起步并不晚，东北是我国较早成立科技企业孵化器的地区之一，早在 1997 年开始认定国家级企业孵化器的时候，当时全国仅有十几家国家级创业中心，其中吉林省就有两家，黑龙江省也有两家。截止 2011 年底，吉林省共有省级以上认定的科技企业孵化器 13 家，其中：国家级认定的科技企业孵化器五家，分别是长春科技创业服务中心、吉林高新技术创业服务中心、吉林大学科技园、吉林省光电子产业孵化器有限公司和长春中俄科技园有限公司。2011 年，长春市率先在全省认定市级科技企业孵化器，并制定政策予以资金扶持，共认定市级科技企业孵化器 10 家。其中：长春高新区事业单位投资创办两家，驻长大学投资创办两家，中科院长春分院及直属单位投资创办两家，民营资本投资创办四家。而辽宁省科技企业孵化器已达到了 140 余家，其中国家级科技企业孵化器 28 家，孵化场地面积达到 350 万平方米，在孵企业 3700 余家。黑龙江省的孵化器与在孵企业等方面近年来同样有了长足的发展（见表 8-11）。总体概括来说，经过 20 多年的建设与发展历程，东北地区的科技企业孵化器事业取得了较大的提升，其数量持续增长，规模不断扩大，孵化能力有所增强，而且为培育科技型企业与创新创业人才，促进转化科技成果，孵化服务科技型企业成长、聚集和整合资源要素，形成价值与产业链等方面做出了积极贡献。

表 8-11　2002~2007 年黑龙江省和全国科技企业孵化器发展概况

年份	孵化器数	在孵企业数	在孵企业从业人员数	当年新增孵化企业数	累计毕业企业数
2002	21	1035	14092	451	191
2003	27	1283	24883	371	312
2004	32	1648	27727	306	358
2005	40	2213	35012	369	632
2006	43	2252	39765	387	722
2007	45	2301	45612	381	943

资料来源：孙伟，甄时纯：《黑龙江省科技企业孵化器发展状况》，《科技与管理》2009 年第 7 期。

尽管东北地区在企业孵化器方面取得了一定的进展，但是与推动建设东北区域创新体系和推进自主创新的需求来看，仍面临较大的不足，这些不足主要体现在以下几个方面：

第一，科技企业孵化器体制机制改革滞后。东北地区的科技企业孵化器多数为政府或事业单位（国有）投资兴建并派员运作，且定位多为公益性事业单位，初衷是依靠政府的强权推动地区经济的发展。但是，政府强力推进的结果导致东北地区科技企业孵化器的行政色彩浓厚，难以按照市场化规律运行。从而大大削弱了其适应市场竞争以及自我发展壮大的能力，并衍生出一些问题。首先，依托政府的事业单位运作模式，产权虽然清晰，但责权难以到位，缺乏自身造血功能，从长期看是不可持续的。其次，在政府投资兴建的科技企业孵化器内，为企业服务的工作人员大都是政府委派的官员，在企业工作的经历偏少，在如何服务于市场、适应市场需求方面更是缺乏经验。再者，政府投资兴建的科技企业孵化器往往免不了承担一些政府安排的行政性任务，要完成政府的一些非经济性目标，因此难以成为具有较强市场适应能力的科技企业孵化器。

第二，科技企业孵化器投资渠道结构单一。东北大多数科技企业孵化器对在孵企业的资金支持，是以政府的科技创新基金、专项孵化基金和火炬计划基金投入为主，风险投资也依靠国家与地方财政和政策性银行的资金来源，投资渠道结构仍然单一。没有充分利用包括个人、企业、金融或非金融机构等具有投资潜力的力量来共同构筑一个有机的风险投资网络。在目前政府财力有限、银行贷款谨慎的条件下，科技企业孵化器无法筹措巨额的风险资本金，因而难以支撑重大的科技成果转化项目，难以发挥支撑拥有自主知识产权的重要成果产业化，在很大程度上制约了高新技术企业和高新技术产业的发展。

第三，科技企业孵化器培育孵化增值服务功能偏低。目前东北科技企业孵化器仍然停留在为初创期企业提供简单的物业加政策阶段，创业与服务主体产业链与服务链体系尚未形成。业务结构上的单一导致专业化服务层次较低，大多数只是提供较好的硬件设施和基本的行政工商支持，提供的服务内容少且水平低。少数科技企业孵化器甚至成了单纯提供场所的房东，并在房租上竞相压价，这种做法显然违背了科技企业孵化器的设立宗旨。而发达国家的科技企业孵化器，已经能够为创新创业企业提供全方位服务。如美国的企业孵化器，既提供基础设施服务、基本的企业管理服务、部分政府职能服务。又提供创业教育、培训、种子基金服务。还提供产业链整合、风险投资、网络支持等新型服务。加拿大的科技企业孵化器，不但通过多种途径提供政府资金与私人资金的整合，促进科学家、创新企业家和商业服务机构合作，鼓励科技企业孵化器以多种多样的模式发展，而且为在孵企业提供商业计划指导、法律法规指导、市场开发指导、技术转移服务、知识产权与专利指导、投融资网络服务等深层次的技术服务支撑。法国的科技企业孵化器，不但为在孵企业提供孵化场所、通讯、注册等工商行政服务，也提供市场调查、战略咨询、企业管理培训等管理咨询服务，并提供技术集成、中试试验、融资服务等，还组建了孵化器网络，提供信息互通和资源共享服务等。相比较而言，东北三省科技企业孵化器目前还无法提供在孵企业所迫切需要的高质量管理咨询、创新技能培训、专利和项目申报、产业链之间企业协同、公共技术服务平台、公共实验室和创新导师辅导服务、国内外学术交流与合作服务等。而且这些业务在科技创新创业企业发展过程中已变得越来越重要。

第四，科技企业孵化器综合政策配套尚不完善。自 1978 年实施"火炬计划"以来。国家和地方政府相继出台了一系列扶持中小企业创新创业的优惠政策，对科技企业孵化器中在孵企业的发展确实起到了极大的推动作用。但从实际调查的情况看，许多创业者都提出鼓励政策的优惠力度不够，相关政策配套性不强。比如我国的高新技术发展计划和相关政策多数向产业化的创新成果倾斜，但对于难度更大的探索性自主创新成果转化并未给予强力支持；东北地区虽然在汽车、石化、农产品等行业的优惠政策较为完善，但对其他新兴行业（如高端装备制造业、新一代互联网、新材料、新能源等）的优惠政策相对缺乏；对支持创新创业投资和能够提供技术集成支持的各类社会中介组织的鼓励与政策扶持明显不足。

3. 创业教育机制

除了风险资本与企业孵化器之外，东北老工业基地创业机制的运行还有一个十分重要的环节，那就是对企业家的教育。这是因为，创业的主体毕竟还是企业家，创业型企业家实质上是创业机制里最能动的一个因素，一个地区的创业行为不活跃，往往是由于企业家的匮乏。而企业家并不是"自然禀赋"的，实际上，企业家所从事的企业创立与管理也相当于一种专门的职业。与其他职业一样，创业同样需要专门的知识和技能。但它又与其他职业有所不同：创建企业要求有更广博的知识基础，更强的分析问题、解决问题的能力以及更丰富的实践经验。这些知识和能力，特别需要有针对性的进行培养，尤其是要在实践中进行培养；不仅是通过一次性教育即学历教育来取得，还要在实践中不断地补充、更新、深化，逐步达到升华的境地。

创业教育一直都被许多的研究者进行研究和探讨，这些研究者包括 Deakins &Freel（1998），Cope & Watts（2000）以及 Rae & Carswell（2001），并

且被定义为"学习、创造、并对机会采取行动的过程（Rae，2002）"。创业教育的核心体现在对自我效能的提高上，自我效能理论是由班杜拉（1997）提出的，这个理论可以解释为什么发展创业技能是重要的。自我效能是这样定义的：是指一个人对自己的行为能力有正确的评估和判断，相信自己通过努力一定能成功地采取一个导致期望结果的行动。同时，还由于"人们的动机水平，情感状态，和行动更多地取决于他们相信自己有能力而不是什么客观真实"，因此自我效能是以创业的方式确定和把握机会的一种意愿。

自我效能的高低对一个人相信自己是否有能力从事某些行为方面有着重要的影响，例如，创业过程。高水平的自我效能和很多行为是有联系的，如，创新、创业机会识别（Ardichvili，2003）和职业持久性等（Mau，2003）。人们关于自己在采取行动的能力方面的自强和自信的信念对于人们是否能走上创业的旅程是非常重要的。此外，自我效能的提高也会提高成就动机①的意识。为了提高创业技能水平和成就动机意识，利用课程和教育来影响一个人的自我效能和自信是很有必要的。通过特定的教学内容，发展与提高自我效能相关的特别的技能与能力，换句话说，通过创业教育提高自我效能，获得成就动机意识是十分重要的。各种基于通过行动进行学习的个人的、小型的和大型的群体活动，对于发展与新企业创建有着重要作用的自我效能和技能的提高也是至关重要的。由此可见，东北区域创新体系创业机制的建立中，对创业教育也绝对不能忽视。

4. 高科技企业退出机制

高新技术创业企业的退出路径，是创业机制中极其重要的一环。因为它直接涉及如何将创造的企业变成创业者和投资者手中的现金。在此，我们主要介绍以下三种高技术企业的退出路径：

第一，发售。每当提到风险资本的退出路径时，人们首先想到的就是在资本市场上交易。企业发售是指向一般公众（一级市场）按固定价格出售一

---

① 成就动机（achievement motivation）具有取得成功或实现一个渴望的目标倾向性或内部动因。作为个体的倾向性，它与个体的人格及人格如何影响特定环境下的动机状态有关。也包含可被评价的任务定向行为，任务定向包含着优秀的标准，可以是个体自己设立或由外部强加。最早可追溯到 H. A. 默里提出的成就需要。1957 年 J. 阿特金森提出了成就动机的期望——价值理论，认为人的成就行为由追求成功的动机和回避失败的动机决定，同时也要考虑成功的可能性和任务的诱因价值。D. 麦克里兰德认为一个国家国民成就动机的高低将影响国家的经济增长幅度。当代成就动机的研究主要从认知的角度看个体的信念、知觉对其成就行为的影响。20 世纪 60 年代美国心理学家 D. P. 奥苏伯尔提出学生的成就动机由认知内驱力、自我提高内驱力和附属内驱力三者构成。

定比例的公司股票。然后按发售价格在一认可的市场（二级市场）上交易，例如股票交易所。发售是为了公司扩张提供资金而进行筹资的一种方式。然而，因为公司股票增加了市场价值，所以它能为投资者和创建者提供退出路径。但是，通常对创建者和高级职员有搁置时期，一般为一年。此外，还有其他的限制，以确保一个依法有序的市场。发售是昂贵的，可能包括数百万的专业费用，通常占所筹款项的10%。除非你肯定公司有能力筹集大量资金，否则不值得上市。

在向大部分市场发售之前，公司需要有起码三年的交易记录。一旦公司决定采用一种进程，可能就需要用一年或更多时间来准备发售。发售是有风险的，因为市场可能并不购买股票。这是承销商迟早有用之处，他们保证按某一价格购买。然而，即使有这种保险措施，如果市场对股票及其价值不利，公司和投资者的投资价值可能在二级市场上急剧下降。这可能是许多网络公司的命运。在经济衰退时期，市场宁愿要有牢靠盈利率成绩记录的公司，而不是可望不可及的许诺。

此外，发售还有其他劣势。事实上，除了企业的实际产品之外，这将意味着公司将有另一产品集团，即股票。对股票将需要给予像任何其他产品一样多的关注，需要向分析家通报情况，不断提供好消息，以便保持股票的市场价格。还需要注意的是，对于公开上市公司，其财务报告、审计和其他要求要比股票不上市公司的严格得多和繁重得多。因此，实际上，大多数的企业都是不适合选择创业板作为退出路径的。

第二，收购。收购或合伙竞卖是开办企业的共同命运，尤其是在经历合并过程的行业。从多方面而言，收购是最干净利落、迅速有效和令人满意的退出路径。在软件行业，许多人认为被微软收购是唯一可供选择的死亡命运。

在收购时，购买者可能是：具有专业知识的大集团；一个对手，可能来自海外，收购市场份额；一个供应商或经销商，他们是纵向一体化的。收购可能是非常积极的，例如为企业提供更多的资源或更大的市场机会，然而也可能导致文化冲突，但如果对此加以小心和理智的处理，困难应该不会持续很长时间，因为好处很快将显而易见。

第三，管理者收购。管理者收购（MBO）也是高技术企业退出的一种比较理想的方式之一。管理者收购是指高级职员从投资者那里购买公司。因为职员们实际上一直管理着公司，所以不存在要经历的任何学习曲线。财务评估也相对容易，因为公司的成绩记录将基于相同的团队。结果，通常可以干脆利落的从银行和风险资金来筹集新的投资，从而为购买融资，职员只需要捐献少量的实际现金。通常，前后只要数年，管理者收购的公司即可发行债券或被收购。管理者收购公司还有一些变形，例如，管理者购买的是另一家公司，而不是自己经营的公司。

以上三种是高技术企业退出的比较常见的路径，而究竟选择哪种，则需要企业家根据实际情况做出合适的选择。然而，显而易见，东北地区的创业机制构建中，高技术创业企业的退出路径是十分有限的，在这方面还存在很大的不足。

（二）创新网络机制

知识经济时代的创新出现了一个十分重要的特点，那就是大量的技术创新，尤其是那些既非"基础创新"亦非"轨道创新"的"增量创新"，通常是在创新型小企业的创业过程中完成的。这对东北国有企业的创新有着什么样的启示呢？那就是，东北国有企业的创新一定要是一个开放吸收的模式，国有企业的创新不能指望所有的创新都是在国企内部出现的，这既不现实，又缺乏效率，国企比较理性的模式应该是，使得国有企业积极的进入到创新网络中，并围绕大型国有企业为中心，积极地发展与其配套的中小企业的发展，鼓励、支持为其提供配套的中小企业的创新，并积极的吸收这些新的产品或者成果。技术创新大量地以创新型小企业创业的形式来实现，也是创新集群发展的一个重要特点。而这种创新模式能否顺利的进行，就在于是否有一个非常发达的创新网络。创新网络的作用在于：它把创新和创业所需要的一切有关要素，包括创业者、创意、风险资金和人力资源，还包括各种信息、知识、技术以及实验条件，都作为创新网络的节点，集中在这一区域之内，使它们可以借助各种正式的和非正式的联系，相互自由地碰撞和选择，从而为创新的出现创造各种条件。

创新网络是一个由一系列的企业、支持机构组成的非正式网络。创新网络的总任务就是改善企业支持服务的范围和质量，特别是针对以技术为基础的公司。

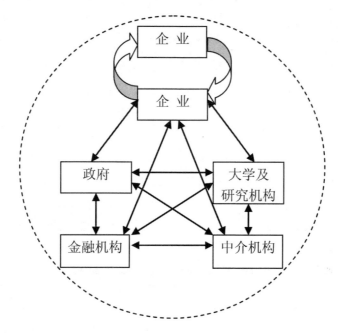

图 8 - 1　区域创新网络的基本架构

那么，创新网络是如何运行的，即创新网络的运行机理是什么 。实际上，与一般人认识不同的是，创新网络成功的原因之一并不是这些个人团体做了什么，而是他们以什么方式做的，而这种做事的方式才是创新网络得以高效运行的基础，这可以总结为以下三个方面：第一，共同体。区域内的每个机构以及每个人都有这样一种意识，即所在的网络区域是一个整体，而他们每个人都是这个整体中的一部分，这种意识会对地区产生真正的影响。第二，合作。正是由于存在这种社区意识，所以地区内的组织和个人都特别愿意互相帮助，因为只有这个整体获得成功，那么他们这些"部分"才能获得更大的利益。这主要反映在整个商业社区对企业的高水平的教育行为。第三，建设性的"混乱"。政府不要做出具体的干涉，政府要"无为而治"，因此这就可以使各种新的举措不断涌现，虽然这些举措有的成功有的失败，可能被视为低效率的，但这却可以导致了高度创业性的环境。

此外，必须要指出的是，在一个技术迅速变化、并且高度不确定的全球经济环境中，本地的影响必然是有限的，因此，为了实现区域创新功能的持续增强和经济活力旺盛，避免由于区域网络的封闭所导致的"技术锁定"，就必须要求区域创新网络是一个开放的网络系统，即区域内各个行为主体在区域内相互协同、交互作用的同时，也不断的构建区域外的创新网络，与区域外的创新主体进行连接，特别是与更宽泛的全球以及国家创新网络连接。只有这种创新网络的有效建立，才能为企业创新提供源源不断的支持。那么，东北地区获得知识的能力怎么样呢？我们可以通过东北的知识获取能力这一指标进行观测，所谓知识获取能力即不断地利用全球一切可用知识的能力，它表明了区域创新网络的完善程度。根据表8－11我们看到，辽宁省的知识获取能力较强，并且从2003～2010年，在全国的排名有了进一步的提高。但是，黑龙江与吉林省的知识获取能力却比较差，并且近年来还出现了进一步的下降，特别是吉林省，在知识获取能力排名方面，几乎处于全国最后。因此，总体来说，东北的知识获取能力亟待提高，那么一定要完善区域创新网络的建设，畅通知识的获取通道。

表8－11　东北地区知识获取能力排名的变化

	2003	2010
辽宁	8	5
吉林	15	30
黑龙江	12	21

资料来源：中国科技发展战略研究小组：《中国区域创新能力报告2010》，科学出版社2011年版。

（三）集体学习机制

要保证区域创新体系发展的顺利运行，除了创业机制与创新网络机制外，还需要建设另一个重要的机制——集体学习机制。实际上，集体学习机制与创新网络机制是既有联系又有区别的。创新网络框架强调的是非企业机构和组织的重要性：政府、培训组织、发展机构、大学等等，它强调的是形成区域的创新能力，而集体学习机制强调的则是企业之间连接的强度和网络。区域集体学习或"环境"关系与网络关系是相互补充，相辅相成的"经营者"，前者主要通过非正式的和隐含的（经常甚至被忽略，或者明显的非预期的）联系，后者则是通过明确的选择合作伙伴。集体学习的概念是欧洲区域创新环境研究小组（GREMI）的学者们在研究欧洲高新技术产业集群的过程中提出来的，用来表明一种特定的地区创新环境，其本意是集群内的成员企业为了应付技术迅速变化所导致的不确定性而协调行动，本质上是知识空间转移的一种有效载体。集体学习是区域创新体系及创新集群发展和定义的关键。

那么，东北地区要建立这种集体学习机制，该如何有效的促进这种机制的运行呢？要理解这个问题，我们可以先考虑企业内部的学习过程，企业内部的学习过程实际上就是企业建立共享知识以解决企业内部合作问题的过程，而共享知识通常是以企业员工都能理解和接受的规则和程序存在于企业中。那么如果将学习的范围扩大，集体学习就可被理解为在地理位置上接近的企业之间形成共享知识，并以企业都能理解和接受的规则和程序的形式存在，从而进行合作和解决共同面对问题的过程。然而，为了有效地促进这种集体学习的运行，对于企业来说是有一定的基础条件的，企业需要在这三个领域发展共享知识。

第一，关于学习的先决条件，需要建立谈论技术和组织问题的共同语言。正如 Lorenz 1996 年指出的那样，"一个明确的理解和相互协商一致的规则为逐步建立信任提供了基础，这对于创新协作是不可或缺的。"

第二，需要有一个更严格的技术或工程分类排序的共享知识，从而使不同的公司在技术合作项目上进行有效的合作。这种知识不仅仅关注核心研究，还关注很多下游阶段的创新，包括详细的产品设计、检验、重新设计以及生产。这种"室内"的知识通常是很难转移的，因为这种知识不容易编码，因此，它的传递是通过在这个技术领域具有经验的个人或团队的转移。

第三种共享知识是组织上的，例如，如何进行层级管理，在不同的职业或服务中如何划分责任，或哪些程序需要保证集体决策的一致性。

集体学习机制之所以重要的原因就在于，企业在对通过共享与合作来减少不确定性的需求上拥有共同的压力，而区域集体学习通过企业之间主要的研究人员或者企业家的流动这种机制或过程来减轻这种压力，这种人员流动是非常重要的，"流动性的职工是当地劳动力市场上知识的载体"。同样，建立共同的"默契的行为守则"，以及形成共同的"代理机构"和对产品和技术广泛认同的信仰也是非常重要的。人力资本的存在解释了大多数集体学习的过程，当地行为者之间通过非正式的接触所结成的复杂的网络，建立起了马歇尔所说的"产业氛围"，它是由于人们之间面对面的接触，偶然的非正式的流动，客户和供应商之间的流动，以及与当地共同的文化背景相关的协同效果。

既然集体学习机制主要是强调区域内正式的合作关系，因此，我们可以通过科技转移、科技合作等综合指标对东北区域集体学习状况有一些大体的了解。从东北区域科技转移综合指标来看，辽宁省在全国的排名还是比较靠前的，但是也出现了略微的下降。而吉林省和黑龙江省在科技转移方面处于劣势地位，并且处于全国的下游水平。

表 8 - 12   东北地区科技转移综合指标排名的变化

	2002	2010
辽宁	3	4
吉林	19	21
黑龙江	17	28

资料来源：中国科技发展战略研究小组：《中国区域创新能力报告2010》，科学出版社2011年版。

此外，科技合作综合指标也是一个比较好的观察指标。科技合作由科技论文的合作水平、高校和科研院所来自企业资金在总科技经费中的比重及专利合作的水平三个指标构成，能够较好地代表区域集体学习能力。在这个指标上，辽宁省依然处于全国前列，尽管与 2002 年比排名有所下降。黑龙江省的科技合作综合指标处于中上游水平，并且近年来排名有所上升，而吉林省则出现了下降。

表 8 - 13   东北地区科技合作综合指标排名的变化

	2003	2010
辽宁	2	5
吉林	15	18
黑龙江	17	14

资料来源：中国科技发展战略研究小组：《中国区域创新能力报告2010》，科学出版社2011年版。

三、东北老工业基地区域创新体系建设的保障措施

东北老工业基地区域创新体系的建立必须要求三省互相配合，形成合力，打破行政区之间的各种壁垒，形成一种有利于科技成果转化与产业化互动的配套环境，包括有序、公平的市场竞争环境、宽松的政策环境以及健全的法制环境等，因此，东北三省需要推出一系列的保证措施，使得整个区域创新体系的构建能够顺利运行，为国有企业的自主创新打造良好的支持环境。

（一）打破行政壁垒，实行统一协调的区域政策

一是加强三省政府间合作，积极争取国家支持，发挥各自优势，制定东北三省科技成果转化与产业化互动的长远规划，从总体上部署三省科技成果转化的目标和任务，加强区域科技政策制定和创新服务体系建设，形成科技与经济政策相互协调的政策体系。抢抓国家提出振兴东北老工业基地的战略机遇，三

省联合，积极与国家科技部联动，在科技部指导下，搞好顶层设计，积极争取国家支持，组织实施有影响的大项目。按照《东北三省联合建立区域科技创新体系协议书》的要求，认真落实《东北区域创新体系建设研究方案》，组织三省专家积极参与国家科技政策东北研究中心（设在东北大学）的各项研究任务，为科技振兴东北提供决策参考。二是打破行政壁垒和地区分割，形成统一的要素市场，共建共享重大基础设施，优化资源配置，加强分工协作。

（二）深化体制改革，明确产权关系，营造区域经济发展的制度环境

由于国有企业占据主导地位，以及受传统计划经济的影响，东北地区无论是思维上、制度上，还是行为方式上，都有着计划经济的烙印，在体制上也存在着很多的障碍。因此，构建东北区域创新体系，一定要深化体制改革，营造良好的制度环境。具体来说，可以采取以下几种措施：第一，继续推进国有经济的战略调整，对国有经济实施股份制改造，鼓励、扶持民营经济的发展与壮大；第二，建立健全现代企业制度与产权制度，使得企业之间有着明晰的交易基础、进而降低合作成本与投资风险；第三，深化科技体制改革，建立先进的激励机制，如股权、期权激励机制等，鼓励科技人员扩大技术供给；第四，实施严格的知识产权保护政策，优化产权保护环境，切实的保护创新者的权益，营造良好的创新环境。

（三）整合区域科技资源，建立和完善东北区域知识流通体系

东北区域知识流通体系应包括以高等学校和重点研究院所为依托的科学研究体系，以企业为主体的技术创新体系和以促进知识技术转移为目标的创新服务体系。通过平台共享和市场化机制聚集和整合三省科技资源，提升科技创新能力，形成东北的科技和产业集群。

第一，激活创新源头，加强以高校、重点科研院所为依托、企业为主体的自主创新体系建设。发挥东北当地高校、研究机构的科研优势与人才优势，对重点项目应该采取重点支持，形成强大的支撑技术创新的知识源。每年安排专项经费，通过实施创新资金、省院校合作、海外学子创业等专项计划，支持科技型中小企业开展技术创新，孵化、培育和壮大科技型中小企业，提高企业的自主创新能力，强化企业作为创新主体的地位，夯实发展高新技术产业的基础，并在东北形成良好的创新创业氛围。第二，加强技术研究中心和工程技术研究中心建设，重点支持一批重大项目的研发与产业化，鼓励具有自主知识产权的技术创新，并鼓励大企业或大学科研机构采取措施促进小型创新企业的衍生，形成创新型产业集群。第三，充分发挥三省各级政府引领产学研结合的作

用，支持联合企业与企业、企业与校（所）共同研究开发新技术、新产品，强化高新技术成果产业化导向。第四，构建东北生产力促进中心服务网络，促进以各类科技中介机构为载体的科技创新服务体系建设。加强技术市场、科技服务平台建设，构建东北大型仪器协作共用网，强化科技文献中心、实验动物平台建设等。通过增加先进试验设备，开展科研成果工程化开发与配套设计，增强工程技术研究中心的中试研发能力。第五，建立并完善东北技术市场。加强技术市场硬件环境建设，建立一个常设技术市场，使之成为项目推介、洽谈、展览和迁移等的场所。并与国内知名的技术交易机构建立紧密的联系，联合举办各类"跨国科技项目洽谈会"等活动，促成项目成功对接。

（四）积极搭建国际科技合作大平台，主动寻求全球科技资源

当前企业的创新模式已经由传统的"封闭型"模式过渡到"开放型"模式，基于此，一个地区的区域创新体系的构建也不应该是封闭的，也应该是开放的，因为即使一个地区的科技资源再优越，也不可能在各领域都处于领先地位，更何况像我国东北这样相对落后的地区，更应该敞开大门，搭建国际合作的大平台，在全球范围内寻找可被利用的科技资源，建立稳定的区域科技合作制度。

寻求全球资源，首先要注意与周边国家的合作，如日本、韩国等，他们都是科技领域具有很大优势的国家，并且与我国东北地区的交往、合作也比较密切，当然，西方发达国家的资源也应该是东北关注的重点。实施海外科技合作可以有两个途径，一个是"引进来"，即吸引海外的技术来投资，或者吸引拥有先进技术的海外学子来东北创业、或者是直接的技术购买等等；另外一点是"走出去"，即把东北企业需要攻关、但自身优势却不足的技术项目承包给一些专门的技术研发公司，也就是所谓的技术外包等。无论哪种方式，都需要东北地区的企业与海外的企业或技术机构有着紧密的联系与互动，了解彼此的优势与不足，这样才有机会展开更深入的交往与合作。

第五节　东北老工业基地区域创新系统构建的具体思路与对策

东北区域创新系统的构建要结合国家、区域整体的科技、经济社会发展战略和东北地区创新资源特色，以提高创新能力为目标，以现代制造业为区域创新系统的核心，以推进企业创新主体为宗旨，着重构建"三个体系"，实现"三个整合"，完成"一个转变"。

构建"三个体系"：第一，以大学、科研机构等为核心的知识创造体系；第二，以大型国有企业、小型科技型企业以及高技术新创企业等为主体的科技创新体系；第三，以提高企业间与科研机构间交流、沟通效率以及为企业创新提供专业服务的中介服务体系。

实现"三个整合"：第一，实现创新主体的整合，提高创新意识，带动高校，科研机构和企业加入到整合的创新队伍中来，建立有利于资源优化配置和创新成果转化的产学研一体化的创新平台。第二，实现创新要素的整合，强调人才、技术和资本等创新基本要素在创新过程中的综合作用，将这三大要素有效整合发挥最大的创新绩效。第三，实现创新环境的整合，强调政策和相应措施的配套，提供多样化的综合创新中介服务，坚持以人为本，为高效的创新活动提供支持。

完成"一个转变"：即加强和深化政府体制改革，完成政府职能从直接干预创新向引导、激励和服务创新的根本转变。具体来说，东北应采取以下措施：

一、走出政府主导的误区，积极转变政府职能，规范政府行为

东北地方政府的支持对东北区域创新体系的发展是至关重要的，但是政府一定要找好自己的定位。政府最主要的作用应该是为东北地区创新技术的发展创造一个良好的环境，并鼓励当地的创新以及创业精神。也就是说，政府的作用主要应该在外围，而不应过多的深入到市场内部，这是因为政府完全不具备信息优势与灵活反应的适应性，加之政府的运作效率天然的低于民间机构，如果发展这种瞬息万变的高新技术完全通过政府的行政安排，那必将是事倍功半，甚至是必败无疑。因此在东北区域创新体系的发展过程中，政府的作用应该是"引导"和"培育"，以为企业创新、创业创造一个良好的环境为己任，建设良好的法制环境、加强知识产权的保护、提高政府办事效率、为当地创造良好的生活环境；在人才引入方面，特别是海外优秀人才的引进，要加大支持力度。

二、积极引入高科技跨国公司，形成技术溢出效应

我国东北地区无论从制度上、技术积累上，还是人才吸引力来说，都处于劣势地位，如果单靠东北地区内部的缓慢积累，推动东北区域创新体系的建设必将是一个十分漫长的过程。因此，通过积极引进高科技跨国企业助推东北区域创新体系建设，将是一个十分有效的举措。首先，跨国公司可以为东北带来

最新的科学技术，并通过技术的溢出效应，使得东北的技术能力获得提升。第二，跨国公司可为东北带来丰富的管理经验，冲击东北浓厚的计划经济色彩，改变当地企业经营的意识形态，提高政府参与创新的能力与水平。第三，跨国公司能为当地就业带来较高的福利待遇与良好的发展机会，因此，跨国公司的存在有利于吸引优秀的人才，形成人才集聚效应。第四，跨国公司还会促进东北制造业技术的换代升级。基于上述原因，东北地区要实现区域创新，一定要改善东北的投资环境，充分利用当地的人才、科教以及政策优势，积极吸引跨国公司的进驻步伐，并鼓励跨国公司在东北地区设立科技研发中心和研发总部。

三、促进高校与企业的合作，保障知识获取，发展创业型大学

区域创新体系的顺利运行还依赖于区域的知识获取能力，而知识的有效获取又依赖于知识在企业与高校之间的流动，高校与科研机构是知识创新的源头，因此，东北地区要鼓励和支持行之有效的产学研结合及多种形式的合作研究。鼓励和支持企业同国内外科研院所、高等院校建立研发机构、产业技术联盟等多种形式的技术创新组织，建立各方优势互补、利益共享、风险共担、共同发展的机制。鼓励和支持行之有效的产学研结合及多种形式的合作研究。鼓励和支持企业同国内外科研院所、高等院校建立研发机构、产业技术联盟等多种形式的技术创新组织，建立各方优势互补、利益共享、风险共担、共同发展的机制。此外，还要加大对教育产业的投资，转变大学的发展模式，鼓励东北地区的大学由研究型大学向创业型大学转变。大学的模式要以知识的传播、生产和应用为中心；把促进经济发展和社会进步作为其最主要的目的；创业型大学还应具有确定自己战略方向的自主性，为了适应内外部的变革，来主动的寻求组织创新，以使其与产业界、政府以及其他研究机构密切地发生相互作用；使教学和科研更注重解决经济发展中的实际问题；不断拓宽资金来源渠道；发展成为一个创业文化与学术文化融为一体化的新型大学。

四、创建多元化的风险投融资体系，促进科技成果产业化

资金支持对于区域创新体系的顺利运行是必不可少的。然而，对于创新所需的资金支持不能过于依赖银行的贷款，银行经营的最大的特点就是低风险性，因此，完全通过银行来支持这种风险性极高的创新行为是不太现实的，正是基于此种原因，东北地区一定要创建多元化的风险投融资体系，风险资本的建立一定要满足多层次企业的需求，特别是要建立满足小企业创业的种子资

本，种子资本对于活跃区域创新氛围是极为重要的。同时，还要鼓励拥有财富的个人，特别是那些通过创业获得大量财富的高新技术企业家进行天使投资，因为他们对这个行业比较了解，是天使投资的潜在主体。而在关注自己内部风险同时，东北地区还应注意要大力的吸引外国成熟风险资本对该地区的投资。而对于技术创新基地的建设、具有发展潜力且市场前景看好的有战略意义的新产品开发、产学研联合攻关的项目，可考虑通过企业发行科技债券、政府制定财政贴息等优惠政策来完成。同时，充分利用资本市场，打破行业垄断，放宽市场准入，引入竞争机制，广泛吸收民营资本和外资投入创新项目，为高科技企业在境内外上市创造良好的外部环境。

五、以科技中介机构为主体，推进创新服务体系建设工程

区域创新体系的建设还需要各种专业服务的支持，因此，东北要着手打造立足东北、辐射全国的各种支持服务平台，为东北老工业基地区域创新体系的建设打下坚实的基础。总的来说，要打造四大支持平台：

第一，公共技术服务平台。东北作为老工业基地是国家计划经济的产物，由于不是市场自由竞争形成的产业体系，因此，东北的产业结构具有一定的重构现象，例如，三省都是传统制造业；三省都以重工业国有企业为主。虽然东北这些企业的实验室水平比较高，但是与之配套的工艺流程和设备却严重不足，使得企业实验创新的产业化能力很差。因此，针对这种特殊状况，东北地区应该通过各省政府积极协调，联手打造相同产业的公共技术服务平台，促进类似企业之间的合作，集中力量，攻克不同企业之间面临的共性问题，减少成本，降低风险，使得各省相似产业间多些融合与合作。

第二，创业服务平台。高科技新创企业的不断产生，是区域创新体系成长与活力的重要标志，高技术创业的活跃程度代表了区域内技术流动以及技术合作的活跃程度，特别是围绕大型国有企业为中心的相关技术的新企业的不断涌现，将会给国有企业创新带来巨大的活力与支持。因此，加快软硬环境配套建设，逐步建立特色突出、功能完善的孵化器网络是十分重要的。

第三，市场服务平台。无论是大型国有企业的创新，还是小型科技企业的创新，都需要方方面面的专业机构为其提供专业服务。如，技术评估、产权交易、法律咨询、信息服务等等，如果企业专门去花时间和精力去寻找这些资源的话，特别是对于新创企业来说，可能会带来很多业务上的麻烦，一方面，他们不了解这些服务部门的信息，另外，他们不了解这些服务部门的服务质量如何，因此，如果能够专门建立一个市场服务平台，有专门的机构管理这些专业服务公司，专为区域内的企业提供方便，那么就会给企业带来很大的方便。

第四，政策服务平台。区域创新体系的构建需要政府的大力支持，政府的作用就在于给予企业创新各种有利的政策。但是，政府往往对于企业的需要不是十分了解，更重要的是，随着环境的改变，企业需要的支持也会相应做出调整，那么，此时就需要有这样一个政策服务平台，能够了解到企业在创新过程中面临的各种难题，然后反映给地方政府，采取政策予以解决。因此，政策服务平台可以成为政府与企业交流的一个窗口。

参考文献

中文文献：

[1]［美］罗伯特·A·伯格曼等.技术与创新的战略管理［M］.北京：机械工业出版社，2004.

[2]［美］罗伊·罗思威尔，沃尔特·泽格威尔德.技术与再工业化［M］.朗曼出版公司，1985.

[3]［美］迈克尔·波特，陈小悦译.竞争战略［M］.北京：华夏出版社，2005.

[4]［美］纳尔逊，温特.经济变迁的演化理论［M］.北京：商务印书馆.1997.

[5]［美］熊彼特.经济发展理论［M］.北京：商务印书馆，1990.

[6]［英］R·库姆斯等.经济学与技术进步［M］.北京：商务印书馆，1989.

[7]白津光等.国有企业改革的新视角［M］.北京：中国城市出版社，2001.

[8]陈劲，王方瑞.技术创新管理方法［M］.北京：清华大学出版社，2006.

[9]陈劲，王飞绒.创新政策：多国比较和发展框架［M］.杭州：浙江大学出版社，2005.

[10]董静.企业创新的制度设计［M］.上海：上海财经大学出版社，2004.

[11]杜蕾.中国轿车工业发展研究［M］.北京：清华大学出版社，1998.

[12]傅家骥等.技术创新学［M］.北京：清华大学出版社，1998.

[13]高健.中国企业技术创新分析［M］.北京：清华大学出版社，1997.

[14]侯志茹.东北地区产业集群发展动力机制研究［M］.北京：新华出版社，2010.

[15]姜启源.数学模型（第二版）［M］.北京：高等教育出版社，1993.

[16]金麟洙.从模仿到创新：韩国技术学习的能力［M］.北京：新华出版社，1998.

[17]路风.寻求中国力量的源泉：走向自主创新［M］.桂林：广西师范大学出版社，2006.

[18]宋冬林.东北老工业基地资源型城市发展接续产业问题研究［M］.北京：经济科学出版社，2009.

[19] 许庆瑞. 研究、发展与技术创新管理 [M]. 北京：高等教育出版社，2000.

[20] 许庆瑞著. 全面创新管理—理论与实践 [M]. 北京：科学出版社，2006.

[21] 许萧迪，王子龙. 技术创新的动力机制研究 [J]. 科技与管理，2003 (5).

[22] 颜光华等. 国有企业改革与企业家队伍建设 [M]. 上海：上海财经大学出版社，2003.

[23] 斋藤优. 技术创新分析 [M]. 经济学译丛，1989.

[24] 安小风等. 基于供应链知识共享层次的激励机制研究 [J]. 科技管理研究，2007 (2).

[25] 柴丽俊，张璞. 企业技术创新动力的影响因素及其整合模型 [J]. 中国流通经济，2005 (1).

[26] 陈劲. 从技术引进到自主创新的学习模式 [J]. 科研管理，1994 (2).

[27] 陈晓阳. 中小企业技术创新的动力因素研究 [J]. 中国计量学院学报，2002 (4).

[28] 段云龙，杨立生. 企业持续创新动力模式及制度要素分析 [J]. 云南民族大学学报 (哲学社会科学版)，2007 (2).

[29] 冯德连. 中小企业技术创新的价值判断与模型分析 [J]. 中国软科学，2000 (12).

[30] 高山行，徐新. 企业自主创新五个视角的研究现状及分析 [J]. 科学学与科学技术管理，2008 (9)：92～97.

[31] 高旭东. 自主创新从低级阶段走向高级阶段的理论与政策 [J]. 技术经济，2009 (6)：1～4.

[32] 葛沪飞，仝允桓，高旭东. 企业自主研发选择差异及其影响因素实证研究 [J]. 研究与发展管理，2010 (8).

[33] 郭朝阳. 国内外企业技术创新策略的博弈分析 [J]. 数量经济技术经济研究，2006 (3).

[34] 国家统计局，国家发展和改革委员会，科学技术部. 中国高技术产业统计年鉴 2010 [R]. 中国统计出版社，2010.

[35] 国家统计局和科技部. 中国科技统计年鉴 2010 [Z]. 中国统计出版社，2011.

[36] 郝晓明. 沈阳机床：追赶世界的巨人 [N]. 科技日报，2011～7～4，第 006 版.

[37] 胡恩华、单红梅. 企业技术创新绩效的综合模糊评价及其应用 [J]. 科学进步与对策，2002 (5).

[38] 胡明铭. 区域创新系统理论与建设研究综述 [J]. 外国经济与管理，2004 (9).

[39] 李纪珍等. 系统失灵视角下的技术创新服务平台功能设计 [J]. 科学学与科学

技术管理，2010（9）.

[40] 李俊江，李政. 中国科技创新体系建设的历程与成就［J］. 吉林大学社会科学学报，2008（11）.

[41] 梁静. 我国企业技术创新动力不足问题的分析与对策［J］. 大众科技，2007（12）.

[42] 刘凤朝. 基于集对分析法的区域自主创新能力评价研究［J］. 中国软科学，2005（11）.

[43] 刘国新，李兴文. 国内外关于自主创新的研究综述［J］. 科技进步与对策，2007（24）.

[44] 刘伟，韩增林. 高新技术产业对振兴东北老工业基地的拉动效应分析［J］. 哈尔滨师范大学自然科学学报，2005（1）.

[45] 刘益，李垣. 国有工业企业技术创新分布测定与分析［J］. 数量经济技术经济研究，1997（12）：63~66.

[46] 马扬，王淮学. 技术创新过程的集成环球模型［J］. 安庆师院社会科学学报，1998（8）.

[47] 裴宁. 推进技术创新，提高产品质量［N］. 中国企业报，2009~1~9，第032版.

[48] 申学武等. 科技型动态联盟中知识共享的激励机制与对策研究［J］. 科学学与科学技术管理，2007（6）.

[49] 石春生等. 组织创新的动力与创新模式研究［J］. 管理科学，2004（12）.

[50] 覃浩高，崔剑. 企业技术创新风险的类型、成因及对策［J］. 商业研究，2002（3）.

[51] 唐云锋，李侠. 论我国科技政策评估体系中存在的问题［J］. 中国科技论坛，2004（7）.

[52] 汪大州，关士续. 国有企业步入技术创新和制度创新互动过程的障碍与对策［J］. 哈尔滨工业大学学报（社会科学版），2001（3）.

[53] 王春法. 关于技术创新动力机制的几点看法［J］. 世界经济，1996（11）.

[54] 王毅，吴贵生. 以技术集成为基础的构架创新研究［J］. 中国软科学，2002（12）.

[55] 魏江. 企业技术创新能力的界定及其核心能力的关联［J］. 科研管理，1998（6）.

[56] 魏江. 完善企业技术创新动力机制的对策研究［J］. 科学研究管理，1998（12）.

[57] 温瑞珺. 企业自主创新能力评价研究［J］. 集团经济研究，2005（9）.

[58] 温瑞浦. 浙江省企业自主创新能力评价研究［J］，2005.

［59］吴贵生等．我国制造业与主要制造国家的差距与追赶战略［J］．科研管理，2004（3）．

［60］向刚，等．企业持续创新：机制与发展模型研究引论［J］．昆明理工大学学报（自然科学版），2003（3）．

［61］向刚，汪应洛．企业持续创新动力机制研究［J］．科研管理，2004（6）．

［62］肖广岭，柳卸林．我国技术创新的环境问题及其对策［J］．中国软科学，2001（1）．

［63］许庆瑞，谢章澍，郑刚．全面创新管理的制度分析［J］．科研管理，2004（3）：6~12.

［64］杨建君，高垣．国有企业与合资企业技术创新管理能力比较研究［J］．西安交通大学学报（社会科学版），2001（6）．

［65］杨武，高俊光，傅家骥．基于技术创新的技术标准管理与战略理论研究［J］．科学学研究，2006（12）．

［66］姚志坚，吴翰，程军．技术创新 A~U 模型研究进展及展望［J］．科研管理，1999（4）．

［67］张华胜，薛澜．技术创新管理新范式：集成创新［J］．中国软科学，2002（12）：57~61.

［68］张铁山，赵光．高技术企业创新能力结构模型分析［J］．科技进步与对策，2009（26）．

［69］赵彭生，马恩兵．关于提高自主创新能力的研究报告［J］．高科技与产业化，2005（7）．

［70］中国社会科学院工业经济研究所课题组．振兴东北老工业基地科技支撑战略研究［C］．2005.

［71］周寄中．关于自主创新与知识产权之间的联动［J］．管理评论，2005（11）．

［72］白绪贵．我国汽车制造企业自主创新能力形成机理的研究［D］．吉林大学，2010.

［73］冯永琴．企业自主创新能力评价体系及实证研究——以"武汉·中国光谷"典型企业为例［D］．中国地质大学，2008.

［74］刘耀．创新型企业发展模式及其实现持续创新机制研究［D］．南昌大学，2009.

［75］谢越．吉林省企业技术创新能力的评价研究［D］．吉林大学，2005.

［76］张洪涛．基于证据理论的汽车制造业企业自主创新能力评价研究［D］．合肥工业大学，2007.

［77］中国科技发展战略研究小组．中国区域创新能力报告2010［R］．科学出版社，2011.

[78] 唐国华等. "东北老工业基地振兴与区域高等教育一体化关系的研究"总报告 [R]. 现代教育管理. 2011 (9).

[79] 安丽敏. 55年"解放"路一汽创新有道 [N]. 中国商报, 2011~7~22日, 第 B04版.

[80] 宫剑, 李政:《论创业型经济的发展与创业型社会的构建》, [J] 吉林大学社会科学学报 2008年第2期。

[81] 崔远淼, 陈可庭:《公司风险投资动机及模式分析》, [J] 江西财经大学学报 2004年第4期。

[82] 李华, 王鹏:《"天使投资"在OECD国家的运作——兼论"天使投资"在我国的发展前景》,《世界经济研究》2003年第4期。

[83] 郑秀杰, 李宗祥:《拓宽中小企业创业融资之路——天使投资》, [J] 工业技术经济, 2006年第10期。

[84] 钱平凡:《孵化器运作的国际经验与我国孵化器产业的发展对策》, [J] 管理世界 2000年第6期。

[85] 李刚, 张玉臣:《陈德棉. 孵化器与风险投资》, [J] 科学管理研究 2002年第 3期。

英文文献:

[1] Adler, P. S., Shenbar, A., Adapting Your Technological Base: The Organizational Challenge [J]. Sloan Management Review, 1990, 25.

[2] Arrow, K. J.. The Economic Implications of Learning by Doing [J]. Reviews of Economic Studies, 1962, 29.

[3] Berends Hans, Debackere Koenraad, Weggeman Mathieu. Knowledge Sharing Mechanisms in Industrial Research. R&D Management, 2006 (1): 85~95.

[4] Burgelman, R.. Strategic Management of Technology and Innovation [M]. McGraw-Hill, New York, 2004.

[5] C. Freeman. The Economics of Industrial Innovation [M]. Mass: The MIT press, 1982, 212.

[6] Chiesa V, Coughlan P, Voss C A. Development of a Technical Innovation Audit [J]. Journal of Product Innovation Management, 1996, 13.

[7] Dyer JH, NobeokaK. Creating and Managing a High - performance Knowledge - sharing Network: theToyota Case [J]. Strategic Management Journal, 2000 (21).

[8] Grossman, G. M. and Helpman, E., Endogenous Innovation in the Theory of Growth [J]. Journal of Economic Perspectives. Winter 1994.

[9] Guan, J.. Innovative Capability and Export Performance of Chinese Firms [J]. Techn-

ovation, 2003, 9.

[10] J. Schmookler. Invention and Economic Growth, Cambridge: Harvard University Press, 1966.

[11] Kline S J, Rosenberg N. An Overview of Innovation. In: Landdau R, Rosenberg N. The Positive Sum Strategy. Harnessing Technology for Economic Growth. Washington DC: National Academy Press, 1986.

[12] Rainer Anderdassen, Franco Nardini, Endogenous Innovation Waves and Economic Growth [J]. Structural Change and Economic Dynamics, 2005, 3.

[13] Rothwell, Successful Industrial Innovation: Critical Factors for the 1900s [J]. R&D Management, 1992, 22.

[14] Roy Rothwell, walter Zegveld. Reindustrialization and Technology [M]. Longman Group Limited, 1985, 62.

[15] Uzawa, Hirofumi. Optimum Technical Change in an Aggregative Model of Economic Growth [J]. International Economic Review, 1965, 6.

后 记

经过大家共同努力，本书终于可以出版了。

在本书完稿之际，正值党的十八大在北京胜利召开。在党的十八大报告中，明确提出"要实施创新驱动发展战略"、"要坚持走中国特色自主创新道路，以全球视野谋划和推动创新，提高原始创新、集成创新和引进消化吸收再创新能力，更加注重协同创新"。可见，国家一直把提高自主创新能力和建设创新型国家作为重要战略，这使我们越发感觉到本书研究内容的重要意义，希望本书能为东北老工业基地国有企业实施"自主创新、协同创新"战略提供理论支撑和有价值的参考。

在本书完成过程中，东北老工业基地国有企业自主创新取得了一系列重大成就。例如，沈阳机床把研发力量集中在高档数控机床及其关键功能部件的突破上，最终攻克了长期困扰中国机床业的数控系统研究，完成了自主技术的全面突破，被评为"2011中国十大创新型企业"。一汽集团以"品质、技术、创新"不断充实自主品牌的内涵，在高品质J6重型车及重型柴油机上的自主研发与技术创新获得突破，并获得"国家科学技术进步奖一等奖"。一重集团作为国家重大技术装备骨干企业，经过多年的自主创新积累，全面掌握了大型核电锻件制造技术，实现大型核电装备国产化。长客股份通过自主创新，在高速动车的转向架技术取得了重大突破，研制的CRH380型系列高速动车投入京沪高铁、哈大高铁线路运营，所研制的轨道车辆成功打入国际市场。总之，在东北振兴政策的指引下，东北老工业基地国有企业奋发图强，在自主创新方面取得了众多突破，掀开了东北老工业基地发展的新篇章。

本书作为教育部人文社会科学重点研究基地重大项目"东北老工业基地国有企业自主创新能力研究"的最终成果，一方面致力于归纳总结东北老工业基地国有企业自主创新中的成功经验和主要问题，另一方面为如何进一步提高东北老工业基地国有企业自主创新能力提出对策和建议。作为身处东北地区的研究人员，我们对东北老工业基地国有企业给予相对更多的关注、更深的接触和更浓的感情，所以，希望我们对老工业基地国有企业自主创新的研究可以为大家提供一个新的视角和更多启发。

本书由该重大项目负责人李俊江教授负责结构的总体设计、全书修改和最终审定，由史本叶副教授负责组织协调工作。具体章节的分工是：李俊江负责撰写前言，李政和刘阳撰写第一章，李俊江和彭越撰写第二章，李俊江和王一捷撰写第三章，史本叶撰写第四章、第七章，孙黎撰写第五章，范思琦撰写第六章，范硕撰写第八章。上述人员在本书出版之前做了大量企业调研、资料数据搜集和整理等工作。这里要对他们为本研究成果的顺利完成所付出的努力和艰辛表示由衷的感谢。

本书的出版要感谢教育部人文社会科学重点研究基地重大项目、教育部高等学校社会科学发展研究中心《高校社科文库》项目和吉林大学"985 工程"项目的资助，使我们可以顺利完成本项研究并顺利整理成书出版。同时，也要感谢光明日报出版社提供的大力支持，他们对本书的出版提供了大量帮助，使本书可以以更高的质量呈现给大家！

东北老工业基地国有企业自主创新是与老工业基地振兴、国有企业改革和企业自主创新相关的一个综合问题，该问题还处在快速发展变化过程之中。此外，受各种条件所限以及我们研究能力的欠缺，本书难免存在不足和疏漏之处，恳请各位读者批评、指正，以使我们对于东北老工业基地国有企业自主创新研究可以不断提高。

作者

2012 年 11 月